21世纪高等学校经济管理类规划教材——高校系列

人力资源管理

主　编◎徐　晟　蒙灵爽　陈虹羽
副主编◎蔡鑫宇　陈晓岚

西北工业大学出版社
西　安

【内容简介】 本书从基础理论概念出发，结合管理心理学、社会学、行为科学等学科的相关概念，详细介绍了人力资源管理的基础理论、实际操作方法和技巧，具体内容包括人力资源管理概述、组织设计与职位分析、人力资源战略与规划、员工招聘与甄选、员工培训与开发、绩效管理与绩效考核、薪酬管理、职业生涯管理、劳动关系管理等。本书旨在提升人力资源管理专业学生以及相关从业人员理论知识的运用能力和实操技能的应用能力。

本书不仅适用于本科人力资源管理课程教学，还可供企事业单位从事人力资源管理的人员阅读参考。

图书在版编目（CIP）数据

人力资源管理 / 徐晟，蒙灵爽，陈虹羽主编. — 西安：西北工业大学出版社，2024.1

ISBN 978-7-5612-9201-3

Ⅰ. ①人… Ⅱ. ①徐… ②蒙… ③陈… Ⅲ. ①人力资源管理 Ⅳ. ①F243

中国国家版本馆CIP数据核字（2024）第037537号

RENLI ZIYUAN GUANLI

人力资源管理

徐晟　蒙灵爽　陈虹羽　主编

责任编辑：李文乾　　**装帧设计**：孟令致

责任校对：陈　瑶

出版发行：西北工业大学出版社

通信地址：西安市友谊西路127号　　邮编：710072

电　　话：（029）88491757，88493844

网　　址：www.nwpup.com

印 刷 者：济南圣德宝印业有限公司

开　　本：889 mm × 1 194 mm　　1/16

印　　张：11.5

字　　数：306千字

版　　次：2024年1月第1版　　2024年1月第1次印刷

书　　号：ISBN 978-7-5612-9201-3

定　　价：70.00元

PREFACE
前　言

随着管理学学科的发展，人力资源管理已经成为必须学习掌握的一门管理学学科。当前，国内很多高校的经济管理类专业都开设了人力资源管理课程，而在企事业单位中，人力资源管理也占据着重要的战略地位。

为了满足社会、各级学校对于人力资源管理知识的学习与需要，按照高等教育人才培养规划教材编写的要求，全面深化理解对人才培养的新要求和企事业人力资源管理的最新需求，笔者在参考国内外现有人力资源管理教材和最新研究成果的基础上，结合近年来在人力资源管理教学与企业实践方面的成果，充分考虑人才培养的特点和读者的学习需求，有针对性地编写了本书。

本书从基础理论概念出发，结合管理心理学、社会学、行为科学等学科的相关概念，阐述了人力资源管理的基础理论、实际操作方法和技巧，内容包括人力资源管理概述、组织设计与职位分析、人力资源战略与规划、员工招聘与甄选、员工培训与开发、绩效管理与绩效考核、薪酬管理、职业生涯管理、劳动关系管理等。

本书由建设集团第一工程有限公司徐晟、南宁百货大楼股份有限公司蒙灵爽和桂林君实投资有限公司陈虹羽共同编写。编写分工如下：徐晟负责编写本书第一章至第三章，蒙灵爽负责编写本书第四章至第六章，陈虹羽负责编写本书第七章至第九章。徐晟做了本书的统稿工作。

在编写本书的过程中，参阅了相关文献、资料，在此向其作者表示衷心的感谢和崇高的敬意。

由于水平有限，书中难免有不足和疏漏之处，欢迎专家、读者批评指正。

编　者

2023 年 5 月

CONTENTS

目　　录

第一章

人力资源管理概述

学习目标

1. 理解人力资源的概念与特点。
2. 掌握人力资源管理的概念。
3. 熟悉知识经济时代人力资源管理关注的内容。

案例导入

人　才

——滋养企业的根本

人才，是企业得以存续和可持续发展的核心基础。中国企业平均寿命极为短暂的原因之一在于人才的缺乏和人才战略的缺位。一般而言，大企业可以凭借其雄厚的实力招揽人才，局部和暂时的人才流失对于大型企业整体的即时影响可能会被制度体系缓冲，而很少会产生危及整个组织存亡的危机，但对于资源相对匮乏的中小企业，哪怕是一般性人才的流失也可能会导致企业的日常经营管理陷入混乱之中。因此，如何吸引和留住人才已经成为所有企业，特别是中小企业必须面对的战略性难题。

中小企业在吸引和留住人才方面的困难，往往是由中小企业自身的特点所决定的。首先，受企业发展的规模和成本所限，中小企业难以通过大型企业所惯用的高薪、高福利手段来吸引人才，也难以通过明晰的职业生涯规划和对企业未来的认同感留住人才。其次，受企业对人才需求的特征所限，大型企业组织内部岗位职责相对比较明晰，企业中团队的重要程度往往高于个人，其对人才个体的任职能力要求以专为主，而中小企业由于组织体系尚处于发展之中，对人才的素质和任职能力要求则以博为主。无论是高层经营管理者，还是一般人才，对于企业经营的稳定性和可持续性都很重要。

虽然中小企业相对于大型企业在吸引和留住人才方面困难重重，但这并不意味着中小企业的人才战略优势尽数丧失。我们在面对和正视困难的同时，也要看到中小企业在人才战略方面的优势，逐步建立与完善吸引和留住人才的机制，并从事业、情感、激励三个方面加以发挥和充分利用。只有这样，才能扬长避短，建立一个有效的吸引和留住人才的战略性管理机制。

人才，是中小企业的痛点。一方面，有了人才，企业就有了明天，没有了人才，企业可能会朝不保夕；另一方面，有了人才，却没有相应的人才使用和激励策略，人才也很难为其所用。中小企业只有直面困难，充分发挥自身的优势（期权是中小企业吸引并留住人才的最大法宝），扬长避短，才能构建合适的人才梯队，为企业的可持续发展提供坚实的基础。

第一节　人力资源概述

一、人力资源的概念

人力资源（human resource）是指一定范围内的人口中具有智力和体力劳动能力的人的总和。它是包含在人体内的一种生产能力，并以劳动者的数量和质量来表示的资源。

这里有必要将人力资源与几个相关的概念，如人口资源、劳动力资源、人才资源相区别。人口资源是指一个国家或地区的以人口总数来表示的资源，它是其他几种资源的基础。劳动力资源是指在一个国家或地区具有劳动能力并愿意从事劳动以换取劳动报酬，并在法定的劳动年龄范围之内的人力资源。人才资源是指在一个国家或地区劳动力资源中具有某种突出能力的、高智商、高素质、高技能的那部分人力资源。

二、人力资源的特点

（一）能动性

人力资源的能动性是人力资源与其他资源相区别的主要特征。人力资源的能动性包括以下要点：①人具有意识。人清楚活动的目的，可以有效地对自身活动做出选择，调整自身与外界环境的关系。②人在生产活动中处于主体地位，是支配其他资源的主导因素。③人力资源具有自我开发性。在生产过程中，人会对自身产生损耗，而更重要的是通过合理的行为得到补偿、更新和发展。④人力资源在活动过程中具有可激励性。提升人的工作能力和工作动机，可以提高工作效率，激发工作潜力。

（二）双重性

人力资源同时具有生产性和消费性。人力资源的生产性是指人力资源是物质财富的创造者。人力资源的消费性是指人力资源的保持与维持需要消耗一定的物质财富。生产性和消费性是相辅相成的。生产性能够创造物质财富，为人类或组织的生存和发展提供条件。消费性则能够保障人力资源的维持和发展，是人力资源本身生产和再生产的条件。

（三）时效性

人力资源存在于人的自然生命体中，人力资源随着人的体力和脑力的变化而变化。时效性一方面是指人力资源的形成、开发和利用会受到人的自然生命规律的限制，另一方面是指人力资源如果长期不用，便会荒废和退化。因此，对人力资源的开发和利用都要把握好最佳的时期，让人的潜力在其生命周期的每一个阶段都得到最好的开发，使人的生命价值得到最充分的体现。

（四）社会性

社会性是人力资源区别于其他资源的重要特征。首先，人是社会人，不可避免地受社会文化的影响，形成特有的价值观念和行为方式。这可能与所在企业的企业文化一致，也可能不一致，甚至发生冲突。其次，人的社会性体现在人有思想、有感情，从属于一定的社会群体，有复杂的心理和感情活动，这就增加了人力资源管理的难度。最后，人有思想、有感情的同时，也有爱心和责任心，这就使人力资源比其他资源有更大的潜力。一旦人的责任心、积极性、主动性被调动起来，就可以创造奇迹，创造难以估量的价值。

（五）再生性

人力资源也同许多其他资源一样存在消耗与磨损问题，但不同之处在于：自然资源在消耗后一般无法再使用，物质资源在形成最终产品后也无法继续开发，而人力资源在使用后通过体力恢复和培训投入可以继续发挥效用。人力资源是可以开发和再生的资源，人力资源的使用过程也是人力资源开发和再生的过程。职业生涯设计、培训、积累、创造、激励和提升，以及劳动保护、安全健康措施等都是人力资源开发和再生的途径。

第二节　人力资源管理概述

一、管理的概念

人力资源管理属于管理这个范畴，因此也需要遵循管理的一般原则和规律。在学习人力资源管理之前，有必要先了解和认识管理的一些基本问题。

（一）管理的含义

在人类所从事的各项活动中，管理是其中最重要的活动之一。自科学管理理论出现以来，对管理含义的解释就从来没有停止过，不同的管理学派从各自的观点和角度出发对管理的含义给出了不同的解释。例如：科学管理理论的创始人，被称为“科学管理之父”的弗雷德里克·泰勒认为管理就是“确切地知道你要别人干些什么，并注意用最好、最经济的方法去干”。

管理过程学派把管理看作一个过程，认为管理就是通过计划、组织、指挥和控制等因素来协调有关资源以达到组织既定的目标。其代表人物哈罗德·孔茨给管理所下的定义是：管理就是设计和维护一种良好的环境，使人们能在集体内一道工作，以求有效地完成既定的目标。

以赫伯特·西蒙为代表的决策理论学派则认为，管理就是决策。该学派非常重视决策的作用，强调决策要贯穿管理的全过程和所有方面。

系统管理学派以系统论为基础，认为管理就是用系统的观点对组织或企业进行系统分析、系统管理的过程。该学派指出，要进行成功有效的管理，就要对组织或企业系统的基本问题进行系统的分析，找出关键所在。

数量管理学派认为，管理就是利用数学模型和程序系统来表示管理的计划、组织、控制、决策等职能活动合乎逻辑的过程，做出最优的解答，以达到企业的目标。

以彼得·德鲁克等人为代表的经验主义学派认为，管理是对人进行管理的技巧，是努力把一个团队或组织朝着某个共同的目标引导、领导和控制。

综合各种管理学派的观点，可以得出管理的一般含义：管理就是在特定的环境下，对组织所拥有的各种资源进行计划、组织、领导和控制，保证以有效的方式实现组织既定目标的过程（见图 1–1）。

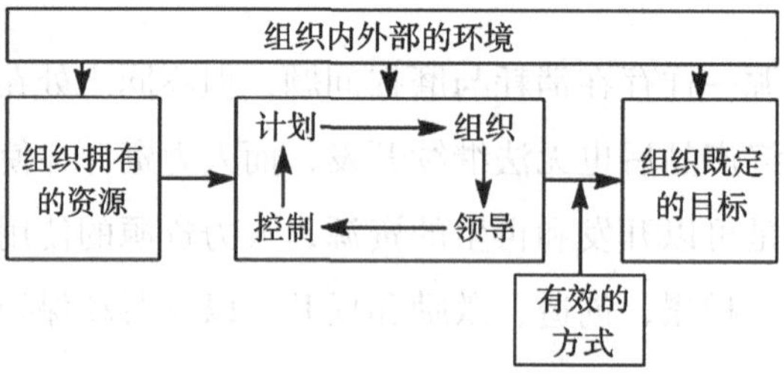

图 1–1　管理活动示意图

由图 1–1 可以看出，管理活动包括以下五个要点。

（1）管理活动是在特定的环境下进行的，要受到组织内外部各种环境因素的制约。例如，企业的生产经营活动要遵守国家的法律法规、要满足顾客的需要等，这些是外部环境的影响。同时，还要考虑组织内部人员状况、技术水平、信息程度以及资金状况等，这些是内部环境的影响。组织内外部环境对管理活动有时候可以起到正确的引导、维持和促进的作用，有时候也会起到约束、限制的作用。面对复杂的内外部环境，成功的企业组织都会根据现实环境的许可，制定出相应的灵活多样的管理措施；当环境限制企业发展时，它往往又能够冲破环境的束缚，创新管理措施，找到新的发展路径。

（2）管理的对象是组织所拥有的各种资源，包括有形的资源（例如人力资源、资金资源、物质资源等），也包括无形的资源（例如信息资源、技术资源、文化资源以及时间资源等）。资源既是管理的对象，也是管理活动进行的基础。现代企业都会把不断获取各种各样的资源作为促进自身不断成长、不断发展的重要手段和重要目标之一。如果失去了资源或者资源出现缺陷的时候，企业的生存与发展就会受到冲击与威胁。

（3）管理过程是由一系列相关职能组成的，这些职能包括计划、组织、领导、控制等。管理职能是管理者进行管理活动的方法和手段，也是管理活动区别于一般作业活动的标志。管理过程中的每一项职能，都关系到企业组织的发展，关系到企业目标的实现。通过一系列的管理职能，企业的各种资源就会得到充分、有效的发挥，最终实现组织目标。

（4）管理要实现既定的组织目标，要为组织目标的实现服务，因此管理是一个有目的、有意识的活动过程。如果没有明确的目标指导，管理就会迷失方向，变得杂乱无章，最终不仅变得毫无意义，还会给组织带来破坏性的结果。组织的目标并不是静止的，往往是灵活多变的。组织在不同发展时期所制定的目标应该有所不同，在组织的某一发展时期所制定的目标也往往呈现出多层次、多方面的特点。因此制定组织目标时，要有灵活性。

（5）管理要以最有效的方式来实现目标，这也是管理的价值所在。因为组织的资源是有限的，管理者必须考虑如何通过各种手段和方式以最少的资源投入来实现最大的产出，最终实现组织既定的目标。如果管理不仅不能给组织带来资源的优化组合和最佳利用，反而扰乱组织的资源秩序，或者最终造成组织资源的浪费，那么这样的管理活动可以说是不成功的，属于无效管理。如何做到有效管理，是每一个管理者必须考虑的问题。

（二）管理的效率和效果

当评价一项管理活动所取得的成绩，或者说衡量一项管理活动所达成的目标时，往往涉及两个因素：效率和效果。对于企业的每一项管理活动来说，应该既要追求提高管理的效率，又要不断促进管理的效果。

效率（efficiency）表明的是投入与产出的关系，组织的投入包括资金、技术、信息、劳动力、原材料、时间等，而产出指生产经营活动的结果，包括产品或服务的输出量，当然这些产品或服务必须是合格的或有效的。效率、投入和产出的关系可用下式表示：

$$投入=\frac{产出（产品或服务）}{投入（资金、技术、人力等资源）}$$

由上式能够看出，效率的提高主要有三种方式：一是在投入不变的条件下提高产出，二是在产出不变的条件下减少投入，三是提高产出的同时减少投入。效率越高，表示资源的利用程度越高。而在提高效率的过程中，管理的作用是不可忽视的。

效果（effect）则与组织的目标有关，是指实现目标的有效程度，当管理实现了或有助于实现组织的目标时，就可以说它是有效果的；否则，管理就是无效果的。

效率和效果关注的侧重点是不同的，效果涉及管理活动的结果，或者说达成和实现组织的目标，即评价管理活动是否“做正确的事”（do the right things），而效率则涉及管理活动的方式或者说管理活动的方向，即评价管理活动是否“正确地做事”（do the things right）。

（三）管理的职能

管理的职能就是它所要承担或履行的一系列活动，最早系统地提出管理职能的是亨利·法约尔。1916年，他在《工业管理和一般管理》一书中将管理分为计划、组织、指挥、协调和控制五项职能，此后的管理学家对管理的职能提出了各种不同的看法。

目前国内对管理职能通行的划分方法是四大职能：计划、组织、领导、控制。计划是指对组织的目标和达成目标的方式、途径做出决策和选择；组织是指管理者根据计划对组织拥有的各种资源进行合理的安排，以实现最佳的组合；领导是指对下属进行指导，激励他们热情工作，协调他们之间的关系；控制是指对工作活动进行监控，发现并及时纠正偏差，以保证目标的实现。需要强调的是，这四项职能是相互联系、相互依赖的，并不是截然分开的。因为在管理活动中，管理者面对的实际情况通常是复杂多变的，要清晰地界定计划、组织、领导和控制的起点和终点，几乎是不可能的。在实际中，我们发现当管理者在履行他们的职能时，通常会同时做一些计划工作、一些组织工作、一些领导工作，以及一些控制工作，而且这些管理工作并非严格遵循计划、组织、领导、控制的顺序进行。

二、人力资源管理的概念

（一）人力资源管理的含义

人力资源管理这一概念，是在德鲁克 1954 年提出人力资源的概念之后出现的。1958 年，怀特·巴克出版了《人力资源功能》一书，首次将人力资源管理作为管理的普通职能来加以论述。此后，随着人力资源管理理论和实践的不断发展，国内外产生了人力资源管理的各种流派，他们从不同的侧面对人力资源管理的概念进行了阐释，综合起来，可以将这些概念归纳为四类。

1. 从人力资源管理的目的出发

第一类主要是从人力资源管理的目的出发来解释它的含义，认为它是借助对人力资源的管理来实现组织的目标。

（1）人力资源管理就是通过各种技术与方法，有效地运用人力资源来达成组织目标的活动（蒙迪，1996）。

（2）人力资源管理就是通过各种管理功能，促使人力资源有效运用，以达成组织目标的活动（舒勒，1987）。

（3）人力资源管理是利用人力资源实现组织目标的活动。

2. 从人力资源管理的过程出发

第二类主要是从人力资源管理的过程或承担的职能出发来进行解释，把人力资源管理看成是一个活动过程。

（1）人力资源管理是实现组织人员的招聘、甄选、训练及报酬等功能的活动，以达成个人与组织的目标（舍曼，1992）。

（2）人力资源管理是指对全社会或一个企业各阶层、各类型的从业人员招工、录取、培训、使用、升迁、调动直至退休的全过程管理。

3. 从人力资源管理的实体出发

第三类主要揭示了人力资源管理的实体，认为它就是与人有关的制度、政策等。

（1）人力资源管理包括一切对组织中的员工构成直接影响的管理决策和实践活动。

（2）人力资源管理包括影响公司和员工之间关系的所有管理决策和行为（比尔、斯佩克特，1984）。

（3）人力资源管理是指影响雇员的行为、态度以及绩效的各种政策、管理实践和制度。

（4）人力资源管理是根据组织和个人发展的需要，对组织的人力资源这一特殊的战略性资源进行有效开发、合理利用与科学管理的机制、制度、流程、技术和方法的总和。

4. 从目的、过程等方面出发

第四类则是从目的、过程等方面出发综合地进行解释，持这种观点的人所占的比重比较大。

（1）人力资源开发与管理，指运用现代化的科学方法，对与一定物力相结合的人力进行合理的培训、组织与调配，使人力、物力经常保持最佳比例，同时对人的思想、心理和行为进行恰当的诱导、控制和协调，充分发挥人的主观能动性，使人尽其才、事得其人，从而实现组织目标。

（2）人力资源管理是指运用科学方法协调人与事的关系、处理人与人的矛盾，充分发挥人的潜能，使人事相宜，从而实现组织目标的过程。

（3）人力资源管理是指一个组织为了实现自己的战略或经营目标，围绕一整套员工管理理念而展开的吸引、保留、激励以及开发员工的政策、制度和管理实践。

从综合的角度出发来解释人力资源管理的含义更有助于揭示它的含义。笔者认为，人力资源管理是指组织通过各种政策、制度和管理实践，吸引、保留、激励和开发员工，调动员工工作积极性，充分发挥员工潜能，进而促进组织目标实现的管理活动的总和。

正确地理解人力资源管理的含义，必须破除两种错误的看法：一种是将人力资源管理等同于传统的人事管理，认为两者是完全一样的，只不过换了一下名称而已；另一种是将人力资源管理与人事管理彻底割裂开来，认为两者是毫无关系的。其实，人力资源管理和人事管理是一种继承和发展的关系。一方面，人力资源管理是对人事管理的继承，人力资源管理的发展历史告诉人们，它是从人事管理演变而来的，人事管理的很多职能人力资源管理依然要履行；另一方面，人力资源管理又是对人事管理的发展，它的立场和角度明显不同于人事管理，可以说是一种全新视角下的人事管理，两者的区别见表 1–1。

表 1–1　人事管理和人力资源管理的区别

比较项目	人事管理	人力资源管理
管理视角	视员工为负担、成本	视员工为第一资源
管理目的	组织短期目标的实现	组织和员工利益的共同实现
管理活动	重使用、轻开发	重视培训与开发
管理内容	简单的事务管理	非常丰富
管理地位	执行层	战略层
管理性质	单纯的成本中心	生产效益部门
管理模式	以事为中心	以人为中心
管理方式	命令式、控制式	强调民主、参与
管理性质	战术性、分散性	战略性、整体性

从最新的研究来看，一些学者提出了人力资本管理的概念，认为人力资源管理应当朝着人力资本管理的方向继续发展。这种名称上的变化代表了管理理念的重大变革，就是说要从资本而不是资源的角度出发来对人的体力和智力进行管理。

（二）人力资源管理的意义

实践证明，重视和加强企业人力资源管理，对于促进生产经营的发展，提高企业劳动生产率，保证企业获得最大化的利益，具有重要的作用。

1. 有利于促进生产经营的顺利进行

劳动力是企业劳动生产力的重要组成部分，只有合理组织劳动力，不断协调劳动力之间、劳动力与劳动资料之间、劳动对象之间的关系，才能充分利用现有的生产资料和劳动力资源，使它们在生产经营过程中最大限度地发挥作用，并在空间和时间上使劳动力、劳动资料、劳动对象形成最优的配置，从而保证生产经营活动有条不紊地进行。

2. 有利于调动企业员工的积极性，提高劳动生产率

企业管理中的人是社会中的人，他们不仅需要衣、食、住、行等物质生存条件，而且有思想、有情感、有尊严，这就决定了企业人力资源管理必须设法为劳动者创造一个适合他们多方面需要的劳动环境，使他们安于工作、乐于工作、忠于工作，并能积极主动地奉献个人劳动潜力和智慧，为企业创造出更大的生产经营成果。因此，企业必须善于处理物质奖励、行为激励以及思想教育工作三者的关系，使企业员工始终保持旺盛的工作热情，充分发挥自己的特长，努力学习技术和钻研业务，不断改进工作，从而达到提高劳动生产率的目的。

3. 有利于现代企业制度的建立

科学的企业管理制度是现代企业制度的重要内容，而人力资源管理又是企业管理中最为关键的部分。一个企业只有拥有一流的人才，才可能有一流的计划、一流的领导，才能充分而有效地掌握和应用一流的技术，创造出一流的产品。如果一个企业不具备优秀的管理者和劳动者，就算拥有再先进的设备和技术，也无法发挥效果。提高企业现代化管理水平，最重要的是提高企业员工的素质。可见，注重和加强企业人力资源的开发和利用，搞好员工培训教育工作，是实现企业管理由传统管理向科学管理和现代管理转变的不可缺少的一环。随着现代企业制度的逐步建立，企业人力资源管理将越来越突出和重要。

4. 有利于减少不必要的劳动耗费

经济效益是指经济活动中成本与收益的比较。近年来的情况表明，在产品成本中，员工工资所占比重有不断提高的趋势。合理组织劳动力，科学配置人力资源，可以有效地减少劳动耗费，显著地提高企业经济效益。

（三）人力资源管理的重要性

如今，一个企业要想在风险巨大且竞争激烈的市场环境中寻求发展，除了依靠雄厚的资金和先进的技术以外，必须拥有一大批优秀的人才。然而，人们认识到这一点却用了很长的时间。随着知识经济时代的到来，企业管理从强调对物的管理转向对人的管理，人力资源管理的重要性日益突出。

1. 人力资源管理是企业管理战略的重要组成部分

大多数人认为，人力资源管理的时间和成本主要集中在行政管理上，然而，人力资源管理的最大价值却反映在战略管理上。行政管理活动只对企业产生有限的价值，人力资源管理工作只有与企业的战略目标相结合，并将日常工作融入业务，才能创造自身的价值，以确保企业战略目标的实现。作为企业管理战略的一部分，人力资源管理工作要积极提高企业员工的能力，尤其是要提高企业将来发展所需要的那些能力。可以通过对人力资源的培训和开发来缩小企业所需技能与员工现有技能之间的差距。此外，还可以通过建立与企业战略目标相一致的绩效评估系统和薪酬系统来增强企业人力资本的竞争力。

2. 人力资源管理是提高个人绩效和劳动生产率的关键

企业运用人力资源管理可以创造理想的组织气氛，通过不断地培训与开发、横向与纵向岗位或职位调整，发挥员工个人价值，增强员工的主人翁意识，提高员工个人和企业整体的绩效。事实上，对员工的有效使用是一种投资最少、见效最快的提高员工个人绩效和劳动生产率的方法，因为它只需将员工的工作积极性和潜能充分发挥出来即可转化为劳动生产率。当员工得到有效使用时，对于员工而言，其满意感增强，劳动积极性提高；对于组织而言，则表现为员工得到合理配置，组织高效运作，劳动生产率提高。因此，应用人力资源管理的观念和技术改善员工的工作行为，是提高劳动生产率和企业经营业绩的重要途径。

3. 人力资源管理部门是企业潜在的"利润中心"

创造利润是企业的中心任务，传统的创造利润的方式已经不再适应现代经济发展的要求，新的利润增长方式几乎都与人力资源管理有关。传统观念认为，人事部门只是一个成本中心，要尽力控制人力资源管理部门的成本。随着经济的发展，以西奥多·舒尔茨为代表的一些学者提出了人力资本理论。他们认为，人力资源不仅是自然性资源，还是一种资本性资源，且人力的投资收益率高于一切其他形态资本的投资收益率。现在众多企业不再一味地以降低人力投资为目标，而是看准了人力所蕴藏的巨大潜在能量，实现从成本中心向利润中心的变革。吸引、留住、用好优秀人才是企业具备竞争力的根本。

4. 人力资源管理是现代社会经济生活的迫切需要

如今，员工的素质越来越高，越来越多的员工感到自己大材小用。在这种情况下，如何激励员工变得特别重要。随着物质财富的增加、生活水平的提高，越来越多的人不仅注重职业质量，还注重生活质量，员工的非货币需要越来越强烈。员工不仅看中工作本身及其带来的薪酬，还要满足自身各种心理需要。在现代企业的人力资源管理中，尽可能利用各种有限但充分的条件激励员工，可以促使每一个员工自发地、最大限度地发挥他们的聪明才智与潜能，提高员工对企业的参与感和归属感，增强员工的群体意识，使其保持充足的动力和高昂的士气，齐心协力提高企业的经济效益，实现企业目标。

（四）人力资源管理的目标

人力资源管理应当达到或实现什么样的目标呢？国内外学者给出了许多概括和说明。美国学者提出了四大目标：①保证适时雇用到组织所需要的员工。②最大限度地挖掘每个员工的潜质，既服务组织目标，也确保员工的发展。③留住那些通过自己的工作有效地帮助组织实现目标的员工，同时排除那些无法对组织提供帮助的员工。④确保组织遵守政府有关人力资源管理方面的法令和政策。

阿姆斯特朗（1992）认为人力资源管理应实现以下十个目标：①通过公司最有价值的资源——员工来实现公司的目标。②使人们把促成组织的成功当作自己的义务。③建立具有连贯性的人事方针和制度。④努力寻求人力资源管理方针和企业目标之间的统一。⑤当企业文化合理时，人力资源管理方针应起支持作用；当企业文化不合理时，人力资源管理方针应促使其改善。⑥创造理想的组织氛围，鼓励个人创造性，培养积极向上的作风。⑦创造灵活的组织体系，帮助公司实现竞争环境下的具体目标。⑧提高员工个人在决定上班时间和职能分工方面的灵活性。⑨提供工作和组织条件，为员工充分发挥潜力提供支持。⑩维护和完善员工队伍以及产品和服务。

萧鸣政（2001）则将人力资源管理的目标归纳为三点：①保证组织人力资源的需求得到最大限度的

满足。②最大限度地开发和管理组织内外的人力资源，促进组织的持续发展。③维护和激励组织内部的人力资源，使其潜能得到最大限度的发挥，使其人力资本得到应有的提升和扩充。

《华为基本法》对人力资源管理的目的概括如下：人力资源管理的基本目的是建立一支宏大的高素质、高境界和高度团结的队伍，以及创造一种自我激励、自我约束和促进人才脱颖而出的机制，为公司的快速成长和高效运作提供保障。

笔者认为，人力资源管理的目标应当从最终目标和具体目标这两个层次来进行理解。人力资源管理的最终目标就是要有助于实现企业的整体目标。人力资源管理只是企业管理的一个组成部分，它是从属于整个企业管理的，而对企业进行管理的目的就是实现企业既定的目标，因此人力资源管理的目标也应当服从和服务于这一目的。需要指出的是，虽然不同的企业，其整体目标的内容可能有所不同，但最基本的目标都是一样的，那就是创造价值以满足相关利益群体的需要。在最终目标之下，人力资源管理还要达成一系列的具体目标，这些具体目标包括：①保证价值源泉中人力资源的数量和质量。②为价值创造营造良好的人力资源环境。③保证员工价值评价的准确有效。④实现员工价值分配的公平合理。

人力资源管理的具体目标与企业价值链的运作是密切相关的，价值链表明了价值在企业内部从产生到分配的全过程，是贯穿企业全部活动的一条主线。价值链中任何一个环节出现了问题，都将影响到整体价值的形成。人力资源管理的具体目标就是从人力资源的角度出发为价值链中每个环节的有效实现提供有力的支持（见图 1–2）。

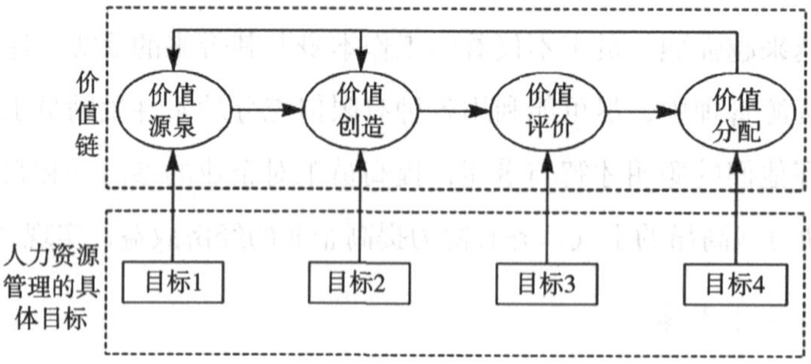

图 1–2　人力资源管理的具体目标和企业价值链

在整个价值链中，价值源泉是源头和基础，只有具备了相应的资源，价值创造才有可能进行。人力资源是价值创造不可或缺的资源，因此，为了保证价值创造的正常进行，企业必须拥有满足一定数量和质量要求的人力资源，否则企业的价值创造就无法实现，这就是人力资源管理的第一个具体目标——保证价值源泉中人力资源的数量和质量。这一目标需要借助人力资源规划和招聘录用等职能活动来实现。

在价值链中，价值创造是最关键的环节，只有通过这一环节，价值才能够被创造出来，而价值创造并不会自动发生，它需要以人力资源为中心来整合和运用其他资源，因此必须营造良好的人力资源环境以实现价值创造，这就是人力资源管理的第二个具体目标——为价值创造营造良好的人力资源环境。这一目标需要借助职位分析和设计、员工调配、培训与开发、员工激励等职能活动来实现。

为了进行价值分配，必须对价值创造主体在价值创造过程中所做的贡献做出准确的评价，这就是人力资源管理的第三个具体目标——保证员工价值评价的准确有效。这一目标需要借助绩效管理等职能活动来实现。

价值分配是价值链运作的目的，只有通过价值分配，企业各相关利益群体的需要才能得到满足。从价值创造主体的角度来看，只有他们得到了公平合理的价值分配，价值创造才有可能继续发生，这就是人力资源管理的第四个具体目标——实现员工价值分配的公平合理。这一目标需要借助薪酬管理等职能活动来实现。

总的来说，人力资源管理的目标是通过组建优秀的企业员工队伍，建立健全企业管理机制，形成良好的企业文化氛围，有效地开发和激励员工潜能，最终实现企业的管理目标。

（五）人力资源管理的功能

人力资源管理的功能是指它自身应该具备或发挥的作用，具有一定的独立性，它的功能是通过职能来实现的。人力资源管理的功能体现在五个方面，即获取、维持、整合、开发和调控。

1. 获取

人力资源管理的第一步是获取人力资源。获取的过程是根据组织目标，确认组织的工作要求及人数等条件，通过工作分析、人力资源规划、招聘和录用等环节，选拔与目标职位相匹配的任职者的过程。

2. 维持

维持功能主要体现在建立并维持有效的工作关系，即通过一系列薪酬、考核和晋升等管理活动，保持企业员工稳定且有效工作的积极性，维持安全健康的工作环境，以提高员工满意度，从而使员工安心和满意地工作。

3. 整合

整合功能表现在企业可以借助培训教育等手段，实现员工的组织社会化。整合的目的是使员工形成与组织一致的价值取向和文化理念，并使员工逐步成为组织人。其具体体现为新员工上岗引导，以及企业文化和价值观的培训。

4. 开发

开发是提高员工工作能力的重要手段，即通过组织内部的一系列管理活动，培养和提高员工的技能和素质，以增强员工的工作能力，并使员工的潜能得到充分发挥，最大限度地实现其个人的价值，使人力资源对组织的发展做出贡献，以达到个人与组织共同发展的目的。

5. 调控

调控功能体现在企业对员工实施合理、公平的动态管理，对员工的工作表现、潜能和工作绩效进行评估和考核，可以为企业做出人力资源奖惩、升降和去留等决策提供依据。其具体表现为晋升、调动、工作轮换、离退休和解雇等。

三、人力资源管理的产生与发展

（一）人力资源管理在西方的产生与发展

对人力资源管理在西方的产生与发展，不同的学者划分出了不同的阶段。结合不同学者的划分方法，笔者将人力资源管理在西方的产生与发展划分为以下六个阶段。

1. 萌芽阶段

人力资源管理的前身被称为人事管理，人事管理的出现是伴随着18世纪后期的工业革命而产生的。工业革命有三大特征，即机械设备的发展，人与机器的联系，需要雇用大量人员的工厂的建立。这场革命造成了两个现象：一是劳动专业化的提高；二是工人生产能力的提高，工厂生产的产品剧增。“劳动分工”已成为这次革命强有力的共同呼声。由于劳动分工思想的提出，个体劳动在工厂中消失，工人的协同劳动成为主体，因此对工人的管理问题就逐渐凸显出来。这一阶段，在工人的管理方面产生了各种朴素的管理思想。例如，在劳动分工的基础上对每个工人的工作职责进行界定，实行具有激励性的工资制度，推行职工福利制度，对工人的工作业绩进行考核，等等。这些管理思想基本上都以经验为主，并没有形成科学的理论，但其奠定了人力资源管理的雏形。

2. 初步建立阶段

初步建立阶段即科学管理时代，时间从20世纪初至20世纪30年代。科学管理思想的出现，宣告了管理时代的到来，管理从经验阶段步入科学阶段，这在管理思想发展史上有着划时代的意义。在泰勒提出科学管理思想一段时间后，企业中开始出现人事部门，该部门负责企业员工的雇用、挑选和安置工作，这些都标志着人力资源管理的初步建立。

3. 反省阶段

反省阶段即人际关系时代，时间为20世纪30—50年代。1924—1932年的霍桑实验引发了人们对科学管理思想的反思，将员工视为“经济人”的假设受到了现实的挑战。霍桑实验发现了人际关系在提高劳动生产率中的重要性，揭示了对人性的尊重、对人的需要的满足、人与人的相互作用以及归属意识等对工作绩效的影响。人际关系理论开创了管理中重视人的因素的时代，是西方管理思想发展史上的一个里程碑。这一理论同时也使人力资源管理发展的迈上新台阶，设置专门的培训主管、强调对员工的关心和理解、增强员工和管理者之间的沟通等人事管理的新方法被很多企业采用，人事管理人员负责设计和实施这些方案，人事管理的职能得到极大丰富。

4. 发展阶段

发展阶段即行为科学时代，时间为20世纪50—70年代。从20世纪50年代开始，人际关系的人事管理方法也逐渐受到了挑战，“快乐的员工是一个好员工”并没有得到事实的证明，组织行为学方法逐渐兴起。组织行为学是一个研究领域，它探讨个体、群体以及结构对组织内部行为的影响，目的是应用这些知识改善组织绩效。它的发展使人事管理从对个体的研究与管理扩展到了对群体和组织的整体研究与管理，人事管理也从监督制裁到人性激发、从消极惩罚到积极激励、从专制领导到民主领导、从唯我独尊到意见沟通、从权力控制到感情投资，并努力寻求人与工作的配合。“人力资源管理”逐渐成为一个流行的名词。

5. 整合阶段

整合阶段即权变管理时代，时间为20世纪70—80年代。在这一阶段，企业的经营环境发生了巨大的变化，各种不确定因素增加，企业管理不仅要考虑到自身因素的影响，还要考虑到外部各种因素的影响。在这种背景下，权变管理理论应运而生，它强调管理的方法和技术要随企业内外环境的变化而变化，应当综合运用各种管理理论而不只是某一种。在这种理论的影响下，人力资源管理也发生了深刻的变化，同样强调针对不同的情况采取不同的管理方式、实施不同的管理措施。20 世纪 80 年代初期，美国和欧洲一些国家纷纷出现了人力资源开发和管理组织，人事部门改名为人力资源管理部，企业从强调对物的管理转向强调对人的管理。

6. 战略阶段

战略阶段即战略管理时代，时间从 20 世纪 80 年代至今。企业为了适应兼并发展的需要，必须制定出明确的发展战略，因此战略管理逐渐成为企业管理的重点，而人力资源管理对企业战略的实现有着重要的支撑作用，所以人力资源管理的问题被纳入企业战略范畴。

（二）人力资源管理在我国的产生与发展

1. 古代人事管理思想

在古代文化典籍中蕴藏着丰富的人事管理思想，有关人才的重要性、如何选拔人才、如何用好人才等方面都有精辟的论述。例如：①有关人才的重要性方面，唐太宗的名言“为政之要，惟在得人”就把“得人”看作“为政”的关键。康熙皇帝更是将人才提到治国的首要位置，认为“政治之道，首重人才”。②有关如何选拔人才方面，汉朝的王符提出“德不称其任，其祸必酷，能不称其位，其殃必大”，强调官员的品行和能力必须与其职位相符，否则会带来严重的后果。③有关如何用好人才方面，诸葛亮曾说：“古之善将者，养人如养己子，有难，则以身先之；有功，则以身后之；伤者，泣而抚之；死者，哀而葬之；饥者，舍食而食之；寒者，解衣而衣之；智者，礼而禄之；勇者，赏而劝之。将能如此，所向必捷矣。”这段话说明作为将军，如果能爱兵如子，以心换心，以情感人，满足每个士兵不同的需要，就能调动士兵的积极性，军队必将战无不胜。宋代政治家王安石提出“一人之身，才有长短，取其长则不问其短”，强调应用人之长。这些思想对于今天企业的人力资源管理者来说都具有可借鉴之处。

2. 近代人事管理概况

鸦片战争之后，中国沦为半殖民地半封建社会，这时的人事管理具有两个基本特点：一是带有浓厚的封建色彩，企业大多是家族性质的小型私人企业。许多企业实行包工制度，将工作包给包工头，然后由包工头招收工人，组织生产，进行监督，发放工资。二是学习并引进西方资本主义国家的科学管理方法。一些规模较大的企业学习并引进了泰勒科学管理的方法，开始对人员进行比较规范的管理，如天津东亚毛纺公司开始按照“雇用工人程序图”进行招工，同时取消学徒制，举办艺徒培训班，培训熟练技术工人。该公司还引进时间动作研究，确定劳动定额，实行差别计件工资制，并制定了一套厂训、口号等，以提高企业的凝聚力。

3. 新中国成立以来人力资源管理的发展

新中国成立以来，我国人力资源管理的发展可分为两大阶段：改革开放前和改革开放后。

随着社会主义改造的完成，我国建立起了社会主义制度，同时也确定了计划经济的经济体制，企业是国家所有，企业员工是企业的主人。与计划经济体制相适应，我国实行了“统包统配”的就业制度，企业没有用人的自主权，不能自行招聘所需的人员；人员只进不出，没有形成正常的退出机制；在企业内部，对于工人的工作没有考核，大家干好干坏一个样，干多干少一个样；工资分配中存在严重的平均主义，与工作业绩和工作岗位没有任何关系，人事管理还停留在简单的档案管理和资料统计阶段，与现代的人力资源管理相去甚远，同时人们对“人力资源”也普遍没有概念。可以说，这个时期我国还没有真正意义上的“人力资源管理”。

党的十一届三中全会以来，特别是改革开放以后，随着我国经济体制改革的不断深入，国有企业的劳动人事工作也在不断进步。1979 年，国务院颁发了《关于扩大国营工业企业经营自主权的若干规定》（简称《规定》），重新规定了企业人事管理的职责权限范围。《规定》指出：允许企业根据生产需要以及精简、效能的原则决定自己的机构设置和人员配备；有权根据国家下达的劳动指标进行招工，进行岗前培训；有权对成绩优异、贡献突出的职工给予奖励；有权对严重违反劳动纪律的职工给予处分，甚至辞退。随着这些规定的落实，企业在用人方面有了更大的空间，正常的进出渠道逐步形成；劳动人事管理制度逐渐完善，劳动定额管理、定员定编管理、技术职称评聘、岗位责任制等在企业中广泛推广；工资管理规范化，打破了分配的平均主义，增强了工资的激励作用；推行对工人的工作、业绩考核。所有这些都表明，我国企业的人事管理工作发生了巨大的变化，已经初步具备了人力资源管理的某些功能和作用。可以说，国有企业人事管理的改革，为人力资源管理在我国的发展奠定了实践基础。

目前，人力资源管理在我国的发展可以说是机遇与挑战并存，这就需要人力资源管理的理论工作者和实际工作者共同努力，积极探讨，以不断提高我国人力资源管理的理论和实践水平。

第三节　知识经济时代的人力资源管理

一、知识经济的概念

知识经济时代的到来，将现代人力资源管理带进了一个新的阶段。知识经济是以高科技为支柱，以智力资源为主要依托的经济形态。知识经济时代引起了组织形式的巨变，知识经济时代员工所体现的不同特点都要求人们不断改变人力资源管理的策略和方法。

知识经济是以知识和信息的生产、分配、使用为基础，以创新的精神为主导，以人力资本的高价值运转为特征，以高科技产业和智力产业为支柱的新型经济。在知识经济时代，企业经济的增长从依赖资金资本的积累转化为依靠知识资本的积累，从依靠产品的更新转化为依靠知识的更新。知识资本成为人力资本优势的标志，人力资源的价值成为衡量企业核心竞争力的标志。

二、知识经济时代的组织形式

知识经济引起了组织形式的巨变，德博拉·安科纳（2005）用 5 个相互联系的特征来定义知识经济时代的新型组织：网络化、扁平化、柔性化、多样化和全球化。新型组织的特征对员工的职业角色和行为方式都提出了新的要求，比如：企业要求员工拥有知识和技能，具有高度的责任感；对更趋流动性员工的管理要求企业重新思考组织与个人的关系问题等。新型组织模式体现出以下几个特征。

（一）组织网络化

在网络化组织中，个体、团队等内部子单元和环境中关键要素的相互依赖性将加强。团队成为组织活动的基本单位而不是个人，组织与供应商、客户、利益相关者，甚至竞争公司结成联盟或协作网络。在这种形同“虚拟化组织”的模式下，管理者无法依靠权力去完成目标，他必须与其他关键人员协商以建立相互信任，各角色协同去完成任务，这改变了员工开展工作的方法和组织控制员工的策略。团队日益成为组织的基本单位，要求管理者具有作为团队领导和团队成员的技能，包括理解团队互动的动力、观察能力、诊断和处理团队问题的能力等。

（二）组织扁平化

扁平化组织减少了管理层级并授权给操作层面，使决策能够深入第一线。相对于传统的多层级组织结构来讲，扁平化组织为员工提供的晋升机会较少，升职已不是主要的激励方式。在与环境交互作用的扁平化组织中，更多的人在工作中跨越组织边界，与客户、供应商及其他利益相关者相互影响，形成了跨边界的价值链。随着合作的深入，“边界”日益模糊。这要求成员忠于自己的组织，组织必须寻找有效的途径来协调员工对组织长期目标的责任、对组织的忠诚与跨边界协作的关系。

（三）组织柔性化

由于顾客需求的多样化、劳动力资源的多元化和外部环境的复杂化，那些僵化的规则、惯例和结构早已不能适应组织的要求。柔性化组织多以临时性组织方式出现，如项目组、特别工作组及非正式的工作团队。这些组织的活动不影响个人的正式职位或正式的组织结构，而是根据客户多样化和不定时的需要，迅速重新配置人力资源和物质资源来解决问题。在柔性化组织中，员工的工作行为特点不是循规蹈矩，而是处理不确定性事件、团队合作与互补。不断学习，提升创新能力和适应变化的能力是关键。

（四）组织多样化

网络化组织、扁平化组织、柔性化组织在满足劳动力的日益多样化、创新与解决问题的思路和方法的多样化，以及经营环境的不可预见和不规则性的时候，其组织必然是多样化的。多样化组织需要适应多样化的观点、方法、职业路径、激励机制以及组织内的人和政策，并且对多样化的顾客和利益相关者做出快速反应。多样性组织中，员工的行为特征表现为自觉、主动地对多样化的重视、认同与容忍，理解别人对事物的看法，学会倾听，懂得换位思考。

（五）组织全球化

经济全球化使组织的发展空间由单一地域扩展到跨地域，由国内扩展到国际。跨国经营的特点是在不同国家经营是相对独立的，相互依赖性不强，而全球化则意味着跨边界的相互作用。全球化组织更加促进了组织向网络化、多样化和虚拟化的方向发展，带来了工作模式的变化，比如远程办公工作模式、旅馆办公工作模式、链系办公工作模式、居家办公工作模式、完全流动办公工作模式、时间弹性化工作模式等将会越来越普遍。全球化组织不仅要求员工具有跨文化交流的技能，还要求员工要有自觉性、忠诚度、事业心以及对组织愿景、战略、目标的认同等。

三、知识经济时代的员工特点

德鲁克在《巨变时代的管理》一书中指出，在知识经济时代，企业出现了一个新的工作群体，叫“知识工作者”。这些知识工作者或知识员工在工作中表现出以下几个突出的特点。

（一）流动性

知识员工忠诚于他的职业甚于他所服务的企业。知识员工大都清醒地知道他们的专业能力对他们未来的职业发展起决定性的作用，他们对专业的忠诚往往多于对组织的忠诚。知识员工一旦有了更高的追求而公司又忽视或不能满足这种需求时，就会跳离原公司。具有较高个人素质的知识员工是人力资源市场上的稀缺资源，不再依附于企业，知识的力量使其在与企业的关系中处于更加对等的地位，双方由传统的雇佣关系演变为基于知识传播、应用和创新的合作关系。知识员工服务于一家企业不再是他们的“需要”而是他们的一种选择，即选择一家有利于发挥他们专业知识的企业。只有在共同价值观的基础上，将组织的发展同个人的职业发展紧密联合起来，才能有效地提高他们对组织的忠诚度。

（二）不确定性

知识员工之所以流动性大，与他们工作环境的不确定性有关，思想上的主动性会使其选择更好的工作环境，或身兼数职。知识员工实际上很少依赖管理层领导。如果员工之间存在技术上的互补，反而会让知识员工产生一种依赖，因为工作很少可以一个人独立完成，他们互相交流的过程可以产生协同作用。知识员工的工作模式发生改变，出现了跨团队、跨职能合作，甚至虚拟工作团队，相应地，企业由过去对员工的点的定位过渡到现在的区域定位。人在企业中的位置也由点定位变为区域定位，即角色定位。知识员工团队中，领导与被领导的界限模糊了，双方既是一种互动关系，又是一种角色置换关系。

（三）自主创新性

知识员工具有自己的专业特长，在某一领域是专家，自主性强，在工作中强调自我引导，不喜欢上级领导的指挥。工作的顺利进行完全依赖于知识型员工的自主性，他们容易将个人目标与企业目标结合起来，注重发挥自己的专业特长，成就自己的事业。创新是知识员工工作的最重要特征，知识员工之所以重要，并不是因为他们已经掌握了某些秘密知识，而是因为他们具有不断创新有用知识的能力。知识员工所从事的不是简单的重复性工作，而是在复杂多变的环境下依靠自己的知识、经验和灵感进行挑战性的工作，他们要应对各种可能发生的情况，推动技术的进步，不断使产品和服务得以更新。

（四）复杂性

复杂性主要是指劳动的复杂性。首先，劳动过程复杂。知识员工的工作主要是思维性活动，依靠大脑而不是体力，劳动过程以无形的为主，而且可能发生在每时每刻和任何场所。其工作并没有确定的流程和步骤，其他人很难知道应该怎样做，固定的劳动规则并不存在。因此，对劳动过程的监督既没有意义，也不可能。其次，劳动考核复杂。在知识型企业，员工独立自主性并不等同于员工之间不需要配合，由于科技的发展一般并不独立，他们的工作一般以工作团队出现，跨越组织界限以便获得知识综合优势。因此，劳动成果多是团队智慧和努力的结晶，这使得个人的绩效评估难度较大。最后，劳动成果复杂。

成果本身有时也是很难度量的。

四、知识经济时代人力资源管理关注的内容

知识经济带来的企业组织形式的巨变与知识员工的工作特征，给人力资源管理带来了新的内容和新的挑战。在知识经济时代，人力资源管理应重点关注以下几方面的内容。

（一）心理契约管理

“心理契约”是美国著名管理心理学家施恩于20世纪60年代提出的一个名词。在施恩看来，心理契约是“组织中每一个成员和不同的管理者及其他人之间，在任何时刻，都存在一种没有明文规定的期望”。它包括两部分内容：一是员工个人目标与组织目标和承诺的契合关系；二是员工在经过一系列投入、回报循环构成的组织经历后，与所在企业形成的情感上的契约关系，体现在员工对组织的依赖感和忠诚度。企业能清楚员工的发展期望，并尽量提供条件满足其期望；而每一位员工也相信企业能实现他们的愿望，并为企业的发展全力以赴。由此可见，心理契约不同于企业与员工之间的经济契约，经济契约是公开的、具有明确法律和规则效力的显性契约，而心理契约是存在于企业与员工之间的隐性契约，其核心在于员工的满意度。心理契约本是社会心理学的概念，被组织行为学者借用和移植过来用以研究组织中复杂而微妙的人际关系，特别是上下级间的关系，成为一件具有敏锐且深刻的洞察力和剖析力的工具。心理契约的内容是双方对于对方所抱有的一系列微妙而含蓄的期望。这些期望未形成文字记录在案，甚至都没有在口头上表露出来，只是默默地埋藏在各自心里，留待双方去细心观察、琢磨和领悟。心理契约所形成的员工个人目标与组织目标和承诺的契合关系，员工在经过一系列投入、回报循环构成的与所在企业形成的情感上的契约关系，体现出的员工对组织的依赖感和忠诚度都可能激发出员工的角色外行为，如持续的工作热情和额外的付出、自觉地从事本职工作以外的任务活动、帮助他人并与他人合作、遵从和严格执行组织的规则与程序，以及支持和维护组织的目标等行为。

（二）组织承诺管理

组织承诺（organizational commitment）是个人对组织的一种态度或肯定性的内心倾向，是个人对组织的感情上的依赖和参与该组织的程度。组织承诺被定义为保持一个特定组织的成员身份的一种强烈愿望，愿意做出较多的努力来代表组织以及对于组织的价值观与目标的明确信任和接受。梅耶和阿伦（1991）提出了组织承诺的三成分模型：①情感承诺，员工对组织的情感依恋、认同感和卷入程度。②留任承诺，基于相关员工离开组织带来的损失的一种承诺。③规范承诺，员工感到有责任留在组织中。由此可见，组织承诺是员工与组织之间相互联结的纽带。组织承诺对员工工作绩效的影响大小表现在员工离职率的高低、对工作投入的多少以及是否积极参与组织的各项工作。从绩效管理的角度研究组织承诺应重点注意以下两个方面：①组织应努力提升员工的组织承诺感。应该增强组织的公平性、可依赖性、对员工的支持度，提升员工的工作满意度（如使工作更具挑战性、工作内容更加丰富化等），建立员工队伍稳定机制，从薪酬、晋升政策上鼓励员工保留。②关注员工对组织的情感依赖、忠诚、认同等产生的长期绩效。绩效考评应将任务绩效和周边绩效结合起来，短期绩效和长期绩效结合起来，财务指标和学习成长指标结合起来。

（三）组织公民行为管理

近年来兴起的组织公民行为（Organizational Citizenship Behavior，OCB）的研究，进一步拓展了绩效的概念，为新型组织模式下的绩效管理带来了新的启示。史密斯、奥根和尼尔（1983）认为组织公民行为是没有被组织的正式奖励制度规定的，是自发的、不成文的，但是这种行为对组织的功能有催化、促进作用。近年来，学者对组织公民行为做了如下概括：①利他行为，指员工帮助他人的行为，包括自愿帮助他人处理或防止工作中出现的问题，还细分为利他、调解和鼓励他人等子维度。②尽职行为，指员工在执行组织任务、完成职务工作时表现出的比要求还要好的行为，如严格执行组织规章制度等行为。③运动员精神，指员工对工作不抱怨、精益求精、团队精神。④组织忠诚，指员工忠诚地拥护组织，认可、支持和维护组织目标，自觉宣传组织，在不利条件下仍对组织保持高承诺。⑤组织遵从，指员工对组织规则的接受和内在化，无论是有无领导者和同事注意到他们，都会自觉遵从，其行为不会有变化。⑥公民美德，指员工参与组织的政治活动，发表对组织的改进意见，关心和维护组织利益。任何组织的设计都不可能尽善尽美，尤其是新型组织模式更难规范工作行为，仅仅依靠员工的角色内行为难以达到组织目标，必须依赖员工的角色外行为去促进组织目标的实现。

（四）人力资源外包管理

人力资源外包是知识经济条件下产生的虚拟人力资源管理中的一种形式，指依据双方签订的服务协议，将企业人力资源部分业务的持续管理责任转包给服务商进行管理的活动。服务商按照合约管理某项特定人力资源活动，提供预定的服务并收取既定的服务费用。企业之所以选择人力资源外包，是基于服务质量和成本方面的考虑：①企业的人力资源管理人员的知识、技能和素质达不到所进行的人力资源管理活动所需具备的各种资格要求，如设计一个有效的培训和考核体系、进行员工的有效测评和职业生涯设计等。②所进行的人力资源管理活动，由企业人力资源管理人员实施的成本可能太高。一方面，各种专门的人力资源管理咨询机构中有足够的人力资源专家来实施；另一方面，他们具有实施相关管理活动的成功经验和失败教训，因此，他们实施各种管理活动成功的概率要比企业内部员工实施的概率大，如人员测评、各种人力资源制度和政策的建立与实施。③企业从来没有进行过相关的人力资源管理活动，这些活动要进行外包。如新型产业部门的员工招聘和职业生涯设计等。④根据降低人力资源成本的需要，精简了企业的人力资源部门。人力资源部门只进行战略性的人力资源规划和设计、提供相应的产品和服务，所以许多低附加值的人力资源工作就要进行外包。在外包过程中，服务商承担了企业人力资源活动的某些风险和不确定性，比如遵守劳动法规和政府规章以及技术手段变化方面的风险或难以预料的情况，这能在一定程度上降低企业人力资源活动的风险和损失。这对于生存在人力资源管理越来越法制化和信息技术高度发达的知识经济时代的企业来说，具有非常现实的意义。

复习思考

1. 人力资源的概念是什么？有什么特点？
2. 什么是人力资源管理？其基本职能有哪些？
3. 知识经济时代人力资源管理的作用是什么？

第二章
组织设计与职位分析

学习目标

1. 理解组织设计的概念。
2. 了解组织设计的内容及步骤。
3. 掌握职位分析的方法，能够编写职位说明书。
4. 理解工作设计的概念，了解工作设计的方法。

案例导入

办公室问题

某办公室设有一个主任、两个秘书、两个打字员和三个档案管理员。几年来，由于均衡的工作量和明确的责任，该办公室一直运转平稳。

近两年，主任注意到打字员和档案管理员出现了越来越多的争执。当他们找到主任讨论这些争执时，可以确定问题是对特定职责的误解造成的。一方面是打字员觉得档案管理员有过多的空闲时间而流露出强烈的不满，秘书和打字员必须经常加班来做他们认为档案管理员很容易承担起来的工作；另一方面是档案管理员强调他们不应承担任何额外的工作，因为他们的薪水没有与相应的责任匹配。

办公室每个人都有一份几年前编写的职位说明书。然而，由于实施了计算机办公，绝大多数工作的性质发生了较大变化，但这些变化一直未被写入书面材料之中。

第一节 组织设计

一、组织设计的含义、意义及原则

（一）组织设计的含义

组织设计实质上是一个组织变革的过程，它是把企业的任务、流程、权力、责任重新进行有效组合和协调的一种活动。进行组织结构设计或组织结构变革（再设计）的目的是提高企业的运行效率和经济效益。

组织设计是一项庞大的系统工程，牵涉组织系统的各个方面，其核心是组织结构设计，组织设计的所有工作均围绕此项内容展开。因此，组织设计就是在组织内部进行横向管理部门的设置和纵向管理层次的划分。也就是说，组织设计的主要工作是进行组织分化和组织整合。组织分化，即把任务划分为具体的工作，由不同的职位和部门来承担；组织整合，即在分工的基础上，取得各职位、各部门之间的协调运作。

（二）组织设计的意义

管理对象的复杂多变性与个人能力的有限性永远是组织必须应对的问题。组织设计的目的就是通过创建柔性灵活的组织，动态地反映外在环境变化的要求，并且能在组织演化成长的过程中，有效地积聚新的组织资源要素，同时协调好组织中部门与部门之间、人员与任务之间的关系，使员工明确自己在组织中的权力和责任，有效地保证组织活动的开展，实现组织目标。

组织设计具有以下四个方面的重要意义：第一，明确部门职责和权限，加强各部门的协作；第二，建立以客户和市场为导向的组织结构，提高客户服务的能力和速度，支撑组织战略的实现；第三，对内外部变化的环境做出及时和有效的应对，使组织职能满足业务持续发展的需要；第四，解放高层管理者，使其有时间思考组织的战略与发展问题，同时使员工能够集中时间和精力做好本职工作。

（三）组织设计的原则

1. 任务与目标原则

衡量组织结构设计的优劣，要以其是否有利于实现企业任务和目标为最终的标准。从这一原则出发，当企业的任务、目标发生重大变化时（如从单纯生产型向生产经营型、从内向型向外向型转变），组织结构必须做相应的调整和变革，以适应任务、目标变化的需要。又如，进行企业机构改革，必须明确从任务和目标的要求出发，该增则增，该减则减，避免单纯地把精简机构作为改革的目的。

2. 专业分工和协作原则

现代企业的管理工作量大、专业性强，分别设置不同的专业部门，有利于提高管理工作的质量与效率。在合理分工的基础上，各专业部门只有加强协作与配合，才能保证各项专业管理工作的顺利开展，实现组织的整体目标。贯彻这一原则，在组织设计时要十分重视横向协调问题。

3. 有效管理幅度原则

管理者受个人精力、知识和经验等条件限制，能够有效管理的下级人数是有限的。有效管理幅度不是一个固定值，它受职务的性质、人员的素质、职能机构健全程度等条件的影响。这一原则要求在进行组织设计时，管理者的管理幅度应控制在一定水平，以保证管理工作的有效性。

4. 精干高效原则

组织结构设计应与组织目标任务相适应，只有组织整体结构（管理层级和部门）合理、内部比例恰当、机构设置精简，才能有效避免机构臃肿、管理流程不顺，从而产生高绩效。企业不同发展规模的组织管理模式：①创业期（2~50 人），适用“直线式”组织管理模式；②发展期（50~500 人），适用“直线参谋式”组织管理模式；③发展期、稳定期（500~3 000 人），适用“职能式”组织管理模式；④发展期、多元化企业（500 人以上），适用“事业部制”“利润中心制”管理模式；⑤发展期、多元化集团公司（5 000 人以上），适用“矩阵式”“事业部制”“利润中心制”管理模式。

5. 统一指挥原则

组织中一个下级部门或岗位只能接受一个上级指挥，应避免政出多门、多头管理，保证统一的指挥和命令关系。如果一个下级要对两个或两个以上的上级负责，不仅会使下级在工作过程中无所适从，当其出现工作失误时，还会导致共同负责的上级无法分清责任，造成工作的混乱。

6. 权责利对等原则

权责利对等原则又称权责一致原则，是指在一个组织中的管理者所拥有的权力应当与其所承担的责任相适应。权责利对等是组织正常运行的基本要求。权小于责，任务无法完成；权大于责，会导致权力滥用。组织设计要做到职权对等，职责明确，分配公平。在实际运作过程中，各级管理者需要进行授权时，应对下级适度授权，但授权不授责，即要对下属的行动负责。

7. 集权与分权相结合原则

集权有利于保证企业的统一领导和指挥，有利于人力、物力、财力的合理分配和使用；合理分权有利于调动基层的积极性，基层能够根据实际情况迅速而正确地做出决策，也有利于上层领导集中精力抓重大问题。二者相辅相成，没有绝对的集权，也没有绝对的分权。集权与分权的影响因素有企业规模大小、企业生产技术特点、各项专业工作性质、各单位的管理水平和人员素质要求等等。

8. 稳定性和适应性相结合原则

进行组织设计时，既要保证组织在外部环境和自身任务发生变化时能够继续有序正常运转，又要确保组织能够根据变化的情况做出相应调整，即具有一定的弹性和适应性。为此，需要在组织中建立明确的指挥系统、责权关系及规章制度；同时，选用一些具有良好适应性的组织形式和措施，使组织在变动环境中具有一种内在的自动调节机制。

二、组织设计的内容、影响因素及其步骤

（一）组织设计的内容

一般来讲，企业的组织设计内容主要包括以下几方面。

1. 职能设计

企业作为一个经营单位，要根据自身其战略任务设计经营职能和管理职能。如果企业的有些职能不合理，就需要对其进行调整。

2. 框架设计

框架设计是企业组织设计的主要部分，即纵向的分层次（层次设计）、横向的分部门（部门设计）。层次设计强调组织纵向上需要多少个管理层级，如高层决策层、中层管理层和基层作业层等。层次设计

决定了组织上级部门向下属分配任务的方式。部门设计强调组织横向上需要设置多少个部门。

3. 协调设计

协调设计是研究分工的各个层次、各个部门如何进行合理的协调、联系、配合，以保证其高效率的配合，发挥管理系统的整体效应。

4. 规范设计

企业的规章制度是管理的规范和准则，结构设计最后要落实并体现为规章制度。管理规范保证了各个层次、部门和岗位，按照统一的要求和标准进行配合和行动。

5. 人员设计

企业的结构设计和规范设计都要以管理者为依托，并由管理者来执行。因此，按照组织设计的要求，必须进行人员设计，配备相应数量和质量的人员。

6. 激励设计

设计激励制度对管理人员进行激励（正激励和负激励）。正激励包括工资和福利等，负激励包括各种约束机制，即所谓的奖惩制度。激励制度既有利于调动管理人员的积极性，也有利于防止一些不正当或不规范的行为。

（二）影响组织设计的因素

组织设计是多个权变因素共同作用的结果，具体表现为战略、环境、组织工作流程、规模和生命周期以及组织文化等。

1. 战略

战略是实现组织目标的手段，是指组织在与竞争性环境相互作用中实现预定目标的计划。战略的选择会影响组织的内部特征，组织设计必须支持企业的竞争战略。如采用总成本领先战略的组织往往从提高效率的角度进行组织设计，体现为高度集权、严密控制、标准化程序等；而实施差异化战略要求更多地考虑学习能力，因此采取一种灵活而有弹性的结构进行组织设计。

2. 环境

处于稳定环境中的组织可以采用传统的结构形式，即注重纵向控制、效率、专业化、标准化程序和集中决策；但处于迅速变化环境中的组织，则需要一种弹性的结构形式，即通过团队及其他机制取得强有力的横向协调。

3. 组织工作流程

组织设计必须与组织工作流程技术保持一致。采用大批量生产技术的企业（如传统的汽车装配生产线），采用专业化、高度集权、严密控制的组织会取得良好的效果；而像电子商务企业，就需要具有非正规化和富有弹性的结构。

4. 规模和生命周期

处于成长期、小规模的组织通常是非正规的，很少有员工分工和规章条例，预算和绩效评价系统也常是随机的。而像 IBM（国际商业机器公司）、通用电器公司等大型组织，有着非常细致的员工分工和诸多的规章条例，设立了预算、控制、奖惩等方面的标准程序和系统。

5. 组织文化

在注重团队、合作、创造性以及所有员工和管理者之间的开放式沟通的组织文化氛围下，采取刻板、纵向的结构和严厉的规章条例的组织，一般难以取得好的效果。只有在组织文化、战略、环境与组织结构之间保持恰当的关系，才有助于组织提高适应力和竞争力。

（三）组织设计的步骤

组织设计通常有两种情况：一是新建企业的组织设计，二是对现有企业的组织再设计。组织设计是一个动态的工作过程，包含众多的工作内容。只有根据组织设计的内在规律有步骤地进行，才能取得良好效果。一般来讲，组织设计可按如下步骤进行：

（1）确立组织目标。通过收集及分析资料，进行设计前的评估，确定组织目标。

（2）划分业务工作。根据组织的工作内容和性质以及工作之间的联系，将组织活动组合成具体的管理单位，并确定其业务范围和工作量。

（3）提出组织结构的基本框架。按组织设计要求，决定组织的层次及部门结构，形成层次化的组织管理系统。

（4）确定职责和权限。明确规定各层次、各部门以及每个职位的权限、责任。一般用职位说明书或岗位职责等文件形式表达。

（5）设计组织的运作方式：联系方式的设计，即设计各部门之间的协调方式和控制手段；管理规范的设计，确定各项管理业务的工作程序、工作标准和管理人员应采用的管理方法等；各类运行制度的设计。

（6）决定人员配备。按职务、岗位及技能要求，选择配备恰当的管理人员和员工。

（7）形成组织结构。对组织设计进行审查、评价及修改，并确定正式组织结构及组织运作程序，颁布实施。

（8）调整组织结构。根据组织运行情况及内外环境的变化，对组织结构进行调整，使之不断完善。

三、组织结构的类型及其特点

组织结构设计作为组织设计的核心，实际上是企业权力资源的配置过程，设计的结果之一是形成组织结构。常用的组织结构类型有如下三种。

（一）直线职能制

直线职能制是在直线制和职能制的基础上，将直线制统一化原理和职能制专业化分工原理有机结合，汲取两种形式的优点而建立的一种集权与分权相结合的组织结构形式。在实践中，大多数企业都采用这种组织结构形式。这种组织结构形式是把企业管理机构和人员分为两类：一类是直线领导机构和人员，按命令统一原则对各级组织行使指挥权；另一类是职能机构和人员，按专业化原则，从事组织的各项职能管理工作。

直线职能制的优点：保留了直线型结构统一指挥的优点，权责清晰，组织结构稳定；发挥职能管理部门的参谋指导作用，弥补直线人员在专业管理知识和能力方面的不足，协调直线人员的决策。

直线职能制的缺点：职能部门之间的协作和配合性较差，导致工作效率低下；经理人员往往无暇顾及企业面临的重大问题。可考虑设立综合委员会来协调各方面工作，帮助高层领导出谋划策。

直线职能制组织结构的适用范围广，较适合组织结构不是很大、集中在同一地点、产品种类不过三四种的中小企业，以及各部门业务联系紧密的制造业中的大型企业。

（二）事业部制

事业部制最早由美国通用汽车公司总裁斯隆于1924年提出，故有“斯隆模型”之称，也叫“联邦分权化”，是一种高度（层）集权下的分权管理体制。事业部制是分级管理、分级核算、自负盈亏的一种形式，即一个公司按地区或按产品类别分成若干个事业部，从产品的设计、原料采购、成本核算、产品制造，一直到产品销售，均由事业部及所属工厂负责，实行单独核算，独立经营，公司总部只保留人事决策、预算控制和监督大权，并通过利润等指标对事业部进行控制。

事业部制通常被划分为产品事业部、地区事业部和客户事业部等。产品事业部是围绕产品建立的事业部，比如空调事业部、计算机事业部、冰箱事业部等；地区事业部是围绕地理区域建立的事业部，比如北美事业部、南美事业部、欧洲事业部等；客户事业部是围绕企业所服务的客户建立的事业部，比如政府客户事业部、企业客户事业部、个人消费事业部等。

事业部制的优点：权力下放，有利于最高管理层摆脱行政性事务；发挥事业部的积极性和主动性，更好地适应市场；实现高度专业化；有利于培养综合管理人员；各事业部经营责任和权限明确，物质利益与经营状况挂钩。

事业部制的缺点：机构重叠，管理人员膨胀；存在分权带来的不足，各事业部独立性强，考虑问题时容易忽视企业长远的整体利益，不利于事业部的横向联系。

事业部制适用于规模庞大、品种繁多、技术复杂的大型企业，是国外较大的联合公司所采用的一种组织形式，近几年中国一些大型企业集团或公司相继引进这一组织结构形式。

（三）矩阵制

矩阵制结构是按照组织职能和特定的目标任务这一双重标准构建起来的组织结构，是职能部门化和产品部门化的融合，兼具直线职能制组织和事业部制组织的双重特点。矩阵制组织结构是为了改进直线职能制横向联系差、缺乏弹性的缺点而形成的一种组织形式。其特点表现在围绕某项专门任务成立跨职能部门的专门机构上。例如，组成一个专门的产品（项目）小组从事新产品开发工作，在研究、设计、试验、制造各个不同阶段，由有关部门派人参加，力图做到条块结合，以协调有关部门的活动，保证任务的完成。

矩阵制的优点：纵横结合，加强了组织内部各部门之间的协作与沟通，便于问题的解决；人员组合富有弹性，资源随时可以调集，能够较好地解决组织结构相对稳定和管理任务多变之间的矛盾。

矩阵制的缺点：组织关系比较复杂，员工接受双重领导，难以做到统一指挥；组织机构相对臃肿，使用人员较多，内部管理成本增加；项目组成员来自各职能部门，任务完成后仍回原单位，因此人事关系变动频繁。

矩阵制适用于所处环境变化大，且在产品和职能方面存在双重目标要求的组织。这类组织往往对技术专长、产品创新以及变革都很重视。像 IBM、联合利华以及很多大型综合性金融和保险公司都采用矩阵制结构。

四、组织设计的发展趋势

在知识经济时代，市场要求企业快速反应，管理层级过多会导致沟通渠道不畅，员工要求授权的呼声越来越高。这些问题使得组织设计出现了新的发展趋势，即扁平化、网络化、无边界化及柔性化。

（一）扁平化

扁平化是指通过减少管理层次、裁减冗余人员来建立一种紧凑的扁平型组织结构，使组织变得灵活、敏捷，提高组织效率和效能。扁平化组织结构的优势：一是信息流通畅，缩短决策周期；二是创造性、灵活性强，员工工作积极性高；三是管理层次和职工人数减少，工作效率提高，成本降低，市场竞争优势增强；四是企业所有部门及人员更直接地面对市场，减少决策与行动之间的时滞，增强了对市场和竞争动态变化的反应与协调能力。

（二）网络化

网络化主要表现为企业内部结构网络化和企业间结构网络化。企业内部结构网络化是指在企业内部打破部门界限，各部门及成员以网络形式相互连接，使信息和知识在企业内快速传播，实现最大限度的资源共享。企业间结构网络化包括纵向网络和横向网络。纵向网络即由行业中处于价值链不同环节的企业共同组成的网络型组织，打破企业间明确的组织界限，提高资源的利用效率及对市场的响应速度。例如，通用汽车公司构建了一个由众多供应商和分销商组成的垂直型网络。横向网络指由处于不同行业的企业所组成的网络，这些企业之间有着业务往来，在一定程度上相互依存。典型的例子是日本的财团体制，大型制造企业、金融企业和综合商社之间在股权上相互关联，重大战略决策采取集体行动，各方之间保持着长期和紧密的联系。网络化使各种资源的流向更趋合理化，通过网络凝缩时间和空间，提高企业组织的效率和绩效。

（三）无边界化

无边界化即企业各部门间的界限模糊化，其目的在于使各种边界更易于渗透，打破部门之间的沟通障碍，有利于信息的传送。比较有代表性的无边界模式是团队组织。团队一般可以分为两类：一类是“专案团队”，成员主要来自公司各单位的专业人员，其使命是解决某一特定问题，问题解决后即宣告解散；另一类是“工作团队”，可以进一步把它分为高效团队和自我管理团队。工作团队一般是长期性的，常从事于日常性的公司业务工作。无边界思想是一种非常具有新意的企业组织结构创新思想，它完全是超国界、超制度、超阶级、超阶层的。

（四）柔性化

随着信息化、网络化、全球化的日益发展，内外部信息共享、人才共用已成为组织的主要特征。柔性化组织的显著优点是灵活便捷、富有弹性，因为这种结构可以充分利用企业的内外部资源，增强组织对市场变化与竞争的反应能力，有利于组织较好地实现集权与分权、稳定性与变革性的统一。此外，还可以降低成本，促进企业人力资源的开发，并推动组织结构向扁平化发展。例如，美国霍尼韦尔公司为巩固客户关系，组建了由销售、设计和制造等部门参加的“突击队”，这个临时机构按照公司的要求，把产品的开发时间由4年缩短为1年，留住了即将离去的客户。柔性化的组织结构强化了部门间的交流合作，不同方面的知识共享后形成合力，有利于知识技术的创新。

第二节 职位分析

一、职位分析概述

（一）职位分析的含义

职位分析（job analysis）又称工作分析、岗位分析。职位分析是运用系统方法对企业中某一特定职位的任务、职责、权利、隶属关系、工作条件等相关信息进行收集和分析，做出明确规定，并确认完成工作所需要的能力和资质的过程。现代人力资源管理的一个核心问题是解决人力资源与企业的关系问题，而职位是人力资源与企业的结合点。因此，职位分析便成为人力资源管理中最基础的工作。

对职位分析的含义，需要从如下两个方面把握。

（1）作为人力资源管理的一项职能活动，职位分析活动的主体是职位分析者，客体是企业内的各个职位，结果是职位说明书。

（2）职位分析主要是回答“某一职位是做什么事情的？”“什么样的人来做这些事情最合适？”这两个主要问题。具体来说，职位分析就是要为管理活动提供与工作有关的各种信息，这些信息可以用“6W1H”来概括：① who，谁来完成这些工作？② what，这些工作的具体内容是什么？③ when，工作的时间安排是怎样的？④ where，这些工作在哪里进行？⑤ why，从事这些工作的目的是什么？⑥ for who，这些工作的服务对象是谁？⑦ how，如何进行这些工作？

（二）职位分析中的相关术语

职位分析与所对应的工作活动是紧密联系在一起的，因而在进行职位分析时，经常会使用到一些专业术语，准确地理解并掌握它们的含义，对于科学有效地进行职位分析是十分必要的。

1. 工作要素

工作要素是指工作中不能再分解的最小动作单位，如开动机器、加工零件、取出工具等。

2. 工作任务

工作任务是指为了达到某种目的所从事的一系列活动，它可由一个或多个工作要素组成，如某公司指派人员将数据录入计算机、工人加工零件、转付一笔资金等都是一项任务。

3. 工作职责

工作职责是指员工在工作岗位上需要完成的主要任务或大部分任务，它可由一个或多个任务组成，如人力资源部的职责之一是员工培训，它由培训需求分析、培训计划制订、培训活动实施和培训效果评估等组成。

4. 职位

职位也称岗位，是指承担一组职责的某一任职者所对应的位置。一般来说，有多少职位就有多少任职者。职位是以工作为中心确定的，强调的是人所担任的岗位，而不是担任这个岗位的人。每个职位都有其特定的职责和要求。

5. 职务

职务是指某一组工作任务与职责的集合。根据不同的工作性质，一种职务可以有一个职位，也可以有多个职位，但每个职位的主要工作责任是相似的，因此可以归于同样的职务中。例如，生产统计、推销等均可由两个或两个以上的员工共同完成，这些职位分别构成对应的职务，而总裁、市场部经理只有一人担任。

在实际工作中，职位与职务往往是不加区分的。但是，职位与职务在内涵上是有区别的：职位是任务与责任的集合，它是人与事有机结合的基本单元；而职务则是同类职位的集合，它是职位的统称。职位的数量是有限的，职位的数量又称为编制。一个人所担任的职务不是终身的，可以是专任，也可以是兼任；可以是常设的，也可以是临时的。职位不随人员的变动而改变，当某人的职务发生变化时，是指企业赋予他的任务与职责发生了变化，但他原来所担任的职位仍然存在，并不因为他的离去而发生变化或消失。

6. 职业

职业是指在不同的企业中从事相似活动的一系列职务的集合，如工程师、教师、会计、采购员等就是不同的职业。职业是更为宽泛的工作分类，并不涉及企业内的职位（岗位）关系。因而，在职位分析中，职业并不作为分析和描述的对象。

（三）职位分析的作用

职位分析是人力资源管理的基础性工作。人力资源管理的其他职能均需要通过职位分析来获得一些信息，并以此做出相应的决策。因此，职位分析在人力资源管理中具有十分重要的作用。

1. 增强人力资源规划的准确性和有效性

企业对各部门的工作安排和人员配备都必须有一个合理的规划，以确保企业内所有任务的合理布置和每个岗位之间的有效衔接。为此，必须准确而有效地预测企业在某一时间节点上所需要的人员数量、种类和要求，以及企业在该时间节点上能够从内部供给的人力资源数量。企业的这一规划过程需要获得各种数据，尤其是各种职位任职资格的信息。这一类工作只有通过职位分析才能完成。

2. 有助于提高员工招聘的质量

企业在进行招聘工作时，需要对拟招聘岗位的职责和内容进行界定，也需要明确任职者的资格和要求。职位分析可以明确企业中各项工作的目标与任务，规定各项工作的要求、责任等，同时提出各职位任职者的条件与资格要求。这样，员工招聘就有了明确而有效的标准，企业可以据此通过相关的测评和考核来选拔、任用符合工作需要和岗位要求的合格人员。

3. 有助于提高员工培训开发工作的效果

培训工作必须符合有实效和低成本的要求，培训的内容、方法必须与工作内容、岗位所需要的工作能力和操作技能有关。通过职位分析，可以明确任职者必备的技能、知识和各种心理要求。按照职位分析的结果，准确地进行培训需求分析，并根据实际工作的要求和所聘人员的不同情况，有针对性地安排培训内容、选择培训的方式和方法。这样就可以大大降低培训成本，提高培训工作的绩效。职位分析为员工的培训开发提供了必要的依据。

4. 有助于员工的职业生涯发展

从员工职业生涯规划的角度来看，为了满足员工在企业中的成长、发展需要，职位分析可以为员工的职业咨询、职业指导提供可靠和有效的信息，为员工在企业内的发展指明合适的发展路径。同时，职位分析也使员工有机会了解工作性质与规范，制定出适合自身发展的职业道路。

5. 有助于提高绩效管理的质量

从人力资源管理程序上看，职位分析是绩效考核的前提，职位分析为员工绩效考核内容和标准的确定提供了客观依据。如果没有标准，员工的绩效考核工作在很大程度上就会带有不公正性，也不利于调动员工的工作积极性。根据职位分析的结果，企业可以制定各项工作的标准和考核依据，既为员工的工作指明了努力的方向，又为企业的绩效管理提供了评定标准，从而保证绩效考核的公平、公正、公开。

6. 有助于薪酬方案更加科学合理

任何工作的任职者，其所获得的薪酬高低主要取决于其从事工作的性质、技术难易程度、工作负荷、责任大小和劳动条件等，而职位分析正是从这些基本因素出发，使各项工作在企业中的重要程度或相对价值得以明确。一般来讲，工作的职位越重要，工作就越有价值，需要具备更多的知识、技能和能力，以此为依据制定的薪酬方案，保证了员工的工作与劳动报酬之间的一致性，使员工得到公平、合理的报酬。

7. 有利于改善用人单位和员工的劳动关系

职位分析为每个工作的任职者提供了客观标准，成为企业对员工进行配置、调动、提升或降职的决策依据；职位分析为绩效考核提供了客观依据，能有力地促进员工个人绩效的改进，进而提高整个企业的绩效；职位分析保障了同工同酬，并使员工明确了工作职责及以后的努力方向，必然使员工积极工作，不断进取；职位分析为企业的人力资源管理决策提供了信息依据。所有这些势必促进和改善企业的劳动关系管理水平。

（四）职位分析的程序

在人力资源管理中，职位分析是一项技术性非常强的工作，为了保证职位分析的效果，在实际操作中必须遵循一定的程序并注意相关问题。职位分析的程序一般可以分为 4 个阶段：前期准备阶段、信息收集阶段、整理分析阶段和结果整合阶段。

1. 前期准备阶段

前期准备阶段的主要任务是对职位分析进行全面的设计和安排，包括确定职位分析的目标、成立职位分析小组、制定职位分析实施方案、收集与分析相关的背景资料。

（1）确定职位分析的目标。在进行职位分析之前，首先要明确职位分析的目标，即进行职位分析想要解决什么问题，职位分析的结果将用在什么地方。职位分析的目的决定着需要收集的信息类别和范围以及使用哪些技术和工具来收集信息。

（2）成立职位分析小组。由企业高层主管领导牵头，成立由专家或顾问、人力资源部工作人员、各部门负责人、岗位在职人员参加的职位分析小组，确定职位分析小组开展工作的原则与要求。参与职位分析的人员应当既有理论知识，又有实践经验，以便同调查分析对象进行良好的沟通。

（3）制定职位分析实施方案。在前期准备阶段，职位分析人员还应该制定一个详细的职位分析方案，用以指导具体的分析工作。方案通常包括以下内容：①确定分析对象和抽样方法；②确定信息收集的方法；③确定职位分析的步骤和起止时间；④意外事件的处理措施等。

（4）收集与分析相关的背景资料。职位分析的最初工作是围绕了解职位的基本特征而开展的背景资料收集。对职位分析有参考价值的背景资料主要包括国家职业分类标准和国际职业分类标准，行业或职业协会的有关资料，企业内部的有关资料，包括企业战略、企业文化、企业制度、作业流程、职责分工等相关的背景信息。在职位分析的前期准备阶段，职位分析人员可以查阅职业分类词典，找到类似的职位描述。职业分类词典中的职位描述并不是针对某一个具体企业中的职位，因为每一个职位的环境都是不一样的，在不同的环境中，同一个职位的工作特性都会有所不同，所以，职位分析人员应该根据企业自身的实际情况进行分析，查阅的资料只能作为参考。

2. 信息收集阶段

信息收集阶段的主要任务是在前期准备的基础上，运用事先确定的信息收集的方法，收集职位的相关信息，包括工作的整个流程、工作环境、工作内容和工作人员等方面的信息。

一般来说，职位分析中需要收集的信息主要包括工作活动、工作标准、所使用的机器、工具、设备和辅助工作、工作环境、工作要求等内容。

3. 整理分析阶段

整理分析阶段的主要任务是对有关工作特征和工作人员特征的调查结果进行深入全面的分析。实际操作中，在收集职位分析信息的同时，就应对这些信息进行分析。整理分析阶段的具体工作内容如下：

（1）对已收集到的各种信息的准确性、真实性和可行性进行分析，判断其误差的大小，以保证信息的真实可靠。

（2）把收集来的众多信息按照一定的标准和要求进行归类整理，分析核定有关工作和工作执行人员的关键因素。

（3）归纳、总结出职位分析的必需材料和要素，包括岗位的职责、任务、工作关系和职务范围等。

（4）针对职位分析中的问题，有针对性地提出改进建议，重新划分工作范围、内容和职责。在职位分析的过程中，现有的职位概念、内容、方法，若不尽合理的，应该更新；若不够妥当的，应该改进；若已经过时的，必须淘汰，否则就不能提高职位分析的质量和效益。

4. 结果整合阶段

结果整合阶段的主要任务是在前面3个阶段工作的基础上，将分析的结果整理成书面的文件，形成职位分析的最终结果即职位说明书，并将其结果运用于人力资源管理中。职位说明书的内容叙述要清楚明了、细致具体，以便为企业的人力资源管理决策提供有效的服务，为员工更好地完成任务提供有效的指引。合理有效地将职位分析的成果运用于人力资源管理的实践，并注重实际工作过程中的信息反馈，不断修订、完善职位说明书。同时，建立和完善相应的管理制度，将职位分析成果归档保存。

二、职位分析的方法

要进行完整的职位分析，必须收集足够多的有关职位的信息。职位分析的目的与内容不同，职位分析的方法也不同。常用的职位分析方法有以下五种。

（一）资料分析法

为了降低职位分析的成本，应当尽量利用现有的资料对每项工作的任务、责任、权利、工作负荷、任职资格等有一个大致的了解，为进一步调查奠定基础。企业现有的岗位责任书、员工关键事件的记录和工作日志等，均可作为参考资料。资料分析法是一种间接的分析方法。对二手资料进行分析时，需要耗费大量时间从中甄别出主观因素和无效信息，并进行分类汇总，以获取有用信息。

（二）观察法

观察法是职位分析人员通过对工作活动进行系统观察而获取工作要素信息的方法。通过系统观察，收集有关工作内容、工作时间、人与工作的关系以及工作环境、条件等方面的信息，并用文字和图表的形式记录下来，进行分析、归纳和总结。

1. 观察法的优点

（1）全面性。观察法要求职位分析人员对各种作业条件下有代表性的作业活动做普遍观察。因此，通过观察，职位分析人员能够比较全面地了解工作要求。观察法特别适用于那些主要运用体力劳动来完成的工作。

（2）手段多样，效率较高。在观察分析中，职位分析人员可以深入工作现场，借助感官对某些特定对象的作业活动进行直接观察，观察人员还可以借助各种测量仪器和记录设备，如声级计、照度计、照相机、录音机、摄像机等，以提高观察的精确度和效率。

2. 观察法的缺点

（1）适用范围具有一定的局限性。观察法适合以外显动作为主的职位，对于脑力劳动成分比较高的职位，效用不大；适合活动范围不大的职位，对于职位活动范围很大的职位，由于分析工作所消耗的人力、物力和时间较大，难度也较大；对于在一些特殊环境中活动的职位，难以运用观察法进行分析。

（2）难以获得任职者的合作。对一些任职者来说，会产生心理抗拒，他们会觉得自己受到监视或威胁，同时，也可能造成动作变形。

（3）难以得到有关任职者资格要求的信息。

3．观察时的注意事项

（1）注意工作样本的代表性。使用观察法时，职位分析者会观察正在工作的一个或者几个人，并对观察结果进行记录，包括做了什么、怎么做的、用了多长时间、工作环境如何和使用了哪些工具等内容。因此，工作样本的代表性将直接影响职位分析的结果。

（2）观察前要制定详细的观察提纲。要事先确定观察的内容、观察时刻、观察的位置等。观察内容要全面，如工作的目标、任务、使用设备、工作时间、上下级关系、体能要求、工作环境等；观察的时刻可选用瞬时观察或定时观察；观察位置的选择要确保能够观察到对象的全部行为而又不至于影响对象的正常工作。

（3）充分考虑任职者的心理反应。在场观察者对于任职者会产生一定的心理影响，可能引起任职者形形色色的反应，如紧张、分心、预警等，从而影响观察结果的真实性。为了能够观察和记录到真实、自然的工作活动信息，职位分析人员既可以采取隐蔽的措施，又可以采取开诚布公的态度。隐蔽的措施主要是隐蔽观察的意图或者观察者的身份，以消除任职者的预警心理；开诚布公的态度是事先明确观察分析的意图和意义，以求得任职者的真诚合作。不论采取哪种措施，都应以不干扰被观察者的工作为原则。

（4）观察和思考相结合。由于上述心理因素的影响，不能过高估计观察所得到的信息的准确性。职位分析者应将观察和思考相结合，避免机械记录；应对工作信息进行比较和提炼，以提高观察的准确性。

（三）访谈法

访谈法是职位分析人员通过面对面的询问获取工作要素信息的方法。访谈法是职位分析中大量运用的方法之一，主要用于确定工作任务和责任等方面，尤其是用于管理职位的分析。访谈法的特点是能面对面地交流和沟通，能够获得其他许多方法无法获取的信息。访谈的形式可以是个别访谈，也可以是群体座谈。访谈的程序可以是标准化的，也可以是非标准化的。

职位分析人员与任职人主要围绕以下内容进行面对面的交谈：①工作目标——企业设立该工作的目的，根据什么确定此工作的报酬；②工作内容——任职人在企业中有多大的作用，其行为对企业产生的影响有多大；③工作性质与范围（这是面谈的核心）——主要了解该工作在企业中的上下职能关系，所需的一般技术手段、管理知识以及人际关系知识，需要解决的工作问题的性质以及解决问题所使用的手段等；④所负的责任——主要说明该工作的最终结果以及任职者所要负担的责任，包括组织、战略决策、控制和执行方面的责任。

1．访谈法的优点

（1）具体准确。一般来说，任职者对于自己工作的特征最为熟悉，也最有发言权，由任职者本人描述工作内容，具体而准确。

（2）双向沟通。访谈法是一种双向沟通，便于向任职者解释职位分析的必要性和功能，同时也有助于与任职者的沟通，消除其工作压力。

（3）详细深入。访谈过程如果能够得到访谈对象的合作，可以获得任职者的工作态度与工作动机等深层次的信息。

2. 访谈法的缺点

（1）可信度不高。由于各种因素的影响，从访谈对象那里获取的信息可能是不真实的，可信度不够高。

（2）技巧性高。访谈者的技巧直接关系访谈的效果。访谈者要有多方面的知识和能力，需要经过专门的训练。

（3）工作成本高。访谈法比较费时，工作成本较高。

（4）整理分析较难。由于访谈的内容涉及面较宽，且开放度较大，因此，对访谈结果的整理和分析比较困难。

3. 访谈法的关键

提问是访谈的关键，提问时应该注意问题的内容和提问的方式。

（1）问题的内容。问题应该与职位分析的目的相关，不应该超出任职者的知识和经验范围，不应该涉及任职者的个人隐私。

（2）提问的方式。表达要清楚，含义要准确，语言要浅显，避免生僻的专业术语；不应带有暗示性和倾向性，避免发表个人观点和看法。除非任职者偏离正题或者表达不准确，职位分析人员一般不要加以干预和评论。不要与被访者争论，更不要偏离访谈的中心。当访谈对象的回答含糊不清、前后矛盾或回答不够完整时，应进行适当的追问。

（四）问卷调查法

问卷调查法是以书面问答的方式对任职者进行调查，以获取工作要素信息的方法。一般由有关人员设计出一套职位分析的问卷，由任职者或者职位分析人员填写，在此基础上对问卷进行归纳分析，对分析结果进行量化处理，并据此进行职位描述。当所需分析的工作涉及面大，而时间和成本又有较大的限制时，采用这种方法是比较有效的。

1. 问卷法的优点

（1）适用范围广。问卷法适用于一切职位的调查分析，当同时对很多工作者进行调查时，速度快、时效性强。

（2）形式多样。问卷的形式是多种多样的，既有适合各种工作职位的问卷，又有针对某一特定工作职位的问卷；既有标准化的问卷，又有非标准化的问卷；既有结构性的问卷，又有非结构性的问卷。

（3）便于定量分析。可以借助计算机对调查结果进行数据处理，便于对调查结果的定量分析。

2. 问卷法的缺点

（1）技术性要求较高。问卷涉及对问卷的总体框架、问题的形式、问卷的语句和答案的设计，技术性要求较高，设计所花费的时间、人力和物力较多。

（2）彼此配合难度大。问卷调查对被调查者的要求是真实、客观地回答问题。如果是被调查者单独填表，被调查者可能不积极配合，同时缺乏必要的指导和沟通，有时不容易获得真实有用的信息。

（3）问卷回收较困难。问卷法本身并不具有强制性，致使问卷的回收较为困难。

3. 问卷的结构

问卷方法的关键是问卷的设计，问卷设计首先涉及问卷的结构，一份完整的问卷结构包括以下几部分。

（1）封面信，即一封给被调查者的短信。在封面信中，首先要说明调查者的身份（调查者的身份也可以通过落款来说明）；其次，要说明调查的内容和调查的目的（通常用一句话指出其内容范围）；最后，在信的结尾处，一定要真诚地感谢被调查者的合作与帮助等。

（2）指导语。指导语集中在封面信之后，并标明“填写说明”的标题，其作用是对填写问卷的方法、要求、注意事项等做出总的说明。

（3）问题和答案。问题和答案是问卷的主体。从问题的形式看，可以分为开放式问题和封闭式问题两类。开放式问题就是不为被调查者提供具体答案，而由被调查者自由填写答案；封闭式问题是在提出问题的同时给出若干答案，要求被调查者做出选择。

（4）编码及其他资料。在较大规模的统计调查中，常常采用以封闭式问题为主的问卷，为了将被调查者的回答转换成数字，以便输入计算机进行处理和定量分析，往往需要对回答结果进行编码。所谓编码就是赋予每个问题及其答案一个数字作为它的代码。在实际调查中，研究者大多采用预编码，一般放在问卷每一页的最右边，有时还可以用一条纵线将它与问题及答案分开。除了编码以外，有些采访问卷还需要在封面上印有访问员的姓名、访问日期、审核员姓名、被调查者住地等有关资料。

（五）工作日志法

工作日志法也称为岗位写实法，是由岗位任职者在规定的时间周期内，通过填写工作日志表单，记录各项岗位工作内容，收集各种工作信息的方法。

1. 工作日志法的优点

（1）收集的信息可靠性比较高，可以收集到最详尽的数据。

（2）长期对工作进行全面记录，可以避免遗漏。

（3）适合对高水平和高复杂性工作进行分析，显得更为经济有效。

2. 工作日志法的缺点

（1）每日程式化的填写工作日志，员工可能会厌倦或者敷衍，甚至有些员工不会按照规定的填写时间及时填写日志，导致事后填写的信息不完整或者是“创造”工作活动。

（2）员工可能会夸大或刻意隐藏某些活动或行为，导致信息的失真。

（3）工作人员无法对填写的过程进行有效监控，可能会导致员工填写的活动详细化程度与工作分析人员的预期有差异。

（4）信息整理量大，归纳工作烦琐。

3．工作日志法在具体的操作过程中应该注意的事项

（1）对记录工作日志的员工进行培训，让他们了解一些最基本的规范和填写要求，使收集的信息尽可能规范与完整。

（2）在工作日志填写过程中，工作分析人员需要通过各种方法来进行过程的监控，尽量降低信息的失真率。

三、职位说明书的编写

职位分析成果的最终表现形式就是职位说明书。职位说明书又称为工作说明书、岗位说明书，是职位管理的规范性文件。职位说明书无固定格式，可以根据职位分析的目的和实际需要设计有关内容与格式，但其基本内容或核心要素是一致的。

（一）职位说明书的内容

职位说明书中通常包括职位描述和任职资格两部分内容。职位描述所提供的信息，可以用来编制任职资格。广义的职位描述也包括任职资格，实际上相当于职位说明书。

1．职位描述

职位描述又称岗位描述，是指一种提供有关职位的工作任务、工作职责等方面信息的文件。职位描述所提供的岗位信息应该是真实、准确的，并且能够简要地说明岗位任职者要做些什么、怎么做和在什么样的情况下做等。职位描述包括以下具体内容。

（1）职位标识，又称工作标识，即职位的基本信息，包括职位的名称、职位的所属部门、直接上级、职位等级、工资水平、所辖人数、定员人数、职位编码等。

（2）职位概要，是对工作性质与任务的高度概括和简要描述。职位概要也是职位说明书的基本要素，一般用一句话对职位的工作内容进行简明扼要的描述，如企业人力资源部负责人的职位概要，可以是“为企业吸引、开发和管理人力资源”。职位概要的恰当与否，决定着一份职位说明书的质量，在叙述职位概要时，应当遵循以下几点要求：①简明扼要，尽量用一句话表达；②明确指出职位的基本目的和这样做的原因；③尽量避免将职位的具体任务、方式等细节写进去。

（3）工作职责，是说明关于一项工作最终要取得的结果陈述，换言之，为了完成本项工作的目标，任职人员应在哪些主要方面开展工作活动并必须取得什么结果。对工作职责的确定，是职位说明书的中心内容，必须详细描述。职责的界定可以从两个角度入手，一是通过行为分析，描述这一职位做什么，是一种写实性的界定；二是通过任务分析，确定企业设立这一职位的原因及具体要求，是一种规范性的界定。工作职责应逐条指明工作的主要职责、工作任务和工作权限等。

对工作职责的描述应掌握以下要点：①将工作中所有关键的表现结合起来；②工作主要职责的焦点应放在最后的结果上，而不是放在工作任务和具体的活动上，不是描述如何履行职责，而是描述工作职责是什么；③工作不变动，工作职责是无时间性的；④每一项职责应具有独特性；⑤描述工作职责的同时应提出对该职责进行衡量的方法，或提出如何决定该工作最后结果取得与否；⑥主要职责的描述一定要联系工作实际，不应涉及上级工作职责和整个企业的职责。

（4）工作联系，指任职者与企业内外其他人之间的关系。其主要包括该工作受谁监督，该工作监督谁，该工作可晋升的职位、可转换的职位以及可迁移至此的职位，与哪些部门的职位发生联系等。

（5）工作权限。工作权限包括工作人员决策的权限和行政人事权限、对其他人员实施监督权以及审批财务经费和预算的权限等。有时，在处理权限时分为专业的权限、人事的权限与财务的权限。

（6）工作条件与工作环境。工作条件包括任职者主要应用的设备名称和运用信息资料的形式。工作环境包括工作场所、工作环境的危险性、职业病、工作时间、工作的均衡性（一年中是否有集中的时间特别繁忙或特别闲暇）、工作环境的舒适度等。

（7）绩效标准。有些职位说明书中还需包括有关绩效标准的内容，即完成某些任务所要达到的标准。

2. 任职资格

任职资格又称工作规范，是一个人为了完成某种特定的工作所必须具备的知识、技能、能力以及其他特征的具体规定。任职资格可以单独编写，也可以写在职位说明书中。

任职资格的内容主要包括：①一般要求，包括年龄、性别、学历等。②生理要求，包括健康状况、力量与体力、运动的灵活性、感觉器官的灵敏度等，其中体力要求比较重要。③心理要求，包括观察能力、集中能力、记忆能力、理解能力、学习能力、解决问题能力、创造性、数学计算能力、语言表达能力、判断能力、决策能力、应变能力、交际能力、性格、气质、兴趣、爱好、态度、事业心、合作性和领导能力等。④工作经验和技能水平。工作经验指从事类似工作的实践体验；技能水平指工作人员从事特殊职位的专门技术，是能力与职位要求相结合的产物，通常体现为职业技能。

（二）职位说明书的编写要求

职位说明书在人力资源管理中的地位极为重要，不但可以帮助任职人员了解自己分内的工作，明确职责范围，还可以为管理者的某些重要决策提供参考。职位说明书是人力资源管理的基础性文件，编写时应遵循以下原则。

1. 统一、规范

职位说明书是企业人力资源管理系统的重要文件资料，其具体形式可能有多种，但其核心内容却不应该改变。对于职位说明书中的重要项目，如职位名称、职位概要、职位职责、任职资格等，必须参照典型职位说明书编写样本，建立统一的文件格式。

2. 清晰、具体、简明

职位说明书是任职者的工作依据和具体要求，内容必须清晰、具体、简明，使任职者或监督者可以理解、可以操作、可以反馈。

（1）清晰。职位说明书对工作的描述要清楚透彻，任职人员阅读以后，无须询问其他人就可以明白其工作内容、工作程序和工作要求等，应避免使用原则性的评价，特别需要注意的是，比较难以理解的专业性词汇要解释清楚。

（2）具体。职位说明书在说明职位的种类、复杂程度、任职者需具备的技能、任职者对工作各方面应负责任的程度这些问题时，应尽量使用具体的动词，如“分析”“收集”“召集”“计划”“分解”“引导”“运输”“转交”“维持”“监督”“推荐”等。一般来说，企业中较低职位的任务最为单一，职位说明书中的描述也应最具体。

（3）简明。职位说明书在界定职位时，要确保指明工作的范围和性质，如用“为本部门”“按照经理的要求”这样的句式来说明。同时，还要说明所有重要的工作联系。在囊括了所有基本工作要素的前提下，职位说明书的文字描述应简明扼要，语言方面应符合任职者的水平，不能让人看得云里雾里。

3. 共同参与

职位说明书的编写不能闭门造车，而应该由担任该职位的工作人员、上级主管、人力资源专家共同协商，只有将各方面的意见均考虑在内，编写出来的职位说明书才会被各方接受。从程序上讲，职位说明书一般需要专家共同参与撰写，岗位任职人的主管审定，人力资源部存档，从而保证文件的全面性与完整性。

职位说明书可以采用表格形式，也可以采用叙述形式。

四、工作设计

（一）工作设计的含义

工作设计是一项十分重要且比较复杂的科学管理技术。工作设计是对现有工作的重新认定、变革和设计，通过满足员工需求以提高工作绩效，进而实现企业目标的管理方法。一个好的工作设计不仅可以减少单调重复性工作的不良效应，而且还有利于建立整体性的工作系统，有利于充分调动劳动者的主动性和创造性。

工作设计（job design）又称为职位设计、岗位设计，是指为了有效地达到企业目标与满足个人需要而进行的关于工作内容、工作职能和工作关系的设计。也就是说，工作设计是一个根据企业和员工个人需要，规定某个职位的任务、责任、权利以及在企业中工作的关系的过程，也是一个企业、个人和环境相匹配的过程。良好的工作设计能够减少工作的单调性，能够激发员工的工作动机，增强员工的工作满意感，能使员工的目标与企业的目标保持一致，在确保实现员工目标的同时使企业的目标得以实现。

（二）影响工作设计的因素

1. 环境因素

（1）工作设计必须从现实情况出发，不能仅仅凭主观愿望，还要考虑与人力资源的实际水平相一致。例如，在我国部分人力资源素质不高的情况下，工作内容的设计应相对简单，在技术的引进上也应结合人力资源的情况，否则引进的技术没有合适的人使用，反而会造成资源的浪费，影响企业的生产。

（2）社会期望是指人们希望通过工作满足些什么。不同的员工其需求层次是不同的，这就要求在进行工作设计时要人性化。

2. 组织因素

（1）专业化，就是按照所需工作时间最短、所需努力最少的原则分解工作，其结果是形成很小的工作循环。

（2）工作流程，在相互协作的工作团体中，需要考虑每个岗位负荷的均衡性问题，以保证不出现任何等待停留问题，确保工作的连续性。

（3）工作习惯，即在长期工作实践中形成的传统工作方式，反映工作集体的愿望，这是工作设计过程中不可忽视的制约因素。

3．员工因素

（1）员工的个性特征。除知识、能力外，员工的个性、人格会影响其工作的积极性和责任感。一方面，企业在岗位配置时必须考虑员工的能力、素质，做到人岗匹配；另一方面，在岗位设计时也必须考虑员工的个性特征，满足并引导员工的工作兴趣和积极性。

（2）员工的个人需求。工作设计的一个主要内容就是使员工在工作中得到最大的满足。随着文化教育和经济发展水平的提高，人们的需求层次提高了，除了一定的经济收益外，他们希望在自己的工作中得到锻炼和发展，对工作质量的要求也更高了。只有重视员工的要求并开发和引导其兴趣，为他们的成长与发展创造有利条件和环境，才能激发员工的工作热情，增强企业吸引力，留住人才。否则，随着员工不满意程度的增加，带来的是员工的冷漠和低效生产，甚至人才流失。因此，工作设计时要尽可能地使工作特征与要求适合员工个人特征，使员工能在工作中发挥最大的能力。

（三）工作设计的主要内容

1．工作内容的设计

工作内容的设计是工作设计的关键，主要有工作的多样性、工作的层次性、工作的整体性、工作的自主性、工作的重要性等方面。

（1）工作的多样性，即工作技能的多样性，也就是工作的广度。其是指在完成工作任务的过程中，具有进行各种不同活动及发挥工作人员各种技能和能力的程度。要让员工感觉到自己有用武之地，有创造发展的可能性和前途。

（2）工作的层次性，即工作技能的层次性，也就是工作的深度。其是指工作设计应具有从易到难的一定层次，对员工工作的技能提出不同程度的要求，从而增加工作的挑战性，激发员工的创造力和克服困难的能力。

（3）工作的整体性，指工作所具有的完整性和各部分工作的整体性程度。要让员工感到是在完成一项具有可见成果的工作，即使是整个工作流程中的某一阶段性工作，也要具有一定的完整性。一旦员工缺少参与完整工作的机会，就会降低他们工作的责任感和成就感。

（4）工作的自主性，指工作的自主性程度，也就是工作所具有的自由度、独立性以及下级或个人在安排工作或完成任务中所具有的决定工作程序的自主权大小的程度。适当的自主权能增加员工的工作责任感，使员工感到自己受到了信任和重视。认识到自己工作的重要性，增强员工工作的责任心，提高工作的热情。这一要素对下级或个人的影响很大，与一个企业有无活力有很大关系。

（5）工作的重要性，指特定工作对员工的生活和工作具有实质性影响的程度。人们平时感受到的喜欢从事某种工作或不喜欢从事某种工作的心情，就说明了那项工作有无吸引力，对自己是否重要。

2．工作职能的设计

工作职能的设计是指做每项工作的基本要求和方法的设计，包括工作责任的设计、工作权限的设计、沟通方式的设计、工作方法的设计、协作要求的设计等。

3. 工作关系的设计

工作关系的设计是指个人在工作中所发生的人与人之间的工作要求以及关系等方面的设计，包括工作中部门与部门之间、人与人之间关系的设计。

4. 工作结果的设计

工作结果的设计是指对工作的成绩与效果高低的设计，包括工作绩效和工作者的反应。前者是工作任务完成所达到的数量、质量和效率等具体指标，后者是指工作者对工作的满意程度及其出勤率、离职率等。

5. 工作结果反馈的设计

工作结果反馈的设计主要是指在完成工作任务的过程中，下属能得到关于活动效果反馈的设计，包括两个方面：一是对工作本身的客观反馈，二是上级、下级或同事对工作结果的反馈。

以上有关工作设计的五个要素是一个有机的整体，无论哪一个要素的设计出现问题，都会影响工作设计的整体效果。

（四）工作设计的主要方法

1. 工作专业化

工作专业化是指将工作划分为单一的、标准化和专业化的任务，以提高生产率的一种工作设计方式。工作专业化最早是由亚当·斯密提出的，在泰罗的科学管理方法中又得到强调。工作专业化的基本工具就是“时间—动作”研究，即通过分析工人的手、臂和身体其他部位的动作，工具、身体和原材料之间的物理机械关系，寻找工人的身体活动、工具和任务之间的最佳组合，实现工作的简单化和标准化，以使所有工人都能够达到预定的生产水平。

工作专业化程度高的优点：按工作专业化思路设计出来的工作简单、可靠、安全，能够取得规范的专业分工的优势和技术操作效率。工作专业化程度高的缺点：由于没有考虑到人的自主性、能动性和创造性，工作过度重复，容易让员工产生厌烦感，导致员工消极怠工，缺勤率和离职率增高；由于工作环节增多，不同环节之间要求有更多的协同性，物流、信息流增加，导致员工工作效率降低，工作质量下降。不过现在已有被逐渐改进的趋势。

2. 工作轮换

工作轮换是指不改变工作设计本身，为减轻工作的厌烦感，让员工先后承担不同的但内容相似的工作，定期从一个岗位转到另一个岗位的方法。

工作轮换的优点：一是可以给员工更多的发展机会，让员工感受到工作的新鲜感和工作的刺激；二是可以使员工掌握更多的技能，增强员工的适应能力；三是可以增强员工对自己的最终成果的认识，提高工作的自信心；四是可以增进部门与部门之间、员工与员工之间的理解，提高协作效率。工作轮换的缺点：首先，轮换只限于少部分的工作，大部分工作由于专业性等原因不能轮换；其次，轮换后由于需要熟悉工作，可能会使工作效率降低；最后，员工会感到单调与厌烦。

3. 工作扩大化

工作扩大化是指通过增加工作的内容，使员工的工作变化增加，要求员工具备更多的知识和技能，从而提高员工的工作兴趣。工作扩大化与工作专业化相对应，其主要优点是增加了员工的工作满意度，提高了员工的工作质量。

工作扩大化的途径主要有纵向扩大化和横向扩大化。纵向扩大化是将经营人员的部分职能转由生产者承担，工作范围沿组织形式的方向垂直扩大、纵向发展，如生产工人参与计划制订等。工作的横向扩大化是指工作范围的拓展，比如将属于分工很细的作业单位合并，由一人负责一道工序改为几个人共同负责几道工序。

因工作扩大化的局限性，不可能从根本上解决工人劳动中单调和枯燥乏味的问题。

4. 工作丰富化

工作丰富化是一种使员工明确工作意义、取得工作自主权后运用多种技能全面完整地完成工作任务并得到反馈，从而提高员工积极性的一种方法。它为员工创造了自我发展与成功的机会，也使员工面临新的挑战。

工作丰富化的具体设计方法：①创造员工与产品消费者接触的机会，让员工了解并尽快满足用户的需求；②在工作设计中留出机动岗位，使员工能自行安排工作进度；③实行弹性工作制，增加灵活性，提高工作和生活的质量；④组合工作任务，使员工能从头到尾装配一个完整的产品等。

工作丰富化是工作的深化，不仅大大丰富了员工个人的工作内容，而且跳出了岗位与任务的束缚，使员工更全面地了解整个生产流程与市场情况，并提高个人素质。但是，与单纯性的工作设计方法相比，工作丰富化要增加一定的培训费用。

复习思考

1. 什么是组织设计？它有什么特点？
2. 常用的获取职位分析信息的方法有哪些？各有什么优缺点？
3. 简述职位分析的基本方法。
4. 什么是工作设计？工作设计的内容主要包括哪些？

第三章

人力资源战略与规划

学习目标

1. 了解和掌握人力资源战略与规划的含义。
2. 掌握制定人力资源规划的程序。
3. 了解人力资源战略制定过程中的各类因素。
4. 掌握人力资源需求与供给的预测方法。

案例导入

五金制品公司的人力资源规划

李智才调到人力资源部当助理，就接受了一项紧急的任务，领导要求他在10天内提交一份公司的人力资源规划，为公司全年各项人力资源管理活动的实施打下基础。

虽然他进这家公司已经有3年了，但面对桌上那一大堆文件、报表，仍然一筹莫展。经过几天的资料整理和思考，他觉得要编好这个计划，必须考虑下列各项关键因素。

首先是公司现状。公司共有生产与维修工人825人，白领职员143人，基层与中层管理干部79人，工程技术人员38人，销售人员23人。其次，据统计，近5年来员工的平均离职率为4%。不过，不同类别员工的离职率并不一样，生产工人离职率高达8%，而技术人员和管理干部则只有3%。最后，按照既定的扩产计划，白领职员和销售员要新增10%~15%，工程技术人员要增加5%~6%，中层、基层干部不增也不减，而生产与维修工人要增加5%。

有一点特殊情况要考虑：最近本地政府颁发一项政策，要求当地企业招收新员工时，优先照顾妇女和下岗职工。公司一直未曾有意地排斥妇女或下岗职工，只要他们来申请，就会按照同一种标准进行选拔，并无歧视，但也未特殊照顾。如今的事实却是，只有一位女销售员，中、基层管理干部除两人是妇女外，其余都为男性，工程师里只有三位是妇女，生产与维修工人中约有11%是妇女或下岗职工，而且都集中在最底层的劳动岗位上。

李智还有5天就得交出计划，其中包括各类干部和职工的人数、从外界招收的各类人员的人数，以及如何贯彻市政府关于照顾妇女与下岗人员政策的计划。

此外，五金制品公司刚开发出几种有吸引力的新产品，所以预计公司销售额5年内会翻一番，李智还得提出一项应变计划以应付这种快速增长。

第一节　人力资源战略与人力资源规划概述

一、人力资源战略概述

人力资源战略是企业为适应外部环境日益变化的需要和人力资源开发与管理自身发展的需要，根据企业的发展战略并充分考虑员工的期望而制定的人力资源开发与管理的纲领性的长远规划。巴尼（1991）提出，人力资源由于具有价值性、稀缺性、不可模仿性和无法替代性的特点，成为企业竞争的源泉。随着管理实践的发展，人力资源成为企业获取竞争优势的观点得到了认可，因此，现代企业为了实现企业战略，获得并保持竞争优势，必须专注于人力资源战略管理问题，以培养和保持企业的人力资源优势。

（一）人力资源战略的发展历程

20世纪初期，产业革命带来的生产工具与生产动力的变革，使以手工劳动为基础的工厂手工劳动转向了机器大生产，资本主义生产方式迅速确立起来，推动了经济迅速发展。企业为了攫取最大化的利润，不断降低工人工资来减少生产成本，再加上资本主义经济危机（危机期间裁减工人、降低工资）的影响，造成劳资关系紧张，工人消极怠工，影响了生产效率的提高。以泰勒为代表的科学管理运动试图通过科学的管理来提高工作效率。如何把员工和工作进行匹配以确保他们得到合理的报酬被泰勒看作“技术问题”，如人事工作者应用泰勒所要求的科学方法，使用新的测量技术合理地选择和配置雇员。在这个时期，企业人力资源管理的重点是如何选择合适的员工和通过人力资源措施来提高工作效率，人力资源管理被看作“技术活动”。

管理思想的创新和管理实践的发展推动了人力资源管理向前发展。20世纪30—50年代的人际关系运动促使企业在管理中重视“人”的因素，关注员工关系的管理。六七十年代操作研究和系统优化运动的兴起，为人事负责人在工作再设计、工作评价、人事预测及规划、绩效评价系统设计领域提供了新的服务。其中，人际关系和行为科学学派就十分强调生产率问题中潜在的“人的因素”，分析家也不断地提供证据证明改善工作环境能提高工作产出。这种更为人性化的人力资源政策和实践与科学管理阶段的原则和假设截然不同，特别是在20世纪60年代后，经济和科学技术的快速发展扩大了社会对各种人才的需求。那时人力资源管理的主要功能是预测企业的人力资源需求，并根据预测结果制定人员招聘、配置方案，制定员工培训与开发方案等。可以看出，这时人力资源管理为了适应企业的需要开始进行计划，具备一定的战略意味。

进入20世纪80年代，企业开始对多元化战略进行反思，逐渐认识到战略的制定不是简单机械的过程，不同组织有不同的战略，战略规划和实际结果存在差距，战略需要根据外界条件的变化不断进行调整。同时，全球化的步伐开始加快，企业间的竞争已经跨越了国界。面对迅速变化的经营环境，企业实施成功的战略管理对企业的生存和发展具有重要意义。越来越多的学者开始关注企业内部的资源和能力，人力资源被认为是企业产生核心能力的源泉。在人力资源领域，研究者也将研究的重点集中于人力资源各模块之间的匹配，试图建立一个更加综合、严密的系统以有效地对员工进行管理。也正是在这个时候，人力资源战略的概念开始出现在管理文献之中。怀特和麦克玛罕（Wright & McMahan，1992）把人力资源战略描述为“规划人力资源配置和活动的模式……以保持一段时间内的连续性和各种不同决策和活动的一致性”。贝尔德和米肖拉姆（Baircl & Meshoulam，1988）认为，内部匹配与外部匹配对人力资源战略的研究和实践都十分重要。内部匹配是指组织内人力资源管理的各组成部分之间的一致性。例如，如果目标是招聘高素质的员工，那么人力资源的活动（如开发、薪酬和评估）必须支持核心员工的发展和保持。外部匹配聚焦于人力资源战略和实践与企业的发展阶段和战略方向如何适应，大多数人力资源战略研究者把精力放在了研究如何使人力资源实践和不同类型的业务战略匹配上，还在他们提出的竞争战略基础上拓展出一个与其竞争战略相匹配的人力资源战略模型。此时，真正意义上的人力资源战略才形成，并指导企业人力资源管理实践。

从以上分析可以看出，在20世纪80年代以前，人力资源活动并不是真正意义上的人力资源战略管理活动，它还停留在技术活动的层面上，只是随着管理理论和实践的发展，利用不断出现新的技术来解决生产经营中出现的问题，这些人力资源措施由于没有系统地进行设计，可能传递出不一致甚至相互冲突的信息。进入20世纪80年代后，学者受资源基础理论的影响，开始关注从企业整体的角度来考虑人力资源问题，如何使人力资源措施之间配合形成合力，如何使人力资源战略支撑企业战略，以确保企业战略的实现。直到此时，人力资源战略才真正形成，它是随着管理理论和实践的发展而逐渐形成与发展的。

（二）人力资源战略的含义

人力资源战略是一个出现相对较晚的概念，研究者从不同的角度对其进行界定，得出了不同的结论，至今人力资源战略还没有一个被广泛接受的定义。

舒勒（1992）认为，人力资源战略是阐明并解决涉及人力资源管理的基本战略问题的计划和方案。戴尔（1984）提出了一个决策性（decisional）的人力资源战略概念，他把组织的人力资源战略定义为“从一系列人力资源管理决策中出现的模式（pattern）”。戴尔和霍德（1988）提出了一个更为综合的人力资源战略概念，认为人力资源战略被看作人力资源目标和追求战略目标的综合。当一个业务战略形成并被接受之后，支撑战略目标的关键人力资源目标就已经形成，为完成这些目标必需的方法（如计划和政策等）也同时被设计出来并得以执行。例如，如果一个组织的战略是成为一个低成本的制造商，那么主要的人力资源目标就是高绩效和低人头数。这反过来导致了员工人数的减少和员工培训费用的增加，这种人力资源目标和方式的综合就是组织的人力资源战略。舒勒和沃克认为，人力资源战略是由人力资源经理和直线经理共同解决与人有关的业务问题（business issue）的一套活动和过程。经理们必须制定一些有指导意义的方案以解决这些与人相关的业务问题，这些方案和计划将集中（focus）、启动（mobilize）和指导（direct）人力资源行为以成功解决对企业至关重要的业务问题，成为人力资源战略的核心。库克认为，人力资源战略是指员工发展决策及员工有重要的、长期影响的决策，是根据企业战略制定的人力资源管理与开发的纲领性的长远规划，并通过人力资源管理活动来实现企业战略目标。沃尔里奇（1997）认为，人力资源战略是企业高层管理团队建立的一种策略、组织和行动方案，试图改造人力资源功能。

以上对人力资源战略的定义或理解是从两个角度来考虑的：一种是把人力资源战略看作一种决策方案，是导向性的；另一种是把人力资源战略看作解决问题的行动和过程，是行动性的。虽然不能就人力资源战略概念有一个统一的界定，但通过对它们的分析可以总结出人力资源战略的特征：一是强调与企业战略的匹配（外部匹配），支撑企业战略的实现；二是强调人力资源实践活动间的匹配（内部匹配），以系统的观点审视人力资源实践；三是人力资源战略是员工发展决策及对员工有重要的、长期影响的决策。

（三）人力资源战略的类型

人力资源战略指导着企业的人力资源管理活动，它使人力资源管理活动之间能够有效地相互配合。下面介绍三个有关分类的人力资源战略的研究。

1. 戴尔和霍德的研究

根据戴尔和霍德的研究，人力资源战略可分为 3 种：诱引战略、投资战略和参与战略。

（1）诱引战略。诱引战略是指自己不培养员工，而是通过丰厚的报酬去诱引人才，从而形成高素质的员工队伍。在这种战略下，吸引员工的是高薪酬、高福利，所以企业的人工成本较高，企业往往严格控制员工人数，并力求诱引的员工都是高质量的，减少了员工培训费用。在这种战略下，企业与员工的关系主要是金钱关系，工作报酬主要取决于员工努力的程度，管理上则采取以单纯利益交换为基础的严密的科学管理模式。企业强调员工对目标的承诺，员工往往被要求做繁重的工作，流动率较高。处于激烈竞争环境下的企业常常采取此战略。

（2）投资战略。这种战略通常被那些采取差别化竞争战略的企业所采用，这类企业拥有一定的适应性和灵活性，强调通过自己培养来获取高素质的员工，储备了多种专业人才。管理人员注重对员工的支持、培训和开发，视员工为企业最好的投资对象，并力争在企业中营造和谐的企业文化和良好的劳资关系。企业与员工除雇佣关系外，还注重培养员工的归属感，员工流动率较低。

（3）参与战略。采取参与战略的企业大都有扁平和分权的组织结构，能够在对竞争者和生产需求做出决策反应的同时，有效地降低成本。为鼓励创新，这些企业的人力资源管理政策强调人员配备、工作监督和报酬，员工多数是高技术水准的专业人员，可以达到企业人力资源战略目标。企业则为员工提供挑战性的工作，鼓励其参与，把报酬与成果密切联系在一起，从而实现战略目标。在这种战略下，管理人员的工作主要是为员工提供咨询和服务，企业注重团队建设和授权。企业在培训中也强调对员工人际技能的培养，如对员工进行魔鬼训练等。大多数日本企业采取这种战略。

2. 斯特雷斯和邓菲的研究

根据斯特雷斯和邓菲（1994）的研究，人力资源战略可能因企业变革的程度不同而采取以下 4 种战略：家长式人力资源战略、发展式人力资源战略、任务式人力资源战略和转型式人力资源战略（见表 3–1）。

表 3-1 变革程度与人力资源战略

变革程度	管理方式	人力资源战略
基本稳定，微小调整	指令式管理为主	家长式人力资源战略
循序渐进，不断变革	咨询式管理为主 指令式管理为辅	发展式人力资源战略
局部变革	指令式管理为主 咨询式管理为辅	任务式人力资源战略
整体变革	命令式管理与高压式管理并用	转型式人力资源战略

（1）家长式人力资源战略。这种战略主要运用于避免变革、寻求稳定的企业，其主要特点：①集中控制人事的管理；②强调秩序和一致性；③硬性的内部任免制度；④重视操作与监督；⑤人力资源管理的基础是奖惩与协议；⑥注重规范的组织结构与方法。

（2）发展式人力资源战略。当企业处于一个不断发展和变化的经营环境时，为适应环境的变化和发展，企业采用渐进式变革和发展式人力资源战略，其主要特点：①注重发展个人和团队；②尽量从内部招募；③大规模的发展和培训计划；④运用“内在激励”多于“外在激励”；⑤优先考虑企业的总体发展；⑥强调企业的整体文化；⑦重视绩效管理。

（3）任务式人力资源战略。这种企业面对的是局部变革，战略的制定采取自上而下的指令方式。这种企业的事业单位在战略推行上有较大的自主权，但要对本事业单位的效益负责。采取这种战略的企业依赖于有效的管理制度，其主要特点：①非常注重业绩和绩效管理；②强调人力资源规划、工作再设计和工作常规检查；③注重物质奖励；④同时进行企业内部和外部的招聘；⑤重视战略事业单位的组织文化。

（4）转型式人力资源战略。当企业已完全不能适应经营环境而陷入危机时，全面变革迫在眉睫，企业在这种紧急情况下没有时间让员工较大范围地参与决策，彻底的变革有可能触及相当部分员工的利益而不可能得到员工的普遍支持，企业只能采取强制高压式和指令式的管理方式，包括企业战略、组织机构和人事的重大改变，创立新的结构、领导和文化。与这种彻底变革相配合的是转型式人力资源战略，其主要特点：①企业组织结构进行重大变革，职务进行全面调整；②进行裁员，调整员工队伍的结构，缩减开支；③从外部招聘骨干人员；④对管理人员进行团队训练，建立新的“理念”和“文化”；⑤打破传统习惯，摒弃旧的组织文化；⑥建立适应经营环境的新的人力资源系统和机制。

3. 舒勒的研究

根据舒勒（1989）的研究，人力资源战略分为 3 种类型：累积型战略、效用型战略和协助型战略。

（1）累积型（accumulation）战略，即用长远观点看待人力资源管理，注重人才的培训，通过甄选来获取合适的人才；以终身雇佣为原则，以公平原则来对待员工，员工晋升速度慢；薪酬以职务及技能绩效为依据，高层管理者与新员工工资差距不大。该战略基于激励员工最大化参与及技能培训，开发员工的能力、技能和知识，获取员工的最大潜能。

（2）效用型（utilization）战略，即用短期的观点来看待人力资源管理，较少提供培训。企业职位一有空缺，随时进行填补，非终身雇佣制，员工晋升速度快，采用以个人为基础的薪酬方案。该战略基于员工高技能的充分利用和极少的员工承诺，企业雇佣具有岗位所需技能且立即可以使用的员工，注重员工的能力、技能和知识与特点工作的匹配。

（3）协助型（facilitation）战略，即介于累积型和效用型战略之间，个人不仅需要具备技术性的能力，同时要有良好的人际关系。在培训方面，员工个人负有学习的责任，企业只是提供协助。该战略基于新知识的创造，鼓励员工的自我开发。

从舒勒的人力资源战略分类及其特征可以看出，当企业将人力资源视为一种资产时，就会提供较多的培训，如累积型战略；而当企业将人力资源视为企业的成本时，则会提供较少的培训以节约成本，如效用型战略。

从以上分析可以看出，不同的学者对人力资源战略有不同的分类方法，不同的人力资源战略在人力资源获取渠道、采用的薪酬策略或管理方式等方面都有各自的特点。这就要求企业在管理实践中，必须根据企业的具体情况来选择合适的人力资源战略或人力资源战略组合。需要指出的是，从企业总体来说，大多数企业采取的人力资源政策与主导的人力资源战略相符合；从企业微观层面来讲，企业可能对不同的员工采取不同的措施。

二、人力资源规划概述

人力资源规划是人力资源管理的起点和基础，是制订人力资源具体计划的依据。人力资源规划是根据企业发展战略制订的企业人力资源发展方向和路线，是企业实现战略目标的关键步骤。

（一）人力资源规划的概念和作用

企业发展的关键是企业的人力资源管理，人力资源管理的基础是人力资源规划。搞好人力资源规划，根据企业内外环境确定企业的人力资源需求。规划人力资源的招聘、配置和使用，首先要明确人力资源规划的概念和作用。

1. 人力资源规划的概念

（1）人力资源规划的定义。人力资源规划是以组织发展战略为基础，为了实现组织的战略目标，根据组织内外环境和组织人力资源状况，进行组织人力资源供给和需求预测，以满足组织人力资源需求为目的，对未来一定时期内的人力资源发展做出的安排。

（2）人力资源规划的组成。一是工作目标。工作目标是人力资源规划所要达到的目的，包括组织总体目标和员工具体目标。二是具体措施。具体措施是实现人力资源规划的方式方法，包括政策制度、经费保障、工作方法和人员安排。三是工作步骤。工作步骤是实现人力资源规划的时间表，包括计划制订、计划执行、计划总结、计划评估等环节的时间安排。四是执行要求。执行要求是人力资源规划执行的具体安排，包括计划的执行者、操作者和管理者在计划执行过程中各自的行为和责任。

2. 人力资源规划的作用

一是指导工作。人力资源规划作为企业人力资源管理的依据和基础，指导和推动人力资源管理工作，实现预期目标。

二是监督和保证。人力资源规划是企业人力资源管理的依据，也是人力资源计划执行的保证。根据人力资源规划对计划目标、对策措施和行动步骤计划的规定，检查和监督人力资源规划的实施，以保证人力资源规划得以实现。

三是控制成本。人力资源规划作为人力资源管理的基础，为企业的其他计划编写提供了依据。根据计划编制人力资源预算，按照人力资源规划预算进行人力资源管理，能够有效地控制管理成本。

（二）人力资源规划的内容

人力资源规划的内容包括总体人力资源规划和具体人力资源计划。总体人力资源规划是对企业总体人力资源的需求进行安排，具体人力资源计划则是对各项人力资源工作做出安排。

1. 总体人力资源规划

总体人力资源规划是根据组织战略需要，对企业一定时期内总体人力资源进行安排的全局性人力资源规划。总体人力资源规划包括人员总体配置数量和质量、人员招聘标准和方法、人员使用和配置方式，以及实现人力资源规划的工作步骤和总体成本核算。

2. 具体人力资源计划

具体人力资源计划是根据组织总体人力资源规划的目标和要求，对企业一定时期内具体人力资源管理工作进行安排的单项的人力资源计划。具体人力资源计划包括人力资源的招募和更新计划、人力资源的使用和调整计划、人力资源的培训和发展计划、员工绩效考评计划、员工薪酬和激励计划与人力资源的退休和解聘计划。

3. 人力资源规划的步骤及影响因素

分析影响人力资源规划的外部因素和企业内部因素，依据企业的发展战略，制定出适合企业发展战略目标的人力资源规划。人力资源规划分为长期规划、中期计划和短期计划，长期规划在 5 年以上，中期计划为 3~5 年，短期计划一般为 1 年。

（1）人力资源规划的步骤：①确定组织的总体发展战略；②组织结构层次，确定岗位和能级；③分析组织内外部的人力资源状况；④对组织的人力资源供求状况进行预测；⑤编制人力资源规划，包括总体规划和具体分支计划；⑥制定人力资源规划的执行控制机制，设置人力资源规划评估和调整系统。

（2）人力资源规划制定流程图如图 3-1 所示。

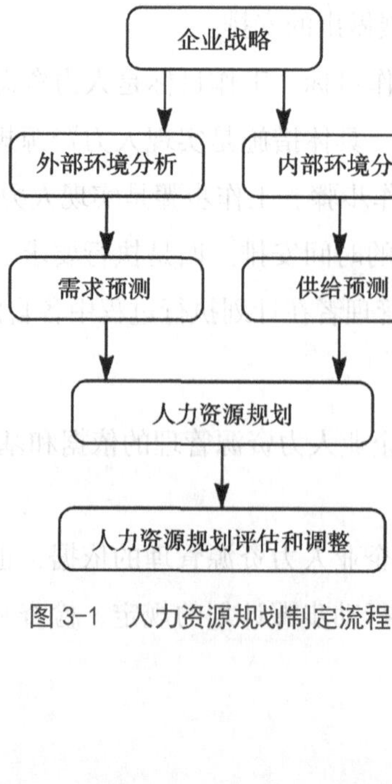

图 3-1 人力资源规划制定流程图

第二节 人力资源战略制定与实施

一、人力资源战略的内涵

人力资源战略是企业为适应外部环境的迅速变化和内部人力资源管理的不断发展，制定的对其人力资源管理活动具有重要指导意义的纲领性长远规划。它是企业战略中不可或缺的一部分，同时又是高效规划和实现企业战略的有效保障。从人力资源战略在企业运营管理全过程中所处的地位来看，它具有以下特点。

（一）全局性

首先，人力资源战略贯穿企业管理的全过程。人力资源战略并不是局限于单纯对“人”的规划和管理，而是侧重于对从事各种各样企业活动的人的规划与管理。人力资源战略不仅在横向上扩展为涉及企业的各个部门、各个环节和各个工作岗位，还在纵向上延伸为贯穿企业从产生、起步到成熟，直至企业生命周期终止的整个过程。其次，人力资源战略管理涉及企业全体人员。人力资源战略不仅实现了企业对管理人员和普通员工的管理，还是上级管理下级的有效手段之一，同时也是作为企业中每个人自我管理的方式而存在，因此人力资源战略实质上是对企业全员的规划和管理。

（二）长远性

人力资源战略作为企业战略的重要组成部分，其每一项具体的实践活动都会给企业带来深远的影响。例如从人员的选聘来看，人员选聘既要考虑到企业现行岗位职责的要求，又要考虑到企业未来岗位职责的变化趋势。不仅要考虑选聘对象现有的经验、知识和能力，而且要考虑其未来的开发潜能。由于选聘对象要从事将来的工作，当某一职位出现空缺时，企业可以前任为参考，但更主要的是根据未来岗位职责的要求来选聘人员，因此，人力资源战略必须对未来岗位职责、员工未来潜能具有一定的有效预测性。人力资源战略不是针对一时一事的计划，而是企业一项长远的工作。

（三）根本性

由于“人力资源”在企业诸多生产经营资源要素中处于最为核心和关键的地位，企业一切管理活动的着眼点已经从“事”转变为“人”，企业经营管理方式也从原来惯常的事后弥补性管理逐渐演变为事前预防性管理。人力资源对企业未来发展所发挥的决定性作用具体体现在：一个管理者决策正确与否直接关系到企业今后的发展方向，而员工的士气也影响着企业计划的执行与实施、目标实现的速度和程度。因此，人力资源战略是企业管理中最重要、最根本的方面，它决定着企业的兴衰成败，决定着企业未来的命运。

二、人力资源战略的制定

人力资源战略是企业战略的一个有机构成部分，因此人力资源战略与企业战略有着许多相似的内容、程序和方法，但人力资源战略的制定也有其特定的内涵、程序、过程和方法。企业的战略决策过程通常发生在高层，即由首席执行官、首席财务官、总裁以及各位副总裁在内的战略规划小组所决定。然而，在战略决策过程的每一个步骤中，都会涉及与人有关的经营问题。因此，人力资源管理应当参与战略制定的每一个步骤。

（一）人力资源战略的决策

人力资源战略决策就是关系企业人力资源发展全局性的决策，是指为了长期的发展，制定出发展目标和实施方针，以及为实现发展目标采取的重大措施而做出的决策，如企业人力资源结构决策、薪酬决策、员工职业发展决策等。这类决策与人力资源管理大局关系密切，受外部环境影响很大。企业外部环境包括企业无法控制的各种外部因素，如法律、社会政治、经济形势、本行业的科技发展水平和基本趋势，以及竞争对手的情况等。人力资源战略决策具有全局性和长远性特点。全局性指这种决策一经确定，其指导作用和影响面是整个人力资源管理活动。长远性指在时间上这一决策往往与企业中长期战略目标相对应，一旦实施，在较长时间内将成为人力资源管理活动的一个指导思想。

（二）人力资源战略决策的特征与依据

1. 人力资源战略决策的特征

人力资源战略决策具有以下几方面的特征：

（1）决策要求有明确而具体的决策目标。决策就是选择方案，如果决策的目标是模糊的，甚至是模棱两可的，就无法以目标为标准评价方案，更无法选择方案了。

（2）决策要求以了解和掌握信息为基础。一个合理的决策是以充分了解和掌握各种信息为前提的，即通过组织外部环境和组织内部条件的调查分析，根据实际需要与可能选择切实可行的方案。

（3）决策要求有两个以上的备选方案，以便比较选择，就是说必须有可供选择的方案，否则决策可能就是错误的。人们总结出这样两条规则：一条规则是在没有不同意见前，不要做出决策；另一条规则是如果看起来只有一种行事方法，那么这种方法可能就是错误的。

（4）决策要求对控制的方案进行综合分析和评估，每个实现目标的可行方案既会对目标的实现发挥某种积极作用和影响，也会产生消极作用和影响。决策者必须对每个可行方案进行综合分析和评价，即进行可行性研究。可行性研究是决策的重要环节。决策方案不但必须在技术上可行，而且应当考虑社会、政治、道德等各方面的因素，还要使决策结果的副作用（例如环境污染）缩小到可以允许的范围内，通过可行性分析，确定出每个方案的经济效果和所能带来的潜在问题以便比较各个可行方案的优劣。

（5）决策追求的是最可能的优化效应。人们做任何事情，都不可能做到完美无缺。对于决策者来说，同样不能以最理想方案作为目标，而只能以足够好的达到组织目标的方案作为准则，即在若干备选方案中选择一个合理的方案。合理方案只能在决策时能够提出来的若干可行方案中进行比较和优选。

2. 人力资源战略决策的依据

人力资源战略决策的主要依据包括以下三个方面：

（1）企业战略目标。组织的战略目标是人力资源战略决策的主要依据之一。人力资源战略决策要以组织的战略目标为前提，脱离了组织的战略目标，人力资源战略决策就失去意义。

（2）企业的经营环境。正确做出人力资源战略决策，必须对企业所面临的外部经营环境进行全面系统的分析。在掌握外部环境对企业影响的前提下做出的人力资源战略决策，才有可能是正确的决策，才能对人力资源管理活动起指导作用。

（3）企业的内部条件。企业的内部条件是指企业的人、财、物、产、供、销等具体情况。人力资源战略决策必须满足企业内部的实际状况，才能更大限度地为企业经营服务，实现企业的经营战略。

（三）人力资源战略制定的程序

如何制定人力资源战略？如同企业财务、市场营销、采购等职能一样，人力资源战略是一个职能战略。任何一个职能战略都可以根据表 3–2 的流程来完成。

表 3–2　战略制定过程

环境评价	制定战略	战略实施
外部、内部环境	评价 / 修改使命、愿景	将期望、组织、人以及绩效管理结合起来
评价优势、弱点、机会及威胁（SWOT）	确定战略	应用系统方法与技术
确定核心能力、竞争优势	分配资源	评价效益
确定战略问题	—	—

但是，人力资源战略也有其特殊性，它与所有其他的职能战略交织在一起。人力资源战略不是一种孤立的职能，它是实施所有战略的手段，必须与其他各个职能战略紧密联系在一起。美国人力资源规划学者李·戴尔在其著作《人力资源规划活动》中研究了人力资源战略与企业战略过程连接的各种可能，并认为主要有三种，即整体化过程、并列的过程和单独的过程。

1. 整体化过程

这是制定人力资源战略过程的首选方法，也就是把人力资源战略作为企业战略的固有内容。人力资源战略与其他职能战略一样，并且比其他职能战略还重要。

在“互联网 +”时代，人力资源战略的制定一定要遵循整体化过程，不断进行调整、更新。企业正处于一个不断变化的时代，企业战略必须随着市场环境、用户需求、技术变革的调整而快速变化，否则企业必将被快速变革的时代淘汰。为此，人力资源战略作为企业战略落地的核心抓手，必须不断适应企业战略的变化。

2. 并列的过程

人力资源战略制定可以与企业战略制定同时进行。在每个阶段，它都与企业战略相互影响，从企业战略中汲取思想，并为企业战略提供思路。采用这种方式，人力资源战略不但没有使企业战略的制定过程变得复杂，反而使人力资源问题得到充分重视。

3. 单独的过程

单独制定一个人力资源规划，其准备及思考过程都与总体企业战略分开进行。其可能与企业战略同时制定，也可能在企业战略计划之前制定（可作为企业战略计划的内容），或者在企业战略制定完成后制定（研究企业战略的含义）。人力资源战略单独制定的，通常作为明确的人力资源职能规划单独提交。在组织的不同层次可能都有这样的人力资源战略。其不足之处在于，它会使人们永远将人力资源作为职能人员负责、专门化的职能问题，而且其战略的价值也取决于与企业有关的信息的充分程度。这种方法的优点是：能够实际制定一个人力资源战略，并可能用来指导计划、政策、活动以及行动。因此，它适用于当企业缺乏战略时，企业需要一些人力资源战略中的某些专题或主题的计划时，或者组织强调被认为对组织成功特别重要的具体方面的改革，可能需要单独的人力资源战略、其他职能战略来说明这些变革并实施这些变革。当然，其必须与总体战略方向一致。

（四）人力资源战略制定的过程

1. 内外环境分析

（1）外部环境分析主要包括：企业所处地域的经济形势及发展趋势，本企业所处行业的演变、生命周期、现状及发展趋势等，科学技术发展的现状与速度，本企业在行业所处的地位、所占的市场份额，竞争对手的现状及增长趋势，竞争对手的人力资源状况，预计可能出现的新竞争对手及现有替代品生产者的动态等。

（2）内部环境分析主要包括企业总体发展战略、企业内部的资源和能力状况、企业的组织文化，以及企业员工的现状和他们对企业的期望。

（3）劳动力市场分析主要包括：劳动力供需现状及趋势、就业及失业情况、经济发展速度与劳动力供需间的关系、劳动力的整体素质状况、国家和地区对劳动力素质提高的投入、人力资源的再生现状与趋势。

（4）社会文化与法规分析，对海外公司尤为重要。这方面的分析包括：当地的文化风俗、政策与法规、人们的价值观、当地文化与本国文化的差异等。

（5）SWOT 分析。要求企业认清自己在行业中的地位，与竞争对手相比自己所具备的优势、存在的弱点、可能出现的机遇及潜在的威胁等。

（6）企业内部资源分析。首先要进行人力资源分析，要搞清楚企业内部人力资源的供需现状与趋势；其次要分析本企业可利用的其他资源，如资本资源、技术资源和信息资源，特别是可用于人力资源管理的资源。

（7）员工期望与人力资源战略实现有着密不可分的关系，制定者通常会忽视这一点。因人力资源战略具有长远性的特点，它的实现需要有一支稳定的员工队伍。企业中任何一个员工都有自己的期望和理想，当期望得到基本满足、理想基本实现时，员工才愿意留在企业中继续发展，企业的员工队伍才可能稳定发展。因此，企业人力资源战略不能不考虑员工的期望。

2. 战略制定

确定人力资源管理的基本战略和目标。人力资源战略与目标是根据组织的发展战略目标、人力资源现状和趋势、员工的期望综合确定的。人力资源战略目标是对未来组织内人力资源所要达到的数量与结构、素质与能力、劳动生产率与绩效、员工士气与劳动态度、企业文化与价值观、人力资源政策、开发与管理成本、方法和途径提出的更高层次的具体要求。①总体目标的分解。总体目标确定后需要层层分解到子公司、部门和个人。分解总体目标、确定子目标时需要注意：要根据子公司、部门、员工的自身条件与能力进行；分解后的目标应为具体的任务，具有可操作性、可监控性。②实施计划的制定。人力资源战略的实施计划是人力资源战略实现的保障。它主要回答如何完成、何时完成人力资源战略两个问题，即要将人力资源战略分解为行动计划与实施步骤，前者主要提出人力资源战略目标实现的方法、程序，后者是从时间上对每个阶段组织、部门与个人应完成的目标或任务做出规定。③保障计划的制订。实施保障计划是人力资源战略实施的保证。它对人力资源战略的实施从政策、资源（包括人、财、物、信息）、管理模式、组织发展、时间、技术上等方面提供必要的保障。④战略计划的综合平衡。战略平衡是指人力资源战略、财务战略、市场营销战略、生产战略等之间的综合平衡。由于各战略一般来自不同的部门、不同的制定者，所以往往带有一定的部门和个人倾向性，有时会过分强调各自的重要性，以争取企业政策优惠与更多资源。因此，企业必须对各项战略进行综合平衡。经过各战略的综合平衡，将企业内的资源进行合理配置。如果实施保障计划是需求，那么资源配置过程则是供给。这个过程是根据战略目标、实施计划为实施保障计划提供所必需的一切资源。人力资源规划是人力资源战略实施计划的具体体现。人力资源规划是一种可直接操作的计划。

3. 战略实施

这是人力资源战略管理的重要环节，也是人力资源战略实现的重要保障。它为实现人力资源战略从指导思想、方针政策、管理模式、组织结构、部门职能、资源分配等方面提供必要的支持。战略实施需要将员工期望、组织设计、人员配备及能力开发、绩效管理等与战略紧密结合起来。当然，由战略规定的制度、技术、财务以及其他资源（人力资源以外的）都是必需的。但是，重点应放在人力资源管理上，因为它是 20 世纪 90 年代及以后实施战略的主要手段；同时，速度、服务、质量以及成本也都是主要的竞争要素。

在人力资源战略实施过程中，最重要的工作是日常人力资源管理工作，它将人力资源战略与人力资源规划落到实处，并检查战略与规划实施情况，对管理方法提出改进方案，提高员工满意度，改善工作绩效。人力资源战略实施过程中另一重要的工作是要协调好组织与个人间的利益关系。如果这个问题处理得不好，会给人力资源战略的实施带来困难。过分强调组织利益而忽视个人利益，员工必然会产生不满；过分强调个人利益而忽视组织利益，则会给组织带来成本损失。人力资源战略实施过程中有许多资源是可直接利用的，这无疑可帮助人力资源战略的实现。如信息处理的工具与方法、员工潜能的发挥、企业文化与价值体系的应用等，都是可利用的资源。

4. 战略评价

这是在战略实施过程中寻找战略与现实的差异，发现战略的不足之处，及时调整战略，使之更符合组织战略和实际过程。战略评价同时还是对人力资源战略的经济效益进行评价的过程。人力资源战略经济效益评价主要是进行投入与产出（或节约的成本）比的分析。战略评价的重点应放在结果评价上，而不在活动以及日常运作效率上，这样才能将注意力集中于重要问题上。衡量解决问题的结果要求确定问题的过程更细致、更全面，还要求制订管理行动计划。评价与控制是自然蕴涵在战略制定过程中的。

在实际人力资源战略评估过程中，由于评估主体是具有主观能动性的人，这就不可避免地给评估过程造成各种难以量化的主客观因素的影响，使得人力资源战略评估成为一个非理性的过程。

第三节　人力资源规划的程序与方法

一、人力资源规划的程序

（一）人力资源规划流程

人力资源规划流程是人力资源管理的几个基本流程之一，它从流程的起点“组织内外人力资源信息的收集”开始，经历一个并行的阶段“人力资源供给与需求预测”，再根据供需平衡的需要制订实施人力资源规划并执行，最后是对人力资源规划的反馈与评估（见图 3–2）。

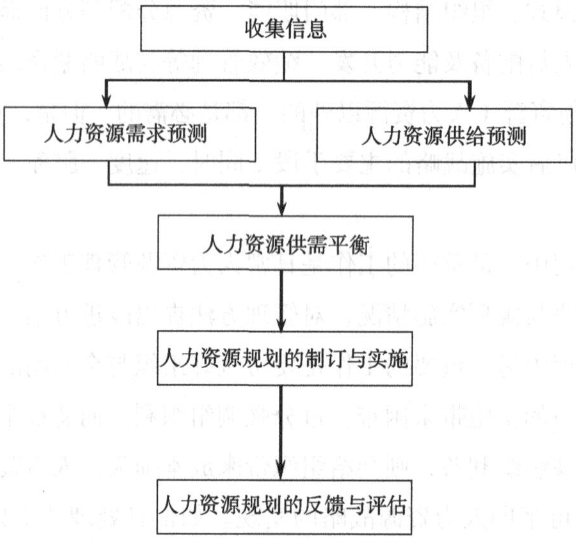

图 3–2　人力资源规划流程图

（二）人力资源规划的步骤

1. 收集信息

人力资源规划的信息要靠人力资源信息系统来提供，拥有这一系统的组织收集和分析信息的效率要高一些。无论有无人力资源信息系统，信息的收集都要从组织内、外两个环境人手来进行分析（见表 3–2）。

（1）外部环境分析。所谓外部环境，就是影响组织正常经营的外部因素，如组织所在地的政治、经济、文化、法律、人口以及社会环境等。外部环境中最重要的因素是劳动力市场因素、政府相关法律法规以及劳动者的自主择业情况。外部环境因素会直接影响人力资源供给状况，如劳动力市场的缩小会直接导致企业人力资源的外部供给减少。

（2）内部环境分析。内部环境主要包括组织的经营战略、组织的环境等以及组织的人力资源结构。组织的经营战略是组织的宏观计划，对组织内所有的经营活动都有指导作用。组织的环境主要包括组织现有的组织结构、管理体系、薪酬设计以及企业文化等，只有对组织现有的组织结构有了充分的了解，才能预测组织未来的组织结构。组织的人力资源结构就是现有的人力资源状况，包括人力资源数量、素质、年龄、工作类别、岗位等，有时也涉及员工价值观、员工潜能等。只有对现有人力资源状况进行充分了解和有效利用，人力资源规划才能真正实现它的价值。

表 3-2　人力资源规划信息

外部环境信息	内部环境信息
宏观经济形势 行业经济形势 技术的发展状况 产品市场的竞争性 劳动力市场 人口和社会发展趋势 政府管制情况	组织战略规划 战略规划的战术计划 战略规划的行动方案 组织结构 组织文化 其他部门的规划 人力资源现状

2. 人力资源的供需预测

人力资源的供给和需求预测是人力资源规划的核心部分，也是技术要求最高的部分，供需预测的准确性直接决定着人力资源规划的成败。

（1）人力资源需求预测。需求预测主要是根据组织战略规划和组织的内外条件选择预测技术，然后对人力资源需求结构和数量进行预测。影响人力资源需求预测的主要因素：①组织的业务量或产量；②预期的人员流动率；③提高产品或劳务的质量以及进入新行业的决策对人力需求的影响；④生产技术水平或管理方式的变化对人力需求的影响；⑤组织所能拥有的财务资源对人力需求的约束。通过需求预测可以得出组织在员工数量、组合、成本、新技能、工作类别等方面的需求，以及为完成组织目标所需的管理人员数量和层次。

（2）人力资源供给预测。人员供给预测也称为人员拥有量预测，是人力资源预测的又一个关键环节，只有进行人员拥有量预测并把它与人员需求量对比之后，才能制定各种具体的规划。人力资源供给预测包括两部分：一是内部拥有量预测，即根据现有人力资源及其未来变动情况，预测出各规划时间点上的人员拥有量；二是外部人力资源供给量预测，确定在各规划时间点上的各类人员的可供给量，主要考虑社会的受教育程度、本地区的劳动力供给状况等。

供给预测通过分析劳动力过去的人数、组织结构和构成，以及人员流动、年龄变化和录用等资料，预测出未来某个特定时刻的人力资源供给情况。预测结果为组织现有人力资源状况，以及未来在流动、退休、淘汰、升职及其他相关方面的变化。其作用可归结为四个方面：①检查现有员工填充企业中预计的岗位空缺的能力；②明确指出哪些岗位的员工将被晋升、退休或者被辞退；③明确指出哪些工作的辞职率、开除率和缺勤率高得异常或存在绩效、劳动纪律等方面的问题；④对招聘、选择、培训和员工发展需要做出预测，以能够及时地为工作岗位的空缺提供合格的人力补给。

3. 人力资源供需平衡

在充分掌握了人力资源的供给与需求预测后，可以根据组织的具体情况制定相应的措施，以实现组织人力资源的供需平衡。人力资源供需平衡问题直接涉及组织经营目标能否实现，因此在处理的过程中要尽量小心谨慎。通常来说，人力资源供给与需求之间可能存在四种较为典型的情况：人力资源供不应求，人力资源供大于求，人力资源供给与需求之间的结构关系失调，人力资源供给和需求基本保持平衡。但人力资源供给和需求基本保持平衡的这种情形相对较少，且都是短期行为。任何一个组织都不可能存在长期的均衡，这是由组织内外环境的复杂性所决定的。但是，由于不同组织的生命周期不同，因此他们的变动趋势也不尽相同，不同竞争格局的组织所选择的应对战略也不同。组织应该根据具体情况制定供求平衡规划。

4. 人力资源规划的制定与实施

人力资源规划的制定就是根据前面对供需平衡的需要制订各种具体的规划，重点做好以下三个方面：①设计新的组织结构，能够吸引、容纳、保留、激励员工，以服务与规划目标。这种组织应该具有以下特征——员工拥有更多的工作自主权参与决策与管理；畅通的全方位的沟通网络；内部激励与外部激励有机结合的激励系统和机制；更进步的工作设计；将员工工作生活质量与生产率并重；全面考虑员工的技能、知识、个性、兴趣、偏好及组织特征之间的相互匹配等。②设计有效的替换计划和继任计划。替换计划主要适用于一般员工，并关注近期需要，包括随着新技术、新产品、新市场的发展，哪些不适应的人员需要替换；替换计划表要标明各个任职者的姓名、需要替换的人员姓名、可能替换该任职者的人员的姓名以及需要从外部招聘的人员资质特征等。继任计划主要适用于管理者，具有长期性、开发性和弹性；强调继任的及时性、代际之间的年龄梯次性和能力的递升性；注重继任者的储备性、差额性。③设计裁员计划。裁员是企业由于各种原因在人力资源供大于求或供不应求时的重要活动，是人力资源计划的重要组成部分。裁员计划要适当、适度、适时。它包括提前退休、外部安置、工资清算、工作技能再培训、提供工作转换机会、员工职业生涯计划设计以及有关的咨询服务等。

5. 人力资源规划的反馈与评估

对人力资源规划实施的效果进行评估是整个规划过程的最后一步，由于预测不可能做到完全准确，因此人力资源规划也不是一成不变的，它是一个开放的动态系统。人力资源规划的评估包括两层含义，一是在实施的过程中，要随时根据内外部环境的变化来修正供给和需求的预测结果，并对平衡供需的措施做出调整；二是要对预测的结果以及制定的措施进行评估，对预测的准确性和措施的有效性做出衡量，找出其中存在的问题以及有益的经验，为以后的规划提供借鉴和帮助。

二、人力资源供给预测的方法

人力资源供给预测可以分为外部供给预测和内部供给预测。

（一）外部供给预测

外部供给预测是指组织以外能够提供给组织所需要的人力资源的质和量的预测，主要的渠道是外部劳动力市场。外部供给是解决组织人员新老更替和改变人员结构的根本出路，是任何组织都必须面对和采用的人力资源补充渠道。因此，合理地对外部供给进行预测是保证组织正常发展、节省人力购置成本的重要手段。但是外部供给有一个特点，即不能为组织所掌控，只能通过信息的收集分析加以利用。

1. 外部人力资源供给的影响因素

外部人力资源供给的主要影响因素：①宏观经济形势和失业预期；②当地劳动力市场的供求状况，其中大、中专毕业生的数量与质量以及就业意向是很重要的因素；③行业劳动力市场的供求状况；④人们的就业意识；⑤组织的吸引力；⑥竞争对手的动态；⑦政府的政策、法规与压力。

2. 外部劳动力市场的主要分类

一般意义上，外部劳动力市场可以分为四类：①蓝领员工市场；②职员市场；③专业技术人员市场；④管理人员市场。

（二）内部供给预测

当组织出现人力资源短缺时，优先考虑的应该是从内部进行补充，因为内部劳动力市场不但可以预测，而且可以调控，以有效地满足组织对人力资源的需求。人力资源内部供给预测的方法主要有以下三种。

1. 人事资料清查法

这种方法通过对组织现有人力资源质量、数量、结构和在各职位上的分布状况进行检查，掌握组织拥有的人力资源状况。通过一些记录员工信息的资料，可以反映员工的工作经验、受教育程度、特殊技能、竞争能力等与工作有关的信息，以帮助人力资源规划人员估计现有员工调换工作岗位的可能性大小和决定哪些员工可以补充当前空缺岗位。该方法常作为一种辅助性的方法，对管理人员置换、人力接续等提供更为详细的质量上的参考。

2. 人力接续法

根据岗位分析的信息，明确岗位对员工的要求和任职者情况，安排接续（继任）计划。

（1）继任卡方法，主要用于管理者的内部接续管理。这一方法将每个岗位均视为潜在的工作空缺，而该岗位下的每个员工均是潜在的供给者。人员替代法以员工的绩效为预测的依据，当某位员工的绩效过低时，组织将采取辞退或调离的方法。而当员工的绩效很高时，他将被提拔替代他上级的工作。这两种情况均会产生岗位空缺，其工作则由下属替代。通过人员替代图可以清楚了解到组织内人力资源的供给与需求情况，为人力资源规划提供了依据。

（2）员工接续计划，主要用于一般员工的接续管理，以进行供给预测。该方法强调计划的整体性和一致性，即计划要与组织内外部各个方面协调一致。

3. 马尔可夫分析法

马尔可夫人力资源供给预测法通常也称为转换矩阵方法，主要用于组织内部人力资源供给预测。其思路是找出过去人力资源供给变化的规律，根据得出的规律来预测人力资源变化趋势；通过不同工作岗位的变动情况来调查员工的发展模式，显示员工留任、升降职、进出比率的人数。对人员变动概率的估计，一般以 5~10 年的长度为一个周期来估计年平均百分比，周期越长，这一百分比的准确性越高。这种方法的第一步是构建员工变动矩阵（见表3-3、表3-4）。其中，A到D由高到低，可以是职务类别、工资级别、业绩考核、学历水平等。起始时间到终止时间的选择也相对比较灵活。表3-4中：AA对应数据为0.70，指A在该时间内留住70%的员工；A流动到B的员工占10%；A流动到C的员工为5%；流出企业的员工为15%；依此类推。从流动趋势来看，D流出的员工最少，晋升到C为5%；B流出的员工最多，仅仅留住了60%，晋升到A为15%，也最多，降级到C为5%，到D为10%；流出企业为10%。表3-5中：A原有员工62人，留住44人，到B有6人，到C有3人，流出9人；依此类推。

表3-3　流动可能性矩阵

工作状态		终止时间（目标状态）				流出率
		A	B	C	D	
起始时间（原有状态）	A	0.70	0.10	0.05	0	0.15
	B	0.15	0.60	0.05	0.10	0.10
	C	0	0	0.80	0.05	0.15
	D	0	0	0.05	0.85	0.10

表3-4　现任职者矩阵

	原有员工数	A	B	C	D	流出人数
A	62	44	6	3	0	9
B	75	11	45	4	8	7
C	50	0	0	40	2	8
D	45	0	0	2	38	5
终止员工数		52	51	49	48	29

马尔可夫法虽然在一些国际性的大公司中得到广泛应用，但其所估计的人员流动概率与预测的实际情况可能有差距，因此使用这种方法得到的内部人力资源供给预测的结果也就可能会不精确，其最大的价值在于提供了一种内部人员流动的分析框架。

三、人力资源需求预测的方法

人力资源需求预测根据预测的精确程度可以分为经验预测和数学预测，前者强调运用预测者的主观经验，后者强调运用数学和统计的方法来计算。

（一）经验预测

1. 管理者决策法

这种方法是组织的各级管理者，根据自己工作中的经验和对组织未来业务量增减情况的直接考虑，分别汇总决策确定未来所需人员的方法。其操作要点为：①由基层管理者根据自己的经验和对未来业务量的估计，提出本部门各类人员的需求量并报上一级管理者。②由上一级管理者估算平衡，再报上上一级的管理者，直到最高层管理者做出决策。③由人力资源管理部门制定出具体的执行方案。这是一种非常简便、粗放的人力资源需求预测方法，主要适用于短期的预测。如果组织规模小，生产经营稳定，发展较均衡，它也可以用来预测中、长期的人力需求。但这种方法除了对各级管理者的经验及判断要求较高外，还会出现基层管理者倾向于扩大需求量的现象，即所谓的“帕金森定律”，这就对高层的决策提出了更高的要求。

2. 德尔菲法

德尔菲预测技术也称集体预测方法。德尔菲法是发现专家对影响组织发展的某一问题的一致意见的程序化方法。这里的专家可以是基层的管理人员，也可以是高层经理；他们可以来自组织内部，也可以来自组织外部。总之，专家应该是对所研究的问题有发言权的人员。德尔菲法是20世纪40年代在兰德公司的“思想库”中发展起来的。这种方法的目标是通过综合专家各自的意见来预测某一领域的发展状况，适用于对人力需求进行长期趋势预测。

德尔菲预测技术的操作要点为：①在组织中广泛地选择各个方面的专家。这些专家都拥有关于人力预测的知识或专长，他们可以是管理人员，也可以是普通员工。②主持者向专家说明预测对组织的重要性。这一任务一般由人力资源部门来完成，目的是取得专家对这种预测方法的理解和支持，同时通过对企业战略定位的审视，确定关键的预测方向，解释变量和难题。③发放调查问卷。主持者列举出预测小组必须回答的一系列有关人力预测的具体问题，然后使用匿名填写问卷等方法设计一个可使各位预测专家在预测过程中畅所欲言地表达自己观点的预测系统，例如邮件、网络等。使用匿名问卷的方法可以避免专家面对面集体讨论的缺点，因为专家组的成员之间存在着身份或地位的差别，较低层次的人容易受到较高层次的专家的影响而丧失见解的独立性，同时也存在一些专家不愿意与他人起冲突而放弃或隐藏自己正确观点的情况。④第一轮意见汇总与反馈。人力资源部门需要在第一轮预测后，将专家各自提出的意见进行归纳，并将这一综合结果反馈给他们。⑤重复汇总反馈3~5轮。重复第四步，让专家有机会修改自己的预测并说明原因，直到专家的意见趋于一致。

运用德尔菲预测技术时要注意几个问题：①在预测过程中，人力资源部门应该为专家提供充分的信息，包括已经收集的历史资料和有关的统计分析结果，目的是使专家能够做出比较准确的预测。②所提出的问题应该尽可能简单，以保证所有专家能够从相同的角度理解员工分类和其他相关的概念而不产生歧义。③对于专家的预测结果不要求精确，但是要专家说明对所做预测的肯定程度。④组织者要保证专家表达意见的独立性。

（二）数学预测

1. 转换比率法

这种方法是根据过去的经验，把组织未来的业务活动水平转化为人力需求的预测方法，其原理是借助劳动生产率和组织业务总量之间的关系来对所需的人力资源数量进行折算的一种方法，三者之间存在以下关系：

$$业务总量 = 人力资源数量 \times 劳动生产率 \quad (3\text{–}1)$$

对应于不同的业务，式（3–1）可以变为不同的类型，例如：

$$产量 = 人力资源数量 \times 人均生产率或销售收入 = 人力资源数量 \times 人均销售额$$

把式（3–1）进行移项，就可得到对人力资源需求的公式：

$$\text{人力资源需求}=\frac{\text{业务总量}}{\text{劳动生产率}} \tag{3-2}$$

假定式（3–2）劳动生产率不变，那么要考虑劳动生产率的变化，则要进一步修正公式：

$$\text{计划期人力资源需求量}=\frac{\text{现业务总量+计划期业务的增长量}}{\text{现劳动生产率}\times\text{（1+劳动生产率的增长率）}} \tag{3-3}$$

例如：某商学院 2019 年有 MBA 学生 1 500 人，2020 年计划招生增加 150 人，目前平均每个教师承担 15 名学生的工作量，生产率保持不变，那么，在 2020 年该商学院就需要教师：

$$\text{2020年教师需求}=\frac{1\ 500+150}{15}=110\text{人}$$

如果生产率提高 10%，那么需求量变为：

$$\text{2020年教师需求}=\frac{1\ 500+150}{15\times(1+10\%)}=100\text{人}$$

但需要指出的是，这种预测方法存在着两个缺陷：一是进行估计时需要对计划期的业务增长量、目前人均业务量和生产率的增长率进行精确的估计；二是这种预测方法只考虑了员工需求的总量，没有说明其中不同类别人员需求的差异。若考虑到不同类别人员需求，其具体做法是：先根据过去的业务活动水平计算出每一业务活动增量所需的人员相应增量，再把实现未来目标的业务活动增量计算出的比例关系，折算成总的人员需求增量，最后把总的人员需求量按比例折成各类人员的需求量。例如，某炼油厂根据过去的经验，为增加 1 000 吨的炼油量，需增加 15 人，预计 1 年后炼油量将增加 10 000 吨，折算人员需求量为 150 人。如果管理人员、生产人员、服务人员的比例是 1 ∶ 4 ∶ 2，那么新增加的 150 人中，管理人员约为 21 人、生产人员约为 86 人、服务人员约为 43 人。

2. 回归分析法

在计量分析模型中经常会用到回归分析法，这是一种统计分析的方法，其原理就是找出那些与人力资源需求关系密切的因素，并依据过去的相关资料确定出它们之间的数量关系，建立一个回归方程，再根据这些因素的变化以及确定的回归方程来预测未来的人力资源需求。其关键在于所找到的与人力资源需求相关的变量的准确性，在统计上要进行一些相关的假设检验，才能有更好的预测效果。但在实践中，由于管理上数据容量的限制和人心理因素的高度不确定性，所以管理回归模型的效果远不如宏观经济中的计量模型有效。

最简单的回归分析法是趋势分析法，回归时只考虑一个变量，也就是一元回归分析。而多元回归由于涉及的变量较多，建立方程时要复杂许多，但是它考虑的因素比较全面，所以预测的准确度往往要高于一元回归。下面举一个一元线性回归的例子。

假设一所学校对教师的数量影响最大的因素是学生的数量，经过若干年份的积累，得到以下统计数据（见表 3–5）：

表 3–5　某学校学生数与教师数统计数据　　单位：人

学生数量	200	240	300	360	390	450	520	550	590	620	680	740	800
教师数量	17	19	27	30	36	42	50	51	56	62	69	73	80

设学生数量是 x，教师数量是 y，假设两者之间线性相关，回归方程为：

$$y=a+bx \tag{3-4}$$

系数 a 和 b 的计算公式分别为

$$a=\frac{\sum y}{a}-b\frac{\sum x}{n} \quad b=\frac{n(\sum xy)-\sum x\sum y}{n(\sum x^2)-(\sum x)^2} \tag{3-5}$$

代入本例得：$a=-6.32$，$b=0.11$，则回归方程为 $y=-6.32+0.11x$。

其中，系数 a 的 t 检验值为 –5.5，系数 b 的 t 检验值为 49.6，方程相关系数检验值为 $R^2=0.996$，D–W 检验值为 2.01，均取得了较好的检验效果，假设成立。所以，如果预测未来学生数量增长为 1 000 人时，教师的需求量为

$$y=-6.32+0.11\times 1\,000=103.68\approx 104\text{ 人}$$

四、人力资源预测结果的平衡

人力资源需求和供给被预测出来后，就需要比较这两项预测结果，会出现四种情况：一是总量与结构都平衡；二是供大于求；三是供小于求；四是虽然总量平衡，但结构不平衡。这四种情况除了第一种外，都需要在人力资源规划中采取一些措施来解决不平衡问题。

（一）供大于求

1. 需求方面

（1）企业要扩大经营规模，或者开拓新的增长点，以增加对人力资源的需求。例如企业可以实施多种经营吸纳过剩的人力资源供给。

（2）对富余员工实施培训，即增加培训人员的需求，减少对现有岗位的人员供给。这相当于进行人员的储备，为未来的发展做好准备。

2. 供给方面

（1）裁员或者辞退员工，在我国还有提前退休、内退、待岗等做法。这种方法虽然比较直接，但是由于会给社会带来不稳定因素，往往会受到限制。

（2）冻结招聘，就是停止从外部招聘人员，通过自然减员来减少供给。

（3）缩短员工的工作时间、实行工作分享或者降低员工的工资。这种方式也可以减少供给。

（二）供小于求

1. 需求方面

（1）提高现有员工的工作效率，这也是减少需求的一种有效方法。提高工作效率的方法有很多，例如改进生产技术、增加工资、进行技能培训、调整工作方式等。

（2）提高员工的积极性，鼓励员工加班。

（3）可以将企业的有些业务进行外包，相当于减少了对人力资源的需求。

2. 供给方面

（1）从外部雇用人员，包括返聘退休人员，这是最为直接的一种方法。可以雇用全职员工也可以雇

用兼职员工，这要根据企业自身的情况来确定。如果需求是长期的，就要雇用全职员工；如果是短期需求增加，就可以雇用兼职或临时的员工。

（2）降低员工的离职率，减少员工的流失，同时进行内部调配，增加内部的流动来提高某些职位的供给。

（三）总量平衡，结构不平衡

组织的人力资源往往存在着结构的不平衡，即有的岗位供大于求，有的岗位供小于求，对于这种情况可以采取以下措施：

（1）进行人员内部的重新配置，包括晋升、调动、降职等，来弥补那些空缺的岗位，满足这部分的人力资源需求。

（2）对人员进行有针对性的专门培训，使他们能够从事空缺岗位的工作。

（3）进行人员的置换，释放那些组织不需要的人员，补充组织需要的人员，以调整人员的结构。

复习思考

1. 什么是人力资源规划？它包括哪些内容？

2. 人力资源战略应如何制定与实施？

3. 人力资源规划具有什么意义？其与人力资源管理其他职能的关系如何？

4. 预测人力资源需求和供给的方法有哪些？

第四章

员工招聘与甄选

学习目标

1. 理解员工招聘的含义和作用。
2. 熟悉招聘的原则、流程及渠道。
3. 掌握员工甄选的方法。
4. 了解人员录用的程序。
5. 熟悉常用的员工甄选方法和技术。

案例导入

乔布斯的人才招聘财富

2011年10月5日，苹果创始人史蒂夫·乔布斯离开了我们。乔布斯走了，身后留下的不仅是大家熟知的Apple、iPad、iPod、iPhone等社会财富，被誉为全球科技界一代传奇人物和改变世界的天才的乔布斯，巨人般地站在事业峰顶，走在时代前列，其梦想、其野心、其冒险、其思维、其创新、其雄辩、其性格及其曾经影响这个世界的一举一动、一言一行都是宝贵的精神财富。

那么这位不断改变世界的乔布斯，又是如何招徕人才，汇聚精英，进而打造出一支不断产生和释放超级能量团队的呢？这位固执地认为1名优秀员工能顶50名平庸员工的CEO（首席执行官），将自己的四分之一时间用在了招募人才上，他的一生参与过5 000多人的招聘。“你想卖一辈子糖水，还是跟着我们改变世界？”这是乔布斯企图说服百事可乐总裁约翰·斯卡利来担任苹果CEO时说的一句话。这虽然是个案，但体现了乔布斯的人才招徕方法和人才汇集风格，也是乔布斯留给我们的一笔无比宝贵的人才招聘财富。

乔布斯抛出的“苹果”为人才招聘工作提供了最好的答案。企业人力资源管理人员，应该深刻理解企业发展战略和愿景目标，并掌握好企业这些大小“苹果”的个性，选择或创造合适的机会抛向渴望得到这些“苹果”的对象，就一定能为企业吸引和聚集到真正的人才。

第一节 员工招聘

一、招聘的含义及作用

人力资源管理的一项重要功能就是为企业获取合适的人力资源，尤其是在人才竞争日趋激烈的今天，能否吸引并选拔到优秀的人才已成为企业生存和发展的关键。招聘是企业与潜在的员工接触的第一步，应聘者通过招聘了解组织，并最终决定是否愿意为其服务。只有对招聘环节进行有效的设计和管理，才能确保企业招聘到优秀的员工。

（一）招聘的含义

招聘是人力资源管理系统中重要的实务性模块，它包括招募和甄选两项管理活动。招募是指组织通过适当的渠道发布空缺职位信息，尽可能地吸引潜在胜任者来应聘岗位的过程，是甄选的基础和前提。甄选是指运用各种选择方法和人才测评技术，遴选组织所需要的人力资源的过程。

有效的招聘是为了实现组织的人职匹配，这种匹配是一个双方相互契合的过程，具体表现为：员工素质与职位要求相匹配，员工职业生涯理想与职业发展通道相匹配，员工与组织情境因素（包括企业战略、高层价值观、企业文化、生活设施与环境等）相匹配。现代企业唯有实现上述三重匹配，才能既保证员工胜任职位，又确保职位对员工具有长久的吸引力，减少员工的流失。

（二）招聘的作用

招聘对企业人力资源结构的形成起至关重要的作用，是人力资源质量管理和控制的第一关。

1. 提供高质量的产品和服务

企业在发展过程中，人力资源的状况总是处于不断变化之中的。招聘工作既关系到高质量人力资源的形成，也直接影响企业人力资源管理其他环节工作的开展。只有拥有高素质的人才，做到人职匹配，才能提供高质量的产品和服务。

2. 增强企业凝聚力

招聘到合适的人才，有利于降低员工的流失率，节约频繁招募、甄选以及岗前、岗中培训等费用；同时也有利于实现人力资源的优化配置，达到人才互补和整体优化的效果，进而增强企业的凝聚力。

3. 塑造企业良好形象

在招聘过程中，部分企业以高薪、优厚的待遇和精心设计的招聘过程来表明对人才的渴望和重视，吸引更多的求职者。企业还可以通过招聘工作和招聘人员达到向外界宣传企业文化和树立良好形象的目的。

二、招聘的原则与程序

有效的招聘是在一定原则的指导下，按照一套较为科学、完整的流程来进行的。

（一）招聘的原则

1. 竞争择优原则

通过测试和考核，鉴定人员的优劣并进行取舍。为达到竞争的目的，一是要通过内外渠道积极宣传，吸引较多的人员应聘；二是要严格招聘程序和手段，坚决杜绝“拉关系”“走后门”，通过公平的竞争，选择合适的人才。

2. 公平公正原则

对所有应聘者一视同仁，不得人为制造各种不平等的限制或条件，竭尽全力为有识之士提供平等竞争的机会。同时，为确保公平，还应在招聘队伍的组建、培训、考核、评估与反馈等方面做好工作，防止晕轮效应、刻板印象等的发生。

3. 人岗匹配原则

招聘不一定要招最优秀的人，而应招最合适的人；不一定招当前经验最丰富的人，要基于组织要求招不仅符合当前工作需要，而且经过适当培训开发能满足未来需要的人。企业在招聘时要做到量才录用，确保职得其人、人事相宜。

4. 全面考察原则

对应聘者的考察要全面，包括品德、知识、能力、智力、心理、过去的工作经验和业绩等。员工的工作绩效受到多方面因素影响，不能仅从单一指标出发。实践中，部分企业在招聘时往往忽略非智力因素对员工未来工作绩效的影响。

（二）招聘的程序

科学的招聘流程在一定程度上可以规范招聘行为，提高招聘质量。

1. 制订招聘计划

根据企业人力资源规划目标和工作说明书的要求确定招聘需求（空缺职位的数量和质量），人力资源部门会同用人部门确定招聘标准，制订招聘计划（确定招聘规模、范围、时间、预算等）及具体措施。

就招聘规模而言，招聘活动吸引的应聘者既不能太多也不能太少，应当控制在一个合适的范围。企业一般采用招聘录用的“金字塔”模型来确定招聘规模（见图 4–1）。

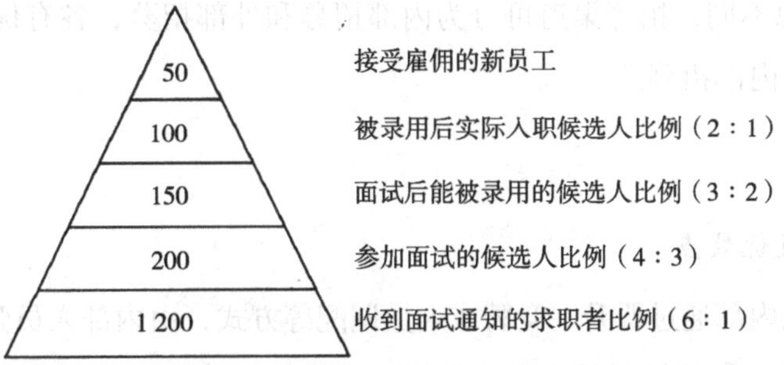

图 4–1　招聘录用的“金字塔”

确定招聘范围时一般要考虑两个因素：一是空缺职位的类型，空缺职位层次越高，选择的招聘范围就会越大（见图 4-2）；二是企业所在地区的人力资源市场状况，如果当地的人力资源市场人才匮乏，就需要扩大招聘范围，否则就近招聘即可满足需要。

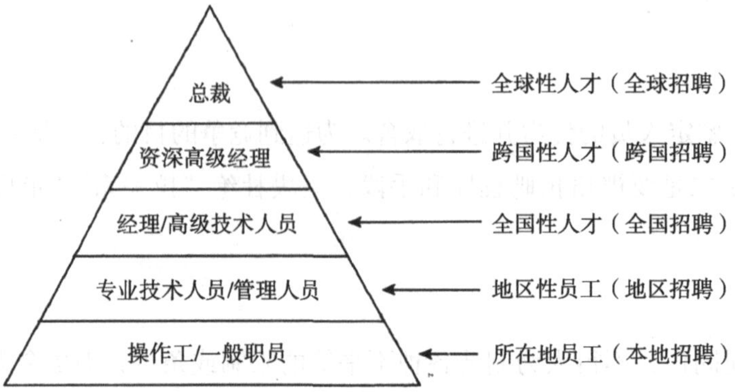

图 4-2　招聘范围与职位层次的关系

2. 实施招募

在明确人力资源需求和招聘计划的前提下，进入招募实施阶段。该阶段具体任务包括选择招聘来源，确定招聘方法，发布招聘信息，回收应聘资料。影响人员招募的因素主要包括职位、经营战略和企业文化。

3. 甄选

甄选是招聘过程中最关键的一个环节。甄选是选择那些具有必要才能、能够出色完成特定工作的人员的过程。甄选质量的高低直接决定选出的应聘者能否达到企业的要求。同时，甄选也是一个技术性较强的环节，它涉及心理测试、无领导小组讨论、评价中心等诸多技术或方法。

4. 录用与评估

对应聘者进行甄选并做出初步录用决定，然后对入选者进行背景调查、健康检查，合格者与企业签订试用协议，经试用合格后做出正式录用决定。

招聘评估是指对整个招聘过程及其效果进行评估，具体包括对招聘成本效益、录用人员、招募渠道、甄选方法效果等的评估。评估工作完成后，应对整个招聘工作进行书面总结，为后续招聘工作和人力资源管理的其他工作提供参考。

三、招募的渠道与方法

根据招募人员的来源不同，招募渠道可分为内部招募和外部招募，各有优缺点。一般来讲，应聘者条件相同时，应优先考虑内部招募。

（一）内部招募

1. 内部招募的含义及优缺点

内部招募是指在组织内部通过晋升、竞聘或人员调配等方式，由内部人员弥补空缺职位。

（1）内部招募的优点：①能够对员工产生激励，增强员工对组织的忠诚度和归属感；②能够缩短员工的适应期，晋升者或调职者能够在较短时间内熟悉工作；③所获得人员素质比较可靠，减少用人失误；④降低招募成本。

（2）内部招募的缺点：①易出现思维和行为定式，缺乏创新；②会导致任人唯亲；③易加剧企业内部的不良竞争；④选择范围较小，无法满足企业需求。

2. 内部招募的方法

（1）布告法。通过将岗位空缺信息张贴在公告牌、企业时事通信或局域网上，让员工清楚了解企业空缺职位，号召有才能、有追求的员工毛遂自荐。布告法给员工提供一个公平选择工作岗位的机会，有利于调动员工的积极性，强化员工的组织安全感，增强员工与组织的心理契约。

（2）推荐法。组织内部员工根据职位的需要推荐合适人选，供人力资源部门与用人部门进行甄选。由于推荐者对用人部门和被推荐者都比较了解，成功概率较大。推荐法对于招募专业性人才比较有效，其优点是招聘成本低，应聘人员的可靠性高。

（3）档案法。适合建立人力资源管理信息系统（建立电子化的“员工人才库”，实现员工职业信息的计算机管理）的企业。当企业出现职位空缺时，通过该系统能够迅速搜索到符合条件的候选人，供用人部门和人力资源部门选择。由于档案本身存储的是员工过往的客观信息，具有时滞性，缺乏最新的信息（包括人际技能、团队精神、品德等），因此使用时应适当结合其他的甄选方法。

（二）外部招募

1. 外部招募的含义及优缺点

外部招募是指从组织外部获取符合空缺职位工作要求的人员来弥补组织人力资源的短缺，或为企业储备人才。对一个组织而言，仅靠内部招募是不够的，还必须借助组织外部的劳动力市场，采用外部招募的渠道来获取组织所需的人力资源。

（1）外部招募的优点：①候选人员来源广，挑选余地大；②将新思想、新观点带入组织，促进组织开拓创新；③给原有员工带来压力，形成“鲶鱼效应”；④宣传企业文化，打造企业品牌。

（2）外部招募的缺点：①信息的不对称，增加了招聘难度和风险；②应聘者带来的文化可能与企业文化有冲突，出现“水土不服”；③外聘人员不能迅速进入角色，需要花时间进行培训；④易导致组织中具有胜任能力的员工积极性受挫。

2. 外部招募的方法

（1）广告招募。通过媒体广告向社会公开招聘人才，是应用最为广泛的外部招募方法。广告招募能够迅速打破时间与空间的限制，高效传达企业的招聘信息。招募广告的内容一般应包括广告标题、公司简介、招聘岗位信息、薪酬及福利信息、联系方式等。为吸引更多求职者的关注，招聘广告设计要遵循“AIDA”（Attention、Interest、Desire、Action）原则：A——能引起求职者对广告的注意（Attention）；I——能引起求职者对工作的兴趣（Interest）；D——能激发求职者申请工作的欲望（Desire）；A——鼓励和促使求职者积极采取行动（Action）。

（2）职业中介机构招募。职业中介机构是帮助用人单位招聘员工和帮助个人寻找工作的机构，主要类型有职业介绍所、劳动力市场、人才市场等。企业一般到劳动力市场、职业介绍所招聘“蓝领”员工，到人才市场招聘“白领”员工。职业中介机构具有介绍速度快、节省雇主时间的特点。在企业未设立专门的人力资源部时，可以借助中介机构求职者资源丰富且能够提供专业咨询和服务的优势。

（3）猎头公司。一种高级管理人员代理招聘机构，采取隐蔽猎取、快速出击的主动竞争方式，为雇主（公司）猎取高级管理或技术人才。通过猎头公司招聘人才需要支付昂贵的服务费，基本上为所推荐人才年薪的25%~40%。专业的猎头顾问阅历丰富（至少在外企担任过较高的职务），品行优良，严守行业规范和职业操守，具有高超的沟通能力。他们能够提供候选人才的真实情况并能进行坦诚交流，也能够为企业提供人力资源开发的指导性建议。

（4）校园招聘。大学毕业生作为职场新人，可塑性强，易于接受新的管理理念和文化。校园招聘通过举办专场宣讲会，传递组织的理念和文化，发布招聘岗位和薪酬待遇等信息，号召毕业生在线申请或现场投递简历，经笔试和面试，通过者到企业实习，期满后正式聘用。该方法有利于企业按照自己的计划开展招聘活动，给毕业生提供充足的准备时间，让毕业生有更多的选择。

（5）人才招聘会。用人单位通过社会举办的供需见面来招聘人才。在招聘会上，招聘单位和应聘者可以面对面交流，但仅限于初步接触，招聘者需要将大量信息带回进一步筛选。对大多数企业而言，招聘会效果并不理想，应聘者的数量和质量难以得到保证。更多企业在人才招聘会上只是为了举办宣传活动，借以达到向潜在的求职者提供招聘信息的目的。

（6）应聘者自荐。如果一个企业具有良好的企业形象和声誉，即使该企业没有做深入的招聘工作，也会吸引众多的求职者前来应聘。一些求职者会主动到他们倾慕的企业和单位毛遂自荐。求职者一般事先对公司及职位做了详细了解，一旦应聘成功，较容易适应新的工作环境，离职可能性相对较低。

（7）熟人推荐。“熟人”包括公司内的雇员、公司外的知情人（如离开公司的员工、合作伙伴企业、公司员工的亲人、客户等）。熟人推荐的优点：①推荐人对企业和被推荐者有一定的了解，在推荐之前已经对被推荐者做了一次筛选。②被推荐者也通过推荐者对企业有了一定的了解。该方法存在两个潜在问题：①如果所推荐的人被拒绝，推荐人对企业的满意度会下降。②推荐人数过多，容易形成小团体和非正式组织。

（8）网络招聘（在线招聘）。网络招聘因其不受地域和时间限制，具有高效、快捷、费用低、信息传播范围广等优势，可以大幅提升招聘的效率，成为大多数企业普遍采用的招聘方式。目前，网络招聘主要有两种方式：①在本企业主页设置专门的栏目发布招聘信息。部分企业的网页还提供在线申请功能，求职者可直接在网页上填写职位申请表。②注册成为人才网站（前程无忧、智联招聘等）的会员，在人才网站上发布招聘信息，收集求职者资料。网络招聘与传统招聘的比较见表4-1。

表4-1　网络招聘与传统招聘的比较

内容	网络招聘	传统招聘
招聘宣传	在人才网站、本企业网站或微信公众号等发布招聘需求，宣传费用低，招聘范围没有限制，信息更新及时；但可能出现虚假信息	通过报纸、杂志、电视等做广告，宣传覆盖面广，可信度高；但成本较大，信息传递具有滞后性
搜集、筛选简历	建立网络招聘平台，求职者直接在网上递交简历，企业在网上进行简历搜集和筛选，节约了求职者和企业时间、精力以及成本的投入	举办招聘会，现场投递简历或到用人单位直接投递简历，工作量大，耗时长，成本比较高
面试录用	可以通过互联网随时交流，但是企业和求职者之间很难有较全面的了解	求职者到招聘会现场或与企业面对面交流，相互了解较全面，录用效果好

（三）招募渠道的选择

内部招募和外部招募都是企业行之有效的招募渠道，内部招募倾向于“培养”人力资源，外部招募倾向于“购买”人力资源。两种招募渠道的优缺点见表 4–2。

表 4-2 内部招募与外部招募的优缺点

招募渠道	优点	缺点
内部招募	• 有利于被聘者迅速开展工作 • 可提高晋升者的士气 • 有利于保证选拔的正确性 • 可降低招募的风险和成本 • 可调动员工的工作积极性 • 充分利用内部资源 • 成功的概率高 • 有利于维系成员对组织的忠诚	• 易出现思维和行为定式，缺乏创新性，从而使组织丧失活力 • 易造成任人唯亲 • 招致落选者的不满 • 易引起内部斗争 • 选择范围有限，组织中最适合的未必是职位最适合的
外部招募	• 为组织注入新鲜血液 • 有利于突破组织原有的思维定式，利于组织创新 • 有利于平息和缓及内部竞争者之间的紧张关系	• 被聘者需要较长的“调整适应期” • 对内部员工的工作热情造成打击 • 被聘者可能对组织文化不适应 • 被聘者实际工作能力与选聘时的评估能力可能存在较大差距

内部招募与外部招募具体如何选择并无定论，应综合考虑企业发展战略、外部环境变化、所在行业及特点、业务部门要求、职位特点、人才战略、招聘预算与劳动力市场供给状况等限制性因素，确保招聘的有效性与经济性。

人力资源招聘的实践表明，内部招募与外部招募相结合会产生最佳的效果。具体到每个企业的结合力度主要取决于宏观环境、组织战略、企业文化、职位类别以及企业在劳动力市场上的相对位置等因素。一般来说，高层管理人员更需要保持稳定性，但因此导致的因循守旧、降低企业创新能力和适应能力的风险也很高。

第二节 员工甄选

一、甄选的原则与模式

应聘者的任职资格和对工作的胜任程度主要取决于他所掌握的与工作相关的知识、技能及其个性特点、行为特征、价值观趋向等因素。

（一）甄选原则

1. 因事择人

以组织需要、岗位空缺为出发点，根据岗位对人员的资格要求选用人才。坚持因事择人，才能实现事得其人、人适其事。若因人设事，会造成职位虚设、机构臃肿、人浮于事、绩效下降、用人成本增加的后果。

2. 人职匹配

每个岗位均有特定的工作内容、岗位规范和对从业者的素质要求，每个求职者也都有自己的从业条件和个人意愿。在招聘实践时要尽量实现人职匹配，这对降低离职率及招聘成本等有着积极作用。

3. 用人所长

"金无足赤，人无完人"，人才不等于全才、奇才。在人员甄选中要注意克服"求全责备"的思想，树立"只要置于适当的位置，人人皆人才"的观念。用人其长，关键看企业中是否存在用其所长的职位。

4. 德才兼备

德才兼备是历来用人的标准。"才"之核心是能力问题，涉及操作性；"德"之核心是能否努力为组织服务的问题，涉及方向性与目的性。人员甄选过程中要坚持德才兼备，同时克服两种错误倾向——重德轻才与重才轻德。

（二）甄选的模式

在甄选过程中，组织常常将多种测评方法和甄选工具相结合使用。人员甄选的一般模式主要有三种：补偿式、淘汰式和混合式。

1. 补偿式

每个应聘者接受所有的甄选测试，录用决策主要依据他们各项得分的总分和加权处理后所得分数。该模式允许应聘者用某一测评中的高分弥补另一测评中的低分。只要求对录用者的每一项资格水平做整体评定，并且各项能力均没有最低要求时，通常可采用该模式。另外，可根据各种能力的重要性及其与工作的相关程度等，对应聘者各项能力的得分进行加权，用加权分数来求总分，使测试结果更加科学。

2. 淘汰式

应聘者不用参加每一项测试，而是经过一轮测试淘汰一批不合格者，只有在所有测试中全部合格者才能被录用。该模式中，每一种资格水平作为独立的指标，不可以相互弥补，其中只要有一项不合要求即被淘汰。当工作所需要的各项能力、资格指标均要求达到或高于某一水平时，较适合采用淘汰式进行甄选。实际操作时，为了节省费用，可以考虑先进行花费较少的测试方法（如审查应聘人员登记表、笔试等），再进行选拔效果好但较为昂贵的方法（如评价中心技术等，仅用于小部分胜出者的选拔）。

3. 混合式

将补偿式与淘汰式结合起来进行选拔。一般操作如下：①采用淘汰式甄选模式对"最低门槛要求"进行资格筛选，如学历、等级证书、技能水平等；②采用补偿式甄选模式，对通过筛选的应聘者进行其他各种测试，效仿补偿式的测评程序，综合评定其各项能力；③考虑录用在以上甄选中都合格的候选人。

二、甄选的方法和技术

企业在获取求职者信息、评价其能力素质时，可以使用多种甄选方法和技术。具体来看，常见的甄选方法和技术包括简历及工作申请表初筛、传记资料清单、面试、选择测试、工作样本测试等。下面依照甄选程序中常见的顺序安排，对各种甄选技术加以说明。

（一）简历及工作申请表初筛

初筛通常是对求职者简历、求职申请表或网申材料的初步审查，用于确定求职者是否满足组织空缺职位所需的最低资格要求。例如，一家公司在聘用保安和运钞车司机时，使用初筛剔除未达到最低职位要求的求职者。剔除的标准包括是否拥有有效的驾驶执照、在过去5年间是否有犯罪记录、身体是否健康等。由于这些都是职位的最低标准，如果允许未达到上述标准的求职者进入后续的甄选程序，就是浪费时间。

工作申请表是一种能够迅速收集关于求职者的可证实信息的表格，它可以使雇主比较精确地了解求职者的历史资料，通常包括教育、工作经历等。工作申请表提供的信息与个人简历相似，但简历中仅仅包含求职者期望提供的信息，而工作申请表要求所有求职者提供统一的个人信息。不同的企业、职位需要的具体信息可能存在差异，但工作申请表一般包括姓名、地址、电话、申请者的工作经历和教育经历等信息。此外，表格中还应预先说明求职者承诺提供的信息都是准确、真实的，企业有权因求职者提供虚假信息而终止甄选程序；同时，求职者允许企业招聘人员进行背景调查以核实材料。

一张填写完整的申请表可以使招聘主管做出以下判断：①对一些客观性问题加以判断，如求职者是否具备该职位所需的教育及工作经验。②评价求职者过去的成长与进步情况，这对于管理职位来说特别重要。③通过求职者过去的工作经历，了解其工作稳定性。④判断哪些求职者更适合在本企业的哪些职位上工作。

为了提高工作申请表筛选的有效性和效率，企业在初筛时评分标准的高低应考虑求职者的数量和质量。当求职者人数众多且都符合基本任职资格要求时，可以通过理想的任职资格来减少需要面试的求职者人数。比如，想要招录能立刻接手工作的人，就用相关工作经验并取得较好工作绩效这一理想资格来进行初筛。对中小企业而言，为节约后期甄选费用，建议初筛后将每个职位的求职者控制在2～5人。

初筛可以通过计算机系统来进行，这将大大提高初筛的工作效率，节约后续的精力和支出。计算机处理求职者信息可以分为以下几个不同层次：

第一个层次的应用，是通过关键词对求职者提供的个人简历进行检索，剔除明显不合要求的求职者。例如，企业如果计划招录一名市场营销或销售人员，可能使用的检索关键词包括“商务沟通、客户服务、数据处理、渠道、预测库存、市场分析、费用控制、服务导向”等。对于需要某种专业证书的职位（比如教师），通过关键词筛选可以有效减少进入未来甄选程序的合格求职者人数。

第二个层次的计算机应用，是通过计算机网络进行电子化的初步筛选。有些企业通过互联网对年轻的、新媒体接受度较高的求职者（如大学生）进行初筛。例如，一家企业要求求职的大学生在招聘网页上回答40个问题，公司基于问卷得分决定是否给予其下一轮面试机会。该公司估计，使用这一电子初筛的方法，可以将5 000名求职者中明显不合格的25%剔除。

第三个层次的计算机辅助应用，是运用视频工具（如特定情境的录像资料），观察求职者对此的反应。

例如，某公司曾刊登招聘广告，针对公司的150个空缺职位招募适合的求职者，由此吸引了6 000名求职者的热烈回应。面对数量巨大的求职者蓄水池，该公司采用了电话初筛的做法，通过询问8个问题，剔除了3 500名求职者。其余的求职者则被要求到现场参加一项计算机辅助面试和一次个人面试。在计算机辅助面试中，求职者观看一个录像，其中包含三个为个人消费者提供服务的不同场景，求职者需指出其中的最佳做法。通过计算机辅助面试，该公司得以初步评价求职者的情绪控制能力，并指出在未来甄选中应予以关注的特定信息。

企业在根据简历、工作申请表初筛时，需要特别关注一些危险信号，包括夸大的教育程度和课程分数；不完整、不连续的就业经历和起止日期；自我雇用、独立咨询顾问的经历；在已停业企业的工作经历；工作经历表现出职责、薪资下降的趋势；特定的限定词，如“有机会接触……”“参与、协助……”等；过分夸大的个人技能、专长和经验；含糊的信息（以往受雇的企业地址不全）；等等。人力资源管理者需要在未来的面试、背景调查中进一步核查求职者自我报告中的信息。

（二）传记资料清单

传记资料清单（biographical data）在形式上类似于工作申请表，也要求求职者提供个人资料以供甄选。但传记资料清单使用的题项除了关注求职者的以往教育、工作经历外，还会收集求职者以往的生活经验、行为倾向，如个人生活的经历（家乡、近年来的搬家次数、换工作原因）、高中和大学生活（在校任职情况、参加的体育活动、学习的课程及擅长等）、兴趣等信息，所以，传记资料清单远比申请表的题项更多、更详尽。传记资料清单的一个重要假设，是不同求职者（员工）在人格特征、历史行为倾向上的相似性，会使其子群体中的未来工作行为具有相似性和一致性，因而可以用基于传记信息的个人历史资料来预测员工的未来绩效，这减轻了直接测评其人格特质、价值观、兴趣等的压力（比如，外向型的人既喜欢参与社团活动，也更有可能成为成功的销售人员）。传记资料清单与申请表初筛的另一个不同之处是企业以客观量化的方式使用和分析来自传记资料清单的信息。企业根据客观标准来评价每个题项并赋值，最后将各题项的得分加权合计为传记资料清单的总分。题项的权重取决于该题项与特定的工作绩效标准（如工作成果、任职期限、流动率以及某些不良工作行为）之间的统计关系，二者的相关性越强，题项的权重越大。

有研究表明，传记资料清单的使用范围上至技术和管理职位，下至非熟练蓝领工人，在预测科学家、中基层管理者、生产员工、行政职员和销售人员能否胜任工作上尤其有效。传记资料清单在用于预测求职者未来的工作绩效评级、生产率、晋升、任职期限、流动率、培训成功率时，有相当高的效度（效度相关系数在0.21 ~ 0.37）。传记资料清单的量表开发需要运用统计工具，开发成本稍高，但使用成本很低。以一项针对某大型保险公司员工流动问题的研究为例。在该项研究之初，公司基层员工的年流动率高达48%。研究者从公司人力资源部调来160份一般员工的个人信息，并将其分为两类：任职时间长的员工和短期内跳槽的员工。公司发现，部分个人传记信息与员工的工作稳定性高度相关。根据这一结论，管理者在未来可以根据求职申请表提供的个人信息，预测求职者的工作稳定性。

虽然传记资料清单有诸多优势，但其在管理实践中的使用远少于面试和心理测量。导致这一现象的重要原因是企业担心将个人信息与工作绩效间建立直接联系的做法易被视为甄选中的歧视行为，不具有合法性，且过多地触及私人问题，员工会感到隐私权受到侵害。将大数据用于人员的甄选，极大地扭转了这一局面。以互联网巨头谷歌公司为例，谷歌每年会收到数十万份简历，公司难以确定是否能根据GPA成绩进行初筛，找到最合适的求职者。因此，为了找到高绩效的最佳预测指标，谷歌开发了一个综合数据库，收集本企业员工的态度、行为、人格特征和其他人口数据，并与工作绩效建立联系。接下来，公司从求职者处收集同样的信息。这种分析工具帮助谷歌改善了人才质量，也被用于预测求职者在公司中成功的可能性。

（三）面试

面试是最常用的人员甄选方法，它通过面试官与求职者的口头交流来获取求职者信息、澄清来自其他渠道的信息，并据以评价求职者的任职资格。甄选程序中可能多次使用面试：初步面试是一次简短的、试探性面试，通常由人力资源专业人员完成，用于剔除技术、能力及工作偏好与职位明显不符的求职者，并向求职者说明职位相关信息；后续的雇用面试则是要补充资料以确定求职者与职位间的匹配度，此时可能由人力资源专业人员、空缺职位的直接上级或高层管理者来进行。面试方便易行、信息直观，提供了个人化的交流机会，并可能是了解求职者“社交能力和人际技巧”的唯一机会，因而在各类职位的甄选中被广泛使用。但研究表明，如果缺乏有效的组织和设计，面试极有可能是低信度、低效度、高成本的甄选工具，很容易受到面试官个人偏见的影响。

1. 面试应取得的信息

面试是求职者与面试官之间信息沟通和人际交往的过程，双方对面试有不同的期待和目标。具体来看，成功的面试要求面试官达成以下目标：①创造一个和睦、相互信任的面试环境和氛围；②获得与个人行为、绩效有关的求职者信息，以补充其他甄选工具无法提供的资料或澄清某些疑点；③向求职者介绍有关职位和组织的真实信息；④做出候选人是否适合空缺职位的决策。

在面试阶段，求职者期望达成的目标包括：①有充分机会说明个人具备的资格条件；②在面试过程中受到公平对待和尊重；③获知有关职位和组织的全面真实信息；④根据所知的信息判断此项工作是否适合自己。

为了达成面试目标，企业需要预先制订的面试计划，包括面试的时间地点安排、对各位求职者面试的侧重点、相关费用预算等。一般来说，有效的面试计划应确保面试场所相对独立，没有干扰；职位说明书得到及时更新；面试官还应预先了解求职者的个人信息，明确在面试中应获取、核实的信息等。

2. 面试的主要类型

（1）根据面试的组织形式，可以将面试分为结构化面试、非结构化面试和模式化面试三种。

1）结构化面试。结构化面试是指面试官提前准备好面试问题列表，严格按照事先设计好的程序对每位求职者进行相同内容和结构的面试，面试结果具有人际可比性。使用结构化面试可以减少面试过程中的不一致和主观性，也使面试官不易遗漏重要的问题。结构化面试特别适用于甄选过程的早期，从大量求职者中挑选合格人选。但由于结构化面试缺乏足够的灵活性，不适合后续雇用面试中对求职者个性化的信息需求。

2）非结构化面试。在非结构化面试中，面试没有应遵循的特定问题清单和固定模式，面试官根据面试的实际进程即兴提问。面试官可能询问以下问题：“请谈谈你自己。”“你的最大长项是什么？”“你的最大弱点是什么？”“如果你成为本公司员工，你会如何为公司做出贡献？”非结构化面试一般比结构化面试耗时更多，并且从不同候选人处所了解的信息会有很大差异。非结构化面试的效果在很大程度上取决于面试官的经验和技能，并且提问很容易偏离到与工作无关的领域。有研究表明，在人员甄选时，结构化面试比非结构化面试更为可靠和有效。

3）模式化面试。为了克服结构化面试和非结构化面试在灵活性、信息了解深度上的缺陷，也可以采用模式化面试（又称半结构化面试）。在面试过程中，面试官遵循预定的程序组织面试，提出一系列预先准备好的问题，但也会即兴根据情况调整问题顺序和内容。

（2）行为描述面试与情景面试。当面试官提出“以经验为基础的”问题，求职者需要说明自己在过去工作中遇到此类情境时是如何处理应对时，就被称为行为描述面试。使用行为描述面试，是因为管理者相信过去行为是未来行为的良好预测因子，过去行为也能用于评价求职者是否具备工作所需的特定“知识技能、行为、动机”。行为化面试官期望收集的完整行为事例应满足“STAR”方法的要求：对一个挑战性情境的描述（Situation）、说明待解决的问题 / 任务（Task）、求职者对此做了什么（Action）以及可测量的结果（Results）。行为描述面试在甄选有经验的员工时有以下优点：

1）它在法律上是安全的，因为涉及的面试问题与工作高度相关。

2）由于问题和答案都与成功的工作绩效相关，它有助于更准确地预测求职者在目标职位上成功的可能性。

3）当了解求职者的诚实、诚信等较为敏感的问题时，简单直接的询问无法得到有价值的信息，而行为描述面试有助于揭示求职者在面对道德困境时的实际行为选择。

4）行为描述面试还可以用于打破僵局。当存在多名拥有相似技能、经验和资质的求职者时，这一技术可以帮助甄选出最有可能表现卓越的求职者。

当然，面试官也可能提出“未来导向”的问题，询问求职者在遇到某种假设的工作问题时会如何应对，以此确定求职者是否具备相关的工作知识和技能，此时进行的是情景面试（见表 4–3）。有研究表明，这两类行为化的问题都有较高的甄选效度，但行为描述面试问题更有效。

表 4–3　行为描述面试及情景面试问题（示例）

测评维度	行为描述面试问题	情景面试问题
激励员工	请说明过去发生的事例：你必须鼓励一位员工完成一项他不喜欢做、但必须由他完成的任务。你当时是如何处理这种情况的	假设你知道你的一名下属很不喜欢某类工作任务，但现在你需要有人完成该任务，不巧的是，他是你能找到的唯一人选。你将如何激励他去完成该项任务
解决冲突	你与同事之间曾发生过的最严重的观点分歧是什么？你是如何解决的	假定你和同事之间就工作任务和时间安排产生了分歧，你会怎样解决这一分歧
克服变革阻力	你曾进行过的最困难的变革是什么？你是如何改变他人的想法和行为的	如果你的创意可以优化工作流程、降低运营成本，但有些同事不愿改变他们习以为常的工作方式。在这种情况下，你会怎么办

（3）正常面试与压力面试。正常面试的关注点在于当面试官与求职者沟通顺畅、融洽时的信息收集，面试官会努力减少求职者感受到的压力。与此不同，压力面试是将求职者置于压力之下，面试官与求职者之间处于一种带有敌意、对抗的关系，其目标是确定求职者将如何对工作上的压力做出反应。要使用压力面试，面试官应有控制局面的能力和丰富的经验。在典型的压力面试中，面试官提出一系列直率（通

常是不礼貌）的问题，置求职者于防御地位，使其保持心理紧张的状态。面试官通常寻找被试者在回答问题时的破绽，并集中针对这一薄弱环节提问，希望借此使被试者失去镇定。如果求职者对为何频繁变换工作提供了合理解释，就可以开始其他话题；相反，如果求职者表现出不信任和对抗情绪，就可以看作在压力环境下承受力弱的表现。压力面试可以有效剔除高度敏感、可能对正常批评做出过度反应的求职者，但同时应注意，仅在自控能力、处理压力的能力是完成工作必需的要素时，才应使用压力面试。

3. 面试官的常见错误

面试的有效性取决于实施面试的方式以及对面试收集信息的有效解读。面试官首次接触求职者、求职者有很强的印象管理动机（过度自我包装）、面试官的个人偏见等，都会削弱面试的效果。下面是面试官易犯的错误：

（1）不恰当的面试问题。面试问题应遵循的基本规则是“只问与工作有关的问题”。探查求职者的私人生活、个人观点的面试问题是不恰当的，而且收集无关、无益的信息，也是在浪费时间。对于更适合其他测评手段来评估的能力素质（如人格特质、智力等），不应纳入面试问题清单。

（2）过早做出决策。面试官常常在面试的最初几分钟，就会基于第一印象对求职者做出判断。很多面试官对自己快速判断求职者未来工作成功的能力高度自信，但实际上，面试官会在初次见面后的几分钟内，基于对方的外表、表情、态度、谈吐、声调等语言或非语言信息形成相对稳定的第一印象，并在掌握充分信息之前，过早做出求职者取舍的决策。面试官应不断提醒自己：求职者在面试期间的行为往往是非典型、不自然的行为，不应据此做出快速判断。

（3）过分强调负面信息。求职者的不利信息对面试官的影响远大于有利信息的影响。例如，面试官从对求职者的好印象转变为坏印象，要比从坏印象转变为好印象可能性更大。有研究发现，如果在面谈前曾收到对求职者不利的外部评价，大多数面试官都会给出“不通过”的面试结果，而不考虑求职者在面试中的实际表现。

（4）对职位缺乏了解。如果面试官对空缺职位的工作内容缺乏了解，就难以确定任职者的资格和素质要求，此时所做的招聘往往是无效的。详尽准确的任职要求有助于建立统一的面试标准，减少面试官主观偏见的不利影响。

（5）对比效应及面试顺序错误。面试评价的结果源自人际比较，因此，求职者的面试顺序会影响面试官的决策。当一位面试官先面试了几位勉强合格的求职者，再面谈一位条件不错的候选人时，可能会发生判断错误。通过比较，最后一位求职者可能显得比其实际条件要好得多。相反的情况也可能会发生。假定一位条件非常突出的求职者后面是一位条件较好的求职者，若前一位求职者拒绝了这份工作邀约，企业也仍然不考虑第二位求职者。此时，企业的决策与员工的实际潜力不一致，而与面试顺序有关。

（6）非语言沟通。人们用各种身体动作（如动作、手势、面部表情等）来表达思想和情绪。面试官往往会受到求职者表现出的非语言行为的影响。研究表明，面谈中有较多目光交流、微笑及其他非语言行为的求职者，得到的评价较高。由于非语言行为的影响，一位面试经验丰富但条件一般的应聘者可能会获得高度评价。

（7）面试官的时间压力过大。招录员工的紧迫程度对面试的决策质量也存在重要影响。在一项研究中，一群管理者被告知尚未达到招聘计划定额，另一群管理者则被告知已超出招聘定额。结果发现，有招录压力的前一组管理者对求职者的评价明显较高。

（四）选择测试

1. 能力测试

员工为完成工作所需具备的能力（及能力倾向）视职位性质的差异而不同，但大致上可以分为三类：认知能力、精神运动能力和身体能力。

（1）认知能力测试。认知能力测试是确定一个人加工、储存和处理信息的能力，进而测量其学习和实际完成工作的能力（或潜力）的测试。用于人员甄选的认知能力测试，主要评价三项通用能力：语言能力、数学能力及推理能力。语言能力是指个人理解、使用书面 / 口头语言的能力；数学能力是指个人分析解决与数量有关的问题的速度与准确性；推理能力是指个人在面对多种问题时，找出有效解决问题方法的能力。

（2）精神运动能力测试。精神运动能力包括精细动作控制能力、四肢协调性、身体（如手指）灵活性和反应时间等。由于员工在精神运动能力方面具有较大的个体差异，且这类能力与认知能力相关性很低，对于身体控制能力要求高的职位（如装配线的操作工）进行精神运动能力测试是很有必要的。斯特隆伯格敏捷性测试可以综合测量简单判断的速度和准确性，以及手指、手和手臂的运动速度。其他测试还有克劳福德小部件灵活性测试、明尼苏达操作速度测试和普度钉板测试。

（3）身体能力测试。自动化及其他科技进步已经大大减少了许多工作中的体力要求，但仍有些工作需要任职者具备特定的身体能力。在这些情况下，身体能力测试不仅有利于预测求职者的未来工作绩效，还有利于预测出现工伤事故的概率。身体能力测试中常见的测试内容包括肌肉张力、肌肉力量、肌肉耐力、心肌耐力和平衡能力。

2. 知识测验

知识测验评估的是个人在测验发生时已掌握的知识、信息和技能。知识测验的优点在于花费时间少、效率高、成本低，对求职者的知识、技术的考查较为有效，成绩评价比较客观。知识测验常用于对专业技术知识要求较高的职位（如医生、律师、会计师和公务员等），但知识测验无法评价求职者的未来学习潜力。

关于能力测试和知识测验，需要注意的是，合理、有效的测试工具虽然可以较准确地评价求职者的能力、知识和技能，但管理实践中，能力最强的人并不总是最出色的员工。员工的绩效表现还受到组织条件、员工个性、个人激励水平（动机）和努力程度的影响。因此，能力和知识不应成为决定企业取舍的唯一考虑因素。

3. 心理 / 人格测评

人格是指个人对环境刺激的反应方式及与他人交往的方式，它决定着个人心理行为（思想、情感、行为）的共同性和差异性。多年来，研究者识别、命名和考察了上千种人格特质，但多项近期研究表明，使用五项基本人格维度（即外倾性、随和性、责任心、情绪稳定性和经验开放性）就可以把握人格结构的主要方面（见表 4–4）。研究发现，个人的人格类型与其工作行为、绩效有着密切关系。例如，责任心描述了自我约束、自我激励的人格特征，可以很好地预测各类职位的员工绩效；外倾性可以预测社会交往较多的职位（如销售和管理类职位）的绩效；经验开放性则可以预测员工的学习能力和培训效果。由于人格具有稳定性和延续性，企业在甄选时往往会要求员工人格特质与职位要求的适度匹配。人格测评在企业甄选中的普遍应用，还与企业日益重视团队工作有关。团队工作组织方式下，员工之间的工作任务依存性、合作性提高，因而员工间的个性冲突会比个人独立工作时更普遍，也更具破坏性。团队工作环境下要求员工能创建和维护工作角色和关系，随和性、责任心、外倾性等人格特征有利于员工的角色承担和人际互动。基于这一考量，一些企业会尽量选择有相似价值观和人格特征的人组成团队，通过创建强团队文化来提高团队的和谐与凝聚力。另一些企业则希望团队成员具有不同的价值观和个性，以促进多元化的观点和内部冲突，从而激励创造力。

表 4-4　五大人格特质及其对应的形容词

五大人格特质	对应的形容词
外倾性	友善的、好社交的、健谈的、表情丰富的
随和性	谦恭的、信任他人的、和善的、宽容的、合作的、仁慈的
责任心	可靠的、有组织的、坚持不懈的、细心周到的、成就导向的
情绪稳定性	不沮丧的、安全的、满足的、平和的
经验开放性	好奇的、富有想象力的、有艺术敏感性的、活泼有趣的、思维活跃的

市场中充斥着多种人格测评，其有效性和普遍适用性存在很大差异，但根据其测评技术大致可分为两类：自陈量表法（又称问卷测验法）和投射法。自陈量表法给予被测者由多个具体情境或描述组成的标准化问卷，要求被测评者回答这些情况是否适用于对他们的描写，并据此衡量评价个性特征的水平，这一做法在人员甄选中极为常见。投射法则是使用多种意义不明确的图形、墨迹、数字、文字，要求被测评者在不受限制的情况下自然做出反应，由对反应结果的分析来推断受测评者的人格。研究表明，自陈量表虽然在人格测评中普遍使用，但在员工甄选时的有效性不高，其原因如下：①人们可能对自己的真实个性特征缺乏深刻认识，提供的信息不精确、不可信；②人们可能在不同的情境下表现出不同的个性和行为；③人们也可能因为个性测评被用于员工甄选而提供“伪装”后的信息（作伪问题），即求职者基于个人对组织文化、职位要求的理解，对其人格类型进行粉饰和包装。为了减少自陈量表的作伪问题，企业可以采取多种措施，比如：直接警告求职者提供真实信息，否则企业会使用其他方法来探查人格测评中是否作伪并给予相应处罚；或者使用强制选择法、社会赞许性题项来优化量表设计。此外，企业也可以将自陈量表获得的人格特征与其他甄选技术中获得的人格信息进行交叉检验。由于存在作伪的可能性，在仅使用自陈量表测评人格特征时，建议仅运用这些信息来剔除低得分者，而不一定要雇用所有的高分者。

（五）工作样本测试

工作样本测试是一种工作模拟方法，它直接测量求职者在执行部分实际工作任务时的表现。比如，要求程序员进行编程测试，要求出租车司机进行驾驶测试等。工作样本测试评价的是求职者“会做”什么（技能），而不是“知道什么”（知识）。工作样本测试可以用来评估专业技能（如操作各类设备的能力）、人际技能和管理技能。企业也可能使用工作样本测试来评价管理者的团队管理和人际技能。下面介绍的评价中心技术，可以被视为针对管理者的工作样本测试。

研究显示，工作样本测试的有效性很高。由于测评涉及具体职位的关键工作行为，求职者很难在测试过程中作假，企业可以准确判断求职者的相关工作经验；测试内容直接与实际工作内容相关，企业能较准确地预测求职者的未来工作绩效。然而，在实践中工作样本测试的使用远不如面试、知识测验、能力测试普遍。这是因为工作样本测试是针对具体职位开发的，测试的普遍适用程度低而开发成本较高，只有待测评的求职者数量少或招录关键岗位员工时，才有较高的经济合理性。出于节约成本的考虑，工作样本测试往往被安排在甄选后期、求职者人数较少的阶段。目前，由于信息技术的发展，越来越多的企业采用计算机模拟或网络测试的方式进行工作样本测试，特别是当工作具有危险性或求职者地理分布广泛时，这种测试方式尤其有效、可靠且降低了测试成本。

三、甄选工具的信度与效度

企业甄选求职者时，面临多种备选的甄选方法和技术，在时间和成本预算有限的情况下，企业必须确定甄选获得的员工信息既是可靠的，同时也能为甄选决策提供有价值的预测。因此，在选用甄选工具时，需要关注甄选工具的信度和效度。

（一）甄选工具的信度

信度是指一项测试工具（技术）在不同测试条件下具有的稳定性或可重复性。高信度的测评结果不因评价者和评价时间的变化而变化。如果甄选结果在不同条件下存在明显差异，甄选结果就是没有意义的。比如，企业可能对求职者的专业技能有要求，但两次笔试的结果存在明显差异（第 1 次 60 分，第 2 次 80 分），则难以评判求职者的实际水平如何。在实际运用时，如果一项甄选工具的可信度低，其效度也低，不宜作为甄选依据；反之则不然，信度高的预测指标并不能作为有效的甄选标准，因为其可能与高工作绩效不相关（如体重是高信度指标，但不能预测未来绩效）。

估算测试工具信度的方法很多：可以在两个不同的时间点对同一求职者实施同一测试，比较时点 1 和时点 2 测试分数的相关系数，这称为再测信度；也可以在实施测试后，再实施专家认为与前一个测试等值的测试，这称为复本信度。当测试工具依赖于个人判断时（如面试），信度通常利用不同评价者间的一致性来评判，即两个或多个面试者的评价结果是否有明显差异。

测试工具的信度受到多项因素的影响，这些因素大致有两类：行政性因素和技术性因素。行政性因素主要包括候选人的情绪和身体状况不同（如身体不适、紧张等），甄选过程的信度会受到损害；求职者与主试者未建立和谐的关系，信度也会受到不利影响；有时求职者被问及一些模糊或易混淆的问题，信度也会降低。技术性因素对信度的影响因素包括：①求职者团体的异质性和团体的平均水平。若测量该属性所得分数的范围和差异较大，则测试的信度较大。②测试问题的难度。一般地，中等难度的问题测量信度最高，这是因为若问题太简单，大部分求职者都会给出正确的答案，个人差异很小，难以分辨，但难度过高的问题会难倒大部分求职者，个人差异同样很小。③测量的时间长度。测量的时间长度和测量项目增加，信度也随之提高。

（二）甄选工具的效度

甄选工具的使用是为了获得有价值的测试结果以提高甄选决策的质量。显然，测试结果不仅应是可靠的、稳定的，还应包含关于员工未来工作效能的信息。效度是指测评的准确性，它回答的问题是"这项测试衡量了它想要测试的内容吗"。效度通常被称为相关系数（取值在 -1 ~ 1），它表明了两个变量间的联系，如甄选测试分数与员工绩效评级间的联系。高效度表明求职者在测试中的得分是对此人未来工作绩效的有效预测指标。因此，效度是企业选择测试工具的重要依据。以往研究显示，甄选工具的相关系数一般为 0.3 ~ 0.6。企业在选择测试工具时，常用的效度包括效标关联效度和内容效度两种。

1. 效标关联效度

效标关联效度反映了甄选工具的测试结果（如分数）与实际工作成果（效标）的相关程度。如果测试分数与工作成果高度相关，说明依据测评工具的结果得出的（甄选）结论有效。常见的工作成果包括工作的数量和质量、工作调动和缺勤情况、工作满意度、服务期长短等。根据效标资料获取的不同时点，效标关联效度可进一步划分为同时效度和预测效度两类。

（1）同时效度。在同时效度的分析中，甄选工具的测试分数与工作成果（效标）的信息基本上是同时取得的（见图 4-3）。企业根据计算出的特定甄选工具的同时效度，确定相关预测指标能否对求职者的未来绩效进行成功预测。例如，A 公司拥有当前员工的工作绩效信息。公司期望在甄选过程中引入一项新的销售技能测试，但无法确定该测试的效度。为计算同时效度，公司对所有在职销售人员使用该技能测试，如果销售技能测试的成绩与员工实际销售绩效之间高度相关，就说明该技能测试的同时效度较高，可用于未来的销售人员甄选程序。同时效度的测量方便易行，可以很快地确定测评工具的效度，并用于员工甄选实践。

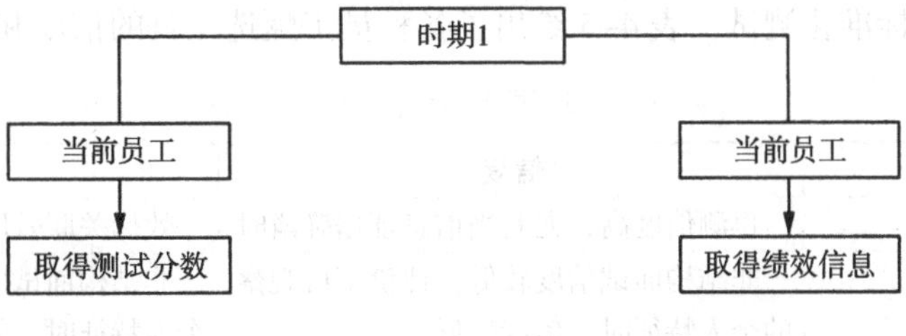

图 4-3　同时效度的设计

（2）预测效度。与同时效度不同，预测效度是以求职者为样本来获取测试分值和效标信息，进而计算效标关联效度的方法。企业为了评价一种新测试工具（如心理测试）的效度，可以使用新工具对求职者进行测试并记录测试分数。但由于新方法的效度未知，甄选决策仍以原有甄选工具（如面试）的结果为依据。经过一段时间的工作，企业收集上述求职者的实际工作绩效资料，并将其工作绩效（效标）与心理测试结果相比较，如果二者之间存在较强的相关性，可以在未来的甄选程序中应用心理测试方法（见图 4-4）。由于直接以求职者为考察对象，预测效度克服了同时效度的一些缺陷，但这一测评过程在时间耗费和复杂性方面远超过同时效度，仅适用于短期内招录人员较多的大型企业。

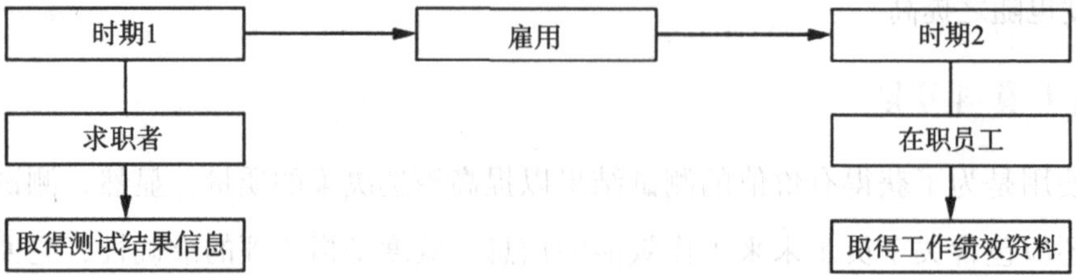

图 4-4 预测效度设计

2. 内容效度

内容效度，是要证明在测试中所设计的题项、所提出的问题，能很好地代表实际工作情境或在实际工作中存在的典型问题。在实际的操作过程中，设计的测试不可能包含所要测量的行为领域的全部可能性，所以只能选择一个有代表性的样本，通过观察被试者对个别题目的反应，来推测其总体行为表现。例如，针对秘书文员类的工作采用打字测试，就是内容效度较高的做法；但同一测试用于甄选销售代表，则可能缺乏内容效度。由此可见，针对具体职位设计的工作样本测试，往往具有较高的内容效度。

内容效度适用于能力、成就和知识类的测试，评价求职者目前是否有足够的知识、技术或能力应对将来工作中可能面临的问题，但内容效度不适用于对抽象的个人特征（如领导力、诚实、智力等）的评价。内容效度主要通过专家判断来测定，它所提供的效度信息虽然不如通过实证手段测定的效标关联效度那么可靠，但在样本数较小、无法取得效标关联效度时，内容效度就成为评价甄选工具效度的唯一方案了。

很长时间以来，人们并不太关注测试工具的效度问题。人们假定，测试工具是普遍使用的，因而就是有效的，这种思想的长期存在使不少试验工具在没有充分证明其效度之前就被广泛运用。对企业而言，选择测试工具的一个准则应当是：只有当测试被证明是有效的时候，才应被用于甄选过程。最有效的测试，是企业为了特殊的情景而特别设计的测试。但在大多数情况下，企业因费用、技术等方面的原因，无法根据自身的特殊目的设计专门测试。此时，企业只能从其他途径去获取测试的效度信息，如使用过去已用过的、证明有效的标准化测试。表 4–5 给出了各种员工甄选工具的信度和效度。

表 4–5 员工甄选工具的信度和效度

甄选方法	信度	效度
个人简历与工作申请表	再测信度高，尤其当信息证据确凿时	效标关联效度较高，但内容效度较低
面试	非结构面试信度较低；评价不可观察的个人特征时，信度较低	非结构面试效度较低；评价不可观察的个人特征时，效度较低
认知能力测试	高	效标关联效度中等，不适用于内容效度
人格测试	高	对大多数人格特征而言，效标关联效度较低；不适用于内容效度
诚实性测试	缺乏具有独立性的证据	缺乏具有独立性的证据
工作样本测试	高	效标关联效度和内容效度都很高
身体能力测试	高	效标关联效度中等，对某些职位的内容效度较高
证明材料核实	低，尤其是采用推荐信核实时	低，缺乏评价的范围限定

复习思考

1. 员工招聘的程序有哪些？

2. 员工招聘有哪些渠道和方法？

3. 员工甄选程序中包括哪些重要的决策？

4. 甄选方法包括哪几项内容？

第五章 员工培训与开发

学习目标

1. 了解员工培训的类型及基本内容。
2. 掌握员工培训的需求。
3. 学会制订培训计划。
4. 掌握员工培训的实施方法。

案例导入

海尔是如何做新员工培训的

海尔作为一个世界级名牌企业，每年招录上千名大学生。海尔对新员工实行10/10的人才管理原则，奖励前10%的员工，淘汰后10%的员工，真正优秀的员工绝大部分会留下来，其中培训起到很大的作用。海尔的新员工培训是如何进行的？

第一，稳定员工心态。毕业生新到一个与学校完全不同的陌生环境，总会有些顾虑：待遇与承诺是否相符，会不会得到重视，升迁机制对自己是否有利，等等。在海尔，公司首先会肯定待遇和条件，让新人把“心”放下，做到心里有“底”。接下来组织新、老大学生见面会，人力中心、文化中心和旅游事业部的主管领导与新人面对面地沟通，使新员工尽快了解海尔，解除他们心中的疑问，不回避海尔存在的问题，并鼓励他们发现、提出问题。另外，还与员工进行职业发展规划、升迁机制、生活方面等问题的沟通，让员工真正把心态端平、放稳。

第二，鼓励员工说出心里话。让员工把话说出来是解决矛盾的最好办法。如果连员工在想什么都不知道，解决问题就没有针对性。开辟“绿色通道”是个不错的方案，可以使他们的想法第一时间反映上来。海尔给每位新员工都发了“合理化建议卡”，员工有什么想法（无论制度、管理、工作、生活等任何方面）都可以提出来。对合理化的建议，海尔会立即采纳并实行，对提出者还有一定的奖励。而对不适用的建议也会积极回应，因为这会让员工知道自己的想法已经被考虑过，他们会有被尊重的感觉，更敢于说出自己心里的话。在新员工建议中，有的居然把“蚊帐网眼太大”问题都反映出来了，这也从侧面表现出海尔的工作相当到位。

第三，培养“家”的感觉。“海尔就是要创造感动”不只是一句口号，领导对新员工的关心到了无微不至的地步。新员工军训时，人力中心的领导会给他们的水杯盛满酸梅汤，让他们在休息时就能喝到；集团的副总专门从外地赶回来的目的就是和新员工共度节日；集团领导对员工的祝愿中有这么一条“希望你们早日走出单身宿舍”；海尔为新员工统一过生日，每个人都得到一个温馨的小蛋糕和一份精致的礼物。首席执行官张瑞敏曾特意抽出半天时间和700多名大学生共聚一堂，沟通交流。对于长期在外漂泊、对家的概念逐渐模糊的大学生（一般从高中就开始住校）来说，海尔所做的一切又帮他们找回了“家”的感觉。

第四，树立职业心。一个员工真正认同并融入企业后，就该引导员工树立职业心，让他们知道怎样去创造和实现自身的价值。海尔对新员工的培训除了开始的导入培训外，还有拆机实习、部门实习、市场实习等一系列的培训，海尔花费近一年的时间来全面培训新员工，目的就是让员工真正成为海尔“躯体”上的一个健康的“细胞”，与海尔同呼吸、共命运。

第一节　员工培训与开发概述

一、培训与开发的定义

（一）培训的定义

关于培训，不同的学者给出了不同的定义，具有代表性的说法有以下几种：

加里·德斯勒认为，培训是给新员工或现有员工传授利于其完成本职工作所必需的基本技能的过程。

罗伯特·马希斯认为，培训是企业与员工个人的共同投入，是人们获得有助于促进实现企业目标和个人目标的技术或知识的学习、训练过程。培训使员工获得既可以用于当前工作又为未来职业生涯所需的知识和技能。

基普认为，员工培训与发展是人力资源管理运作的内在组成部分，是对人的一种投资。英国工业培训局提出了“系统化培训”，其特点是从明确员工的培训需求入手，通过脱产培训，使员工有更加积极的工作态度，掌握更专业的知识与技能。

乔治·威斯特认为，培训的实质是对学习过程的管理，即为保证员工和团体有效率地工作，对其工作、知识、技能、观点加以提高和丰富的过程。

托马斯·贝特曼认为，培训包括两个层次：一般性培训重在使受教育水平低的员工知道如何完成本职工作；发展性培训重在提高管理人员与专业人员的技能，使其既能做好现在的工作，又能胜任未来的工作。

综上所述，培训可以看成是一种有组织的知识转移、技能转移、标准交付、信息转移、信念转移和管理培训的行为。其中，技能转移是重点，是公司人力资源管理的一项活动，旨在提高员工的能力，包括对工作表现至关重要的知识、技能和对工作绩效起关键作用的行为。传统意义上的培训关注实现企业的短期目标，提高员工当前的工作绩效，重点是培养员工的工作技能，使其掌握基本的工作知识、方法、步骤和流程，具有一定的强制性。

（二）开发的定义

关于开发（也称发展）的概念，原来是指培养和提高管理者的相关素质（如创造力、全面性、抽象推理能力、个人开发技能等），现在一般是指对员工进行正规教育、在职学习、人际交往以及对员工未来发展的个性和能力的评估与提升。开发或发展的重点，是培养和提高员工适应新技术、适应工作设计、客户或产品市场带来的变化，提高他们面对未来职业发展需要的能力，帮助他们更好地发展。员工开发强调的是鉴于未来的工作而对员工提出更高的要求。因此，人力资源的开发包括以下几方面的含义：

第一，开发的对象是人的智力。人类的智力不像自然资源那样客观、有形，而是一种无形和无质的思维能力。

第二，人力资源开发的对象与自然资源开发的对象不同、方法不同。自然资源的开发是通过各种劳动（生产）工具的开采和加工手段进行的，其目的是将自然资源转化为能够满足人们需求的资源。自然资源开发中，人是开发的主体，自然资源是开发的对象。人力资源的开发是通过教育培训、鼓励和科学管理等方式进行的，其目的是提高人们的才能和积极性，使人们可以进行的劳动越来越复杂，使自然资源转化为更多的劳动和更多的社会财富。因此，人既是开发的主体，又是开发的对象。

第三，人力资源开发活动无穷无尽。一方面，人类通过繁衍而永远存在，所以人类才能的开发将会无限期地延续下去；另一方面，对于个人来说，大脑的思维能力理论上是无限的，人类社会多年来的进步证明了这一点，因此个人才能的开发是无止境的。然而，就特定的资源而言，其开发潜力是有限的。

第四，人力资源开发是一项复杂的系统工程。复杂性表现在人有时是开发的主体，有时又是被开发的对象，更多时候既是开发的主体，又是被开发的对象，而且自己可以开发自己。复杂性也体现在人力资源开发的各种因素上：首先是受主观因素的影响，愿意自我开发或接受开发；其次是客观因素，如政治环境、经济条件、技术、教育知名度和质量、文化传统等。因此，只有统一协调，切实运用各种手段，才能达到开发的目的。

综上所述，人力资源开发是指企业在现有人力资源的基础上，根据企业战略目标和组织结构的变化，对企业的人力资源进行调查、分析、计划、调整和改进，使人力资源管理更加高效，为企业创造更大的价值。

对于企业而言，培训与开发都是注重员工个人与组织当前和未来发展需要相匹配的重要的人力资源工作，因此员工的培训与开发同等重要。在人力资源管理实践中，人们在使用这两个术语时，往往不做严格的界定与区分，而且随着培训工作越来越具有战略性，员工培训与员工开发之间的界限也日益模糊（见表 5–1）。本书所提到的培训一般都包括培训与开发。

表 5-1 人力资源培训与开发的比较

比较因素	传统的		现代的	
	培训	开发	培训	开发
侧重点	当前	未来	当前与未来	当前与未来
工作经验	低	高	高	高
目标	当前工作	未来变化	当前与未来变化	当前与未来变化
参与	强制性	自愿	自愿	自愿
高层决策管理者	开发		培训与开发	
中层管理者	开发		培训与开发	
专业技术人员	培训		培训与开发	
基层员工	培训		培训与开发	

二、培训的类型和基本内容

（一）培训的类型

依据不同的评判标准可以对培训进行分类。最基本的是按照培训对象的不同，可将培训分为新员工培训和在职员工培训。

1. 新员工培训

新员工培训即岗前培训，是为新入职准备上岗的员工提供有关企业和工作岗位的基本背景情况的培训，起着导向性的作用。岗前培训的内容是初级的，目的是帮助新员工“入门”，其内容一般包括规章制度、企业概况、产品知识、行为规范、共同价值观等。新员工培训的重点如下：

（1）基础性培训。其目的是使新员工具备一名合格员工的基本条件。新员工要了解企业基本背景资料，认识企业的产品或服务，熟悉企业的规章制度等。

（2）适应性培训。新员工加入企业后，所面临的环境发生了很大的变化，为解决角色转换的困难，缩短角色转换的时间，实施职前培训是非常必要的。

（3）非个性化培训。培训的内容是以企业的要求和岗位的任职条件为依据的，较少考虑新员工之间的具体差异，培训的内容和要求是统一的。

2. 在职员工培训

这是对已具有一定教育背景并已在工作岗位上从事有酬劳动的各类人员进行的再教育活动，也称职工教育，是对企业内部具有劳动关系的劳动者所进行的提高教育。在职员工培训的重点如下：

（1）专业性培训。这是结合每个员工的岗位分析书和绩效考核结果进行的培训，目的是提高员工的专业性工作能力和水平。

（2）提高性培训。这是针对企业的发展目标和任务以及不同员工的工作能力、绩效的评估结果进行的改进和提高性质的培训。

（3）差异性培训。这是在培训的计划、内容、方式等方面，对员工进行有针对性和差异性的培训。

还可以按照其他角度时对在职员工培训进行划分：按照培训形式不同可分为在职培训和脱产培训，按照培训性质不同可分为传授性培训和改变性培训，按照培训内容不同可分为知识性培训、技能性培训和态度性培训。

（二）培训的基本内容

合理的培训内容才能实现培训目标，提高组织的工作绩效。一般影响组织工作绩效的因素可分为三类：一是员工所获得的知识，包括理论知识和业务知识；二是员工的业务技能；三是员工的态度，包括责任、敬业、奉献、对组织的忠诚等。事实上，这三类因素构成了员工培训的基本内容。

1. 知识培训

与工作相关的知识是人力资源培训的主要内容，组织应通过各种形式的培训使得员工学习和掌握相关知识。具体来说，有以下几点：

（1）具备完成工作所必需的基本知识。

（2）了解企业的经营状况和发展战略、经营方针、规章制度、市场竞争情况。

（3）知道如何处理工作中出现的问题。

（4）明确工作职责，熟悉与工作相关的科学技术的发展现状。

（5）学习如何节约和控制成本，提高企业效率。

（6）培养和掌握一定的管理知识，如策划、组织、领导、协调、控制等。

2. 技能培训

从事本职工作的员工需要掌握熟练的业务、人员交流等技能，除了在具体工作中学习外，主要还是通过培训获得。具体来说，有以下几点：

（1）熟练掌握本岗位所需的基本技能，包括熟练的工艺技能。

（2）熟练运用各种生产、管理技术，处理与本岗位有关的技能问题。

（3）学会在更加复杂多变的生产经营形势下认清真相、提出解决问题的方案。

（4）积累工作环境中处理各种问题的经验。

（5）学会合作沟通，提高创造性解决问题的能力。

（6）形成有意识地、系统地运用策略和程序去思考、计划、检查以及评估工作问题的技能。

（7）学会运用企业管理技术、生产技术、工程技术、生产工艺技术服务于企业效益。

3. 态度培训

态度是影响工作绩效的重要因素，员工适应组织文化和工作需求的能力主要取决于培训。对新员工来说，态度培训尤为重要。态度培训的主要内容包括以下几个方面：

（1）认识自己，处理好个人与他人、个人与企业的关系，建立自信。

（2）如何正确选择、分析和把握自己与公司的未来。

（3）如何确定和实现自我职业的奋斗目标。

（4）如何对待自己的工作、上级、下属、下属公司或团队。

（5）如何应对挑战、变化和责任。

（6）树立正确的人生观、价值观和工作责任感。

（7）学会以勤勉友好的态度对待客户和同事。

（8）培养良好的团队精神，建立良好的分工合作意识，学会合作。

一般来说，每个企业都有适合自己的特定文化和行为，如价值观、企业精神（团队精神、职业精神等）、人际关系。为了使企业的绩效最大化，所有的员工都必须被认可并有意识地融入这种氛围中。首先，必须确定明确的培训目标，通过岗位分析和人员分析，找到最有效的方法和技术，适合企业的发展和每个员工态度、行为的变化。其次，在日常工作中，应该注意建立一种典型的促进积极态度的氛围。最后，通过员工积极的工作态度来实现个人目标和企业目标，并对其他员工进行启发和影响，培养全体员工对企业文化的认同和融合。

三、培训的目的和基本原则

（一）培训的目的

企业培训的根本目的是实现绩效提升和可持续发展，即一方面要满足企业发展的需要，另一方面要满足员工个人职业发展的需要。

企业员工的素质、能力、态度、行为会影响员工和企业的绩效，员工的素质、能力和态度一般是由员工的学习和社会实践决定的。不同的员工有不同的动机，动机引起员工的行为，其中，态度影响动机的作用尤为强烈，因而员工的动机、行为会直接影响员工的绩效。因此，培训的基本目的是让员工增加知识、提高技能、建立正确的态度。其中主要以建立正确的态度为突破口，这样才能激发员工正确又强烈的动机，进而产生积极、持久的行为，最终达到所希望的绩效。

目前，一些企业在选择培训项目时，往往比较偏重员工知识与技能的提高，甚至有些企业片面追求证书和学历，这样的结果使企业投资不少，但绩效并不理想，造成培训投资的失误。

培训的目的具有系统性和层次性。系统性是指目的包括根本目的和子目的，根本目的的达成是必须实现相应的子目的；层次性是指对员工的培训要循序渐进、分层次地进行。企业在员工培训活动中要目的明确，系统地、有层次地设计员工培训的实施方案。

（二）培训的基本原则

企业员工培训的成功实施必须遵循其基本原则。培训的形式和内容虽然不同，但基本原则是相同的。为了确保培训和开发的方向不偏离企业的预期目的，企业的培训必须遵循以下基本原则。

1. 企业战略导向的原则

人力资源是企业的战略性资源。战略导向的原则有两层含义：一是企业培训必须服从企业的总体发展战略规划，服务企业发展战略的实现；二是企业培训本身必须从战略的角度组织、规划和推进，不能只局限于某一个培训项目或培训需求。企业必须树立战略观念，根据企业发展战略目标制订培训计划，与企业长远发展战略目标紧密结合。

2. 长期持续推进的原则

企业的可持续发展是一个长期推进的过程，人力资源是企业可持续发展的第一支撑资源。人力资源培训需要企业投入大量的人力和物力，这可能会对企业当前的工作产生一定的影响。有些培训项目立竿见影，但有些培训项目旷日持久。因此，要正确认识智力投资与人才发展的长期性和可持续性，必须树立以人为本的管理理念，做好人力资源持续性培训的开发工作。

3. 符合员工成长和工作需要的原则

企业员工培训必须与实际工作任务和岗位需要紧密结合，与培训对象的年龄、知识结构、能力结构、职责任务、工作绩效和思想道德状况密切相关。培训的内容、方式、方法必须符合员工个人成长和工作的需要，不应概念化或泛化。要特别注重培训开发的实效，将培训的内容、方式、方法、评估与培训后的使用联系起来，使培训的效果能体现在实际工作中，以达到培训的目的，否则，会造成人力和物力的浪费，使培训失去意义。

4. 全面性和差异性相结合的原则

企业的发展依赖所有员工的工作绩效，因此在培训开发的组织中，必须坚持长期的全面培训和不同时期、不同岗位的重点培训相结合。全面培训，就是有计划、有步骤地开展对所有员工的培训开发，全面提高员工的素质能力和工作绩效。与此同时，必须区分不同时期、不同岗位、不同任务、不同员工的差异性，根据企业业务结构的调整变化及未来发展趋势，安排不同的培训开发内容、方式、方法等，特别是要重点搞好管理人才、技术人才、业务骨干的培训开发，提升企业的核心竞争力和持续竞争态势。

5. 激励员工参与和严格考核的原则

企业员工自觉积极参与企业的培训开发，是保障培训开发效果的重要途径。因此，企业必须采取有效的激励机制与政策，将培训视为一种激励手段，充分调动员工参与的积极性和自觉性。严格考核是保证培训质量的必要措施，是检验培训质量的重要手段。因此，企业必须实行科学合理的考核评估制度和方法，做到培训考核结果的公开、公正、公平，特别是将员工参加培训开发的考核结果与员工的岗位变动、职级调整、报酬激励、福利分配、特殊利益权利相结合，让员工在接受培训的同时感受到个人成长和企业发展的重要性，激发员工的自我价值意识，创造员工职业发展的机会和条件。

6. 长期和短期投资效益平衡的原则

人力资源培训既是企业的一项长期投资行为，又是企业人力资本投资活动，与企业的其他投资一样，也需要从投入和产出的角度考虑投资收益，包括长期收益和短期收益。按照培训和开发的区别，培训的投资与收益往往具有短期性特征，开发的投资与收益具有长期性特征。因此，人力资源培训的投资既要保障短期收益，又要注重长期收益，要合理安排人力资源培训开发的投资。同时，通过科学合理的管理，努力实现人力资源投资的合理配置和收益最大化。

7. 培训效果反馈和强化的原则

培训效果的反馈和强化是培训不可缺少的环节。培训效果的反馈是指在培训后对员工进行检验，其作用在于巩固员工学习的技能、及时纠正错误和偏差，反馈的信息越及时、准确，培训的效果就越好。培训效果的强化则是指针对反馈对接受培训员工进行的奖励或惩罚。其目的一方面是奖励接受培训并取得绩效的员工，另一方面是加强其他员工的培训意识，使培训效果得到进一步强化。

四、培训的作用和影响因素

（一）培训的作用

员工是企业最大的财富，这在知识经济时代早已成为不争的事实。但是，在新的竞争环境中，企业如果仍以坐拥而足的态度对待手中的"财富"，不仅会丧失资产的升值性，还会增加资产流失的风险。一项专门的调查研究表明：企业投入人力资源的开支和得到的回报比率竟高达33.33%，完善的培训不仅提高了员工的积极性和创造性，增加了企业产出的效率和价值，而且提高了员工本人的素质和能力，从而增强了企业的凝聚力。

培训的作用主要体现在以下几个方面。

1. 能够提高员工的素质和能力

在科技发展迅猛、市场竞争空前激烈的今天，企业要想取得竞争性优势，就必须正视知识技能更新与市场情况快速变化的现实。高素质员工已成为实现企业目标极为重要的因素，而通过培训，提高员工素质，使他们胜任工作，才能使企业的发展目标得以实现。

2. 能够提高企业员工的士气

虽然企业的员工有不同的层次、职位和背景，但他们中的大多数人都渴望丰富自己，从而提高自己的综合素质，充分发挥自己的潜能，这是现代市场经济社会一个极其重要的特征。员工的自尊和自我实现的需求一旦得到满足，就会转化为一种深刻而持久的驱动力，士气倍增。可以说，培训是最直接、最彻底的员工需求满足方式。

3. 能够减少员工流动性和提高工作效率

成功的培训可以提高企业员工的主动性和积极性，同时通过提高员工的知识、技能和素质，让员工喜欢并留在正在学习和成长的工作岗位，减少人员流动，增强员工对企业的归属感和主人翁意识，还可以有效地减轻员工的心理压力。

4. 能够提高企业的经济效益

通过培训改善人力资源质量，可以使企业效益大幅增加。美国经济学家舒尔茨在其"人力资本学说"得出过这样的结论：只要企业开始有效利用人力资源，并挖掘迄今未发挥的潜力去实现企业的目标，则职工个人生产率提高50%并不罕见。因此，视培训为回报率极高的投资，而不仅仅是成本，是现代人力资源管理中的一个重要思想。

5. 有利于员工的职业生涯设计与发展

目前，企业员工的职业生涯已从单一型转向复合型，每个员工都有自己的奋斗目标，追求自身的理想与价值。因此，员工渴望掌握新的知识和技能，并由此获得更高的报酬和待遇。企业可以通过培训直接或间接地满足员工的需求，一方面可以完善员工的个人能力，另一方面也可以降低优秀员工的流失率。

6. 可建立优秀企业文化和学习型组织

员工的培训，能够使员工逐步理解并接受企业的优良传统和企业精神，有效地贯彻企业的战略目标，使员工的思想观念和行为有利于企业的运转，和企业融为一体，共同求得生存与发展。企业培训能够为员工创造良好的学习环境，促进整个企业的学习欲望和信息共享，这是创建学习型组织的前提条件和必要手段。

7.形成企业核心能力和竞争优势

企业培训能够改变员工的知识、技能、态度、忠诚感、学习能力与创造性等。从广义上说，这些都是人力资本的构成要素，而人力资本与企业资本共同成为企业核心能力的来源。因此，培训能够帮助企业打造核心竞争力，最终形成企业的竞争优势。

（二）培训的影响因素

1.外部影响因素

（1）政府的政策法规。在任何一个国家，政府都会颁布一系列有关企业员工培训的政策法规。有些国家规定，企业的员工必须经过某些培训，或规定每位员工每年最低培训时间，或规定哪些岗位上的员工必须经过专业培训等，企业必须参照执行。

（2）社会经济发展水平。一般来说，一个地区的经济发展水平较高，对使用的人力资源要求也较高。同时，经济发展水平比较高的地区，无论是政府还是企业组织的培训开发投资能力也比较强，往往培训也比较多，进而推动当地经济发展，成为一种良性循环。而在经济发展水平较低的地区，情况正好相反，这是一些地区经济发展水平差距拉大的一个重要原因。

（3）科学技术发展状况。一般来说，随着科学技术发展水平越来越高，对于企业员工的技术水平和能力的要求也不断提高，企业的竞争越来越体现在员工技术水平和能力的竞争。因此，企业员工的培训越来越受到重视，培训开发的项目越来越多，要求越来越高。人们越重视科学技术的作用，就越愿意接受培训。

（4）工会的权利与义务。工会的一项主要任务是保护员工的利益，而培训既可以提高员工的素质，满足员工自身发展的需要，又可以提高员工的技能，增加员工的收入，改善员工的生活。工会促进培训是理所当然的事，尤其当员工下岗或失业时，工会在促进培训方面的作用将更大。

（5）劳动力市场的供求情况。一方面，劳动力市场的供求状况影响企业员工培训的作用是巨大的，当劳动力市场有大量符合企业需求的人力资源时，企业会自然而然地忽视培训，而当劳动力市场缺乏企业需求的人力资源时，企业又不得不重视培训。另一方面，劳动力市场的流动性影响企业的员工培训，在企业的人力资源流动性加剧的情况下，企业为了提高劳动生产率、留住人才，往往会重视员工培训。

2.内部影响因素

（1）企业的前景与战略。一般来说，企业的前景与战略远大，就更加重视员工培训。反之，一些企业没什么前景与战略，就容易忽视员工培训。

（2）企业的发展阶段。企业的发展阶段主要可以分为启动期、成长期、成熟期、保持期、衰退期（或再创业期）。由于企业发展的不同时期在发展目标、主要任务、员工能力要求等方面存在不同，因此企业发展的不同时期关于员工培训的内容与数量都会有所变化。

（3）企业的行业特点。不同行业的企业对培训的要求也不同。一般来说，高新技术的企业竞争激烈，技术发展快，员工培训的机会较多，因为人力资源的好坏直接影响到企业的发展。

（4）员工的素质水平。研究表明，企业中的员工素质水平较高，则更渴望得到培训；员工素质水平较低，则更加排斥培训。

（5）管理人员的发展水平。这是影响员工培训最主要的因素。一般来说，管理人员的发展水平与重视员工培训的程度成正比。许多企业的管理人员发展水平较高，而且十分重视员工培训，所以企业才能在市场竞争中立于不败之地。

（6）企业的财务能力。企业对员工进行培训需要一定的资金投入，因此企业的资金投入能力直接影响员工培训项目的数量和质量。

第二节 员工培训需求分析

一、培训需求分析

培训需求分析是在规划与设计每项培训活动之前，由培训部门、主管人员、工作人员等采取各种方法和技术，对各种组织及其成员的目标、知识、技能等方面进行系统的鉴别与分析，以确定是否需要培训以及培训内容和过程。

培训需求分析是开展培训的基础，是进行培训评估的基础，是确定培训目标、设计培训计划、有效地实施培训的前提，也是现代培训活动的首要环节，具有很强的指导性。因此，培训需求分析对企业的培训工作至关重要，准确的培训需求分析有助于企业实现培训的目标，是使培训工作准确、及时和有效的重要保证。实践中，培训需求分析一般从组织整体层面、任务层面和员工个人层面三个层面进行分析。

（一）培训需求分析的三个层次

1. 组织层面的分析

组织层面的分析是指确定组织范围内的培训需求，以保证培训计划符合组织的整体目标与战略要求。因此，组织层面的培训需求反映的是某一企业的员工在整体上是否需要进行培训。在这一过程中，需要对组织的外部环境和内部气氛进行分析，这包括政府的产业政策，企业的生产率、事故率、疾病率、辞职率、缺勤率和员工的工作行为等。组织层面培训需求分析的关键是发现组织目标与培训需求之间的联系。如在组织分析层面中，组织高层的重视程度和培训经费的投入是培训计划成功与否的决定因素，因为有高层积极推动的培训与组织目标的实现直接相关。

2. 任务层面的分析

任务层面的分析需要确定培训的内容，即员工达到理想的工作绩效所必须掌握的技术和能力。任务层面的分析最重要的是需要掌握能够确定培训内容的相关信息和数据。这些信息和数据可以通过工作分析、绩效评价、质量控制报告和客户反映等获得。利用这些信息和数据制定每个岗位的工作标准，明确员工有效的工作行为所需要的知识、技能和其他特征。

3. 个人层面的分析

个人层面的分析是将员工目前的实际工作绩效与企业员工绩效契约标准进行比较，或将员工现有的技能水平与预期未来对员工技能的要求进行比照，发现两者是否存在差距。个人层面的分析信息来源包括业绩考核记录、员工技能测试以及员工个人填写的培训需求问卷。

（二）培训需求分析的具体程序

1. 做好培训需求调查

结合组织整体层面、任务层面、员工个人层面三个层面的相关信息和数据，针对员工实际情况进行调查是做好培训需求分析工作的首要环节。培训需求信息的收集需要从两个层面进行：一是部门层面，从企业战略目标出发分析本部门的培训需求。二是员工层面，根据岗位任职资格要求、员工职业发展要求以及绩效改进要求，分析员工层面的培训需求，具体包括以下内容：

（1）员工直接上级根据人力资源部提供的员工岗位任职资格标准、员工的绩效评价结果和部门业务技能提升需要，分析员工的培训需求。

（2）员工从自己的职业生涯发展需要出发，分析自己的培训需求。

（3）员工直接上级和员工就培训需求进行沟通，共同确认培训需求。

（4）员工填写员工培训需求调查表（见表5-2）。

（5）各部门负责收集汇总部门内所有员工的员工培训需求调查表。

表 5-2　员工培训需求调查表

所属部门		填写时间		填写人	
员工姓名		岗位名称		年龄	
本岗位工龄		文化程度		工资级别	
培训需求					
序号	项目	需要提高的内容		所需要培训的内容	
业务技能提升需求					
员工职业发展需求					

基于此，培训需求的调查工作应包括以下两项内容：

第一，培训需求沟通。在培训需求调查之初，人力资源部门应与一线主管人员就培训需求调查进行必要的沟通，包括人力资源部门与各部门经理之间的沟通，各部门经理与本部门员工之间就培训需求问题的沟通。经此过程，一线主管人员首先应全面掌握下属员工的岗位任职资格标准，以及年度绩效考评的结果，再根据部门业务发展需要和员工个人的职业发展需要，与员工共同分析未来的培训需求，并填写员工培训需求调查表。

第二，培训需求的收集与汇总。在填写培训需求调查表之后，应由各部门培训主管完成本部门所有表单的收集汇总工作，形成员工培训需求汇总表（见表 5–3）。

表 5-3　员工培训需求汇总表

所属部门		填表人		填写时间	
员工类别		○技术类○管理类○技能类○通用类○新员工○其他			
序号	培训内容	培训目标	培训对象	人数	备注
1					
2					
3					
……					

2. 整理分析，形成培训需求分析总报告

在收集到员工培训需求调查表之后，培训部门相关人员应对部门培训需求分析的结果进行分类、整理、补充和完善，以最终形成企业培训需求分析总报告。

（1）分类整理部门培训需求。在培训需求调查工作结束后，各部门培训管理人员需要按照培训需求类别将已收集汇总的需求资料进行分类整理。在此过程中，工作关键点是通过合并筛选各部门员工的培训需求，区分出通用类和专业类两种培训需求，上交部门主管审批通过后，将分析结果提交给人力资源部培训主管。

（2）进行培训需求访谈。为了获取战略性培训需求与领导班子方面的培训需求信息，人力资源部门在收集到员工需求信息后，还需要对相关部门主管进行培训需求的深入访谈，以订正、修改、完善已经掌握的需求信息。

（3）在全面掌握培训需求信息的基础上，撰写培训需求总报告。该总报告应对培训目标、培训对象、培训内容、培训类别、方式方法、评估层次、评估方法、时间时长、地点人数、课程规划、培训大纲、所用教材、培训方式、师资类型与标准、培训评估层次与方法、经费预算等主要事项做出分析说明。

二、培训计划的制订

培训计划是根据企业的近、中、远期的发展目标，对企业员工培训需求进行预测，然后制定培训活动方案的过程。它是一个系统工程，包括确定组织目标、分析现阶段差距、确定培训范围、拟定培训内容、选择培训方式、确认培训时间以及培训计划的调整方式和组织管理等工作。培训计划是企业员工培训的实施规程，为使培训计划顺利实施，培训计划一般应包括以下内容。

（一）培训的目的

培训的目的主要是说明员工为什么要进行培训。无论何种类型的培训计划，其设计都要开宗明义，简要概括说明员工培训的目的。只有明确了培训目的，才能确立员工培训的目标、范围、对象和内容，从根本上决定培训计划所涉及各种资源投入的规模和程度。

培训的目标主要是解决员工培训应达到什么样的标准。它是根据培训的目的，结合培训资源配置的情况，将培训目的具体化、数量化、指标化和标准化。目标的确定还可以有效地指导培训者与受训者掌握衡量培训效果的尺度和标准，找到解决培训过程中出现复杂问题的答案，进一步了解自己以及自己在组织中所起的作用，明确今后发展和努力的方向，为培训计划的贯彻实施奠定基础。

（二）培训主体

1. 负责培训的管理人员

虽然依企业的规模、行业、经营方针、策略不同而归属的部门各有不同，但大体上，规模较大的企业一般都设有负责培训的专职部门（如训练中心等）来对公司的全体员工进行系统的有组织的持续性培训。因此，在设立某一培训项目时，一定要明确具体的培训负责人，使之全身心地投入培训的策划和运作中去，避免出现培训组织的失误。

2. 培训讲师

筛选培训讲师时，如公司内部有适当人选时要优先聘请，如内部无适当人选时，再考虑聘请外部讲师。受聘的讲师必须具有广博的知识、丰富的经验及专业的技术，才能受到受训者的信赖与尊敬；同时，还要有卓越的训练技巧和对教育的执着、耐心与热心。

企业培训应当以员工为中心，培训的管理工作应当以教师为主导。在企业人力资源开发活动中，员工作为受训者是整个培训活动的中心，是培训部门提供服务的“客户”，而培训师是培训活动的主导者，他既是教学过程的组织者，又是专业知识的传输者、专业技能的教练者。在培训过程中，即使教具、课件、教材、教室等资源配置得再好再先进，如果培训师的水平不高，那么员工的培训也将难以达到和实现理想的目标。因此，制订企业培训计划时，一定要根据培训的目的和要求，充分、全面地考虑培训师的选拔和任用问题。

3. 培训对象

培训对象的确定，可依照阶层别（垂直的）及职能别（水平的）加以区分。阶层别大致可分为普通操作员级、主管级及中高层管理级；而职能别的培训可以分为生产系统、营销系统、质量管理系统、财务系统、行政人事系统等项目。在组织、策划培训项目时，首先应该决定培训对象，再决定培训内容、时间期限、培训场地以及授课讲师。培训学员的选定可由各部门推荐，或自行报名再经甄选程序决定。

（三）培训的内容

培训的内容包括开发员工的专门技术、技能和知识，改变工作态度的企业文化教育，改善工作意愿，等等，可依照培训对象的不同而分别确定。

培训什么，进行何种类型的培训，这项内容一般在培训需求分析中通过对工作任务的系列调查和综合分析就已经确定了。有时候企业的决策者出于对某一项特殊培训内容的兴趣，往往缺乏采用量化指标对培训需求进行深入的技术性分析。因此，在确定培训对象和培训类型时，需要采用多种系统科学的方法，明确谁最需要培训，最需要培训什么，需要采用何种方式，组织何种性质和类型的培训。这样也可以避免决策者个人出于对某项特殊培训内容的偏好而导致培训脱离实际需求。

通过培训需求的分析调查，了解企业及员工的培训需要、研究员工所担任的职务，明确每项职务应达到的任职标准，再考察员工个人的表现（态度、行为）、工作能力和工作业绩等，并与岗位任职标准相互比较。如果某员工尚未达到该职位规定的任职标准，那么不足部分的知识或技能便是培训内容，应通过企业的内部培训给予迅速的补足。

（四）培训的时间和期限

一般而言，培训的时间和期限可以根据培训的目的、培训的场地、讲师、受训者的能力及上班时间等因素确定。一般新任职人员的培训（不管是操作员还是管理人员）可在实际从事工作前实施，培训时间可以是 7~10 天，甚至 1 个月；而在职员工的培训则可以培训者的工作能力、经验为标准来决定培训期限的长短。培训时间的选定以尽可能不影响工作为宜。

（五）培训的场地

培训场地的选用可以因培训内容和方式的不同而有所区别，一般可分为利用内部培训场地及利用外部专业培训机构和场地两种。

1. 内部培训场地

内部培训场地的训练项目主要有工作现场的培训和部分技术、技能或知识、态度等方面的培训，主要是利用公司内部现有的培训场地实施培训。其优点是组织方便、节省费用；缺点是培训形式较为单一，且受外部环境影响较大。

2. 外部专业培训机构和场地

外部专业培训机构和场地的培训项目主要是一些需要借助专业培训工具与培训设施的培训项目，或是利用优美安静的环境实施一些重要的专题研修等的培训。其优点是可利用特定的设施，并离开工作岗位而专心接受训练，而且应用的培训技巧较内部培训更加多样；缺点是组织较为困难，且费用较高。

（六）培训的方法

培训方法是实现员工培训计划各项目标的重要保障，它所要解决的是通过什么样的方式达到目标的问题。培训项目、内容、方式不同，所采取的培训技巧也有区别。为更好地达到培训的目的，完成培训计划预定的目标，必须根据培训资源配置的状况，正确地选择适用的方法。例如，采用集中培训还是分散方式培训；采用在职学习，边实践、边学习，还是进行脱产培训；等等。到底选择何种培训方法应当由培训的目的、目标、对象、内容和经费以及其他条件来决定。如独立的小型组织部门的培训宜采用分散的培训方式；高层培训、管理培训、某些基本技能培训宜采用集中的培训方式；专业技能培训应采用边实践、边学习的方法。

为了保证培训计划的顺利实施，还应当提出具体的实施程序、步骤和组织措施，包括确定培训班的负责人及管理人，做好相关部门的协调工作，让受训者明确培训目的、要求、内容和程序，确保培训的时间、参加培训的人数以及资金投入，定期进行培训评估，改进培训工作，保证教学质量，等等。

三、员工培训方法的选择

培训方法的选择和培训内容紧密相关，不同的培训内容适用于不同的培训方法。不同的培训方法有不同特点，在实际工作中，应依据公司的培训目的、培训内容以及培训对象，选择适当的培训方法。

1. 讲授法

讲授法是指教师按照准备好的讲稿系统地向受训者传授知识的方法。它是最基本的培训方法，适用于各类学员对学科知识、前沿理论的系统了解，主要有灌输式讲授、启发式讲授、画龙点睛式讲授三种方式。授课教师选择的方法是讲授法成败的关键因素。

讲授法的优点：传授内容多，知识比较系统、全面，有利于大面积培养人才；对培训环境要求不高；有利于教师的发挥；学员可利用教室环境相互沟通，也可向教师请教疑难问题；员工平均培训费用较低。

讲授法的局限性：传授内容多，学员难以完全消化、吸收；单向传授不利于教学双方互动；不能满足学员的个性需求；教师水平直接影响培训效果；容易导致理论与实践相脱节；传授方式较为枯燥单一。

2. 专题讲座法

专题讲座法形式上和课堂教学法基本相同，但在内容上有所差异。课堂教学一般是系统知识的传授，每一节课涉及一个专题，接连多次授课；专题讲座是针对某一个专题知识，一般只安排一次培训。这种培训方法适合管理人员或技术人员了解专业技术发展方向或当前热点问题等。

专题讲座法的优点：培训不占用大量的时间，形式比较灵活；可随时满足员工某一方面的培训需求；讲授内容集中于某一专题，培训对象易于加深理解。

专题讲座法的局限性：讲座中传授的知识相对集中，内容可能不具备较好的系统性。

3. 研讨法

研讨法是指在教师的引导下，学员围绕某一个或几个主题进行交流，相互启发的培训方法。以教师为中心的研讨从头至尾由教师组织，教师提出问题，引导受训者做出回答。教师起着活跃气氛，使讨论不断深入的作用。讨论的问题除主题本身外，有时也包括由受训者的回答引出的问题。讨论也可以采用这种形式：教师先指定阅读材料，然后围绕材料提出问题，并要求受训者回答。研讨结束后，由教师进行总结。以受训者为中心的研讨常常采用分组讨论的形式，有两种方法：一是由教师提出问题或任务，受训者独立提出解决办法；二是不规定研讨的任务，受训者就某议题进行自由讨论，相互启发。

4. 工作指导法

工作指导法又称教练法、实习法，是指由一位有经验的员工或直接主管人员在工作岗位上对受训者进行培训的方法。指导教练的任务是指导受训者如何做，提出如何做好的建议，并对受训者进行激励。

工作指导法的优点是应用广泛，可用于基层生产工人培训，如让受训者通过观察教练工作和实际操作，掌握机械操作的技能；也可用于各级管理人员培训，让受训者与现任管理人员一起工作，后者负责对受训者进行指导，一旦现任管理人员因退休、提升、调动等原因离开岗位时，训练有素的受训者便可立即顶替，如设立助理职务培养和开发企业未来的高层管理人员。

这种方法并不一定要有详细、完整的教学计划，但应注意培训的要点：一是关键工作环节的要求，二是做好工作的原则和技巧，三是须避免、防止的问题和错误。

5. 工作轮换法

工作轮换法是指让受训者在预定时期内变换工作岗位，使其获得不同岗位的工作经验的培训方法。以管理岗位的工作轮换培训为例：让受训者有计划地到各个部门（如生产、销售、财务等部门）学习，在每个部门工作几个月。通过实际参与所在部门的工作，或仅仅作为观察者，以便了解所在部门的业务，扩大受训者对整个企业各环节工作的了解。

6. 案例研究法

案例研究法是一种信息双向性交流的培训方式，它将知识传授和能力提高两者融合到一起，是一种非常有特色的培训方法。案例分析法又称个案分析法，它是围绕一定的培训目的，把实际中真实的场景加以典型化处理，形成供学员思考分析和决断的案例，通过独立研究和相互讨论的方式，来提高学员分析及解决问题能力的一种培训方法。

用于教学的案例应满足以下三个要求：内容真实，案例中应包含一定的管理问题，分析案例必须有明确的目的。

案例分析可分为两种类型：第一种是描述评价型，即描述解决某种问题的全过程，包括其实际后果（不论成功或失败）。这样留给学员的分析任务只是对案例中的做法进行事后分析，以及提出“亡羊补牢”性的建议。第二种是分析决策型，即只介绍某一待解决的问题，由学员去分析并提出对策。这种方法更能有效地培养学员分析决策、解决问题的能力。上述两种方法不是截然分开的，中间存在着一系列过渡状态。

7. 头脑风暴法

头脑风暴法又称研讨会法、讨论培训法。头脑风暴法的特点是培训对象在培训活动中相互启迪思想、激发创造性思维，它能最大限度地发挥每个参加者的创造能力，提供更多、更好的解决问题的方案。

操作要点：只规定一个主题，即明确要解决的问题，保证讨论内容不泛滥。把参加者组织在一起无拘无束地提出解决问题的建议或方案，组织者和参加者都不能评议他人的建议和方案。事后再收集各参加者的意见，交给全体参加者，然后排除重复的、明显不合理的方案，重新表达内容含糊的方案。组织全体参加者对各可行方案逐一评估，选出最优方案。头脑风暴法的关键是要排除思维障碍，消除心理压力，让参加者轻松自由、各抒己见。

8. 角色扮演法

角色扮演法是在一个模拟真实的工作情境中，让参加者身处模拟的日常工作环境之中，并按照他在实际工作中应有的权责来担当与实际工作类似的角色，模拟性地处理工作事务，从而提高处理各种问题的能力。这种方法的精髓在于“以动作和行为作为练习的内容来开发设想”。也就是说，学员不是针对某问题相互对话，而是针对某问题采取实际行动，以提高个人及集体解决问题的能力。行为模仿法是一种特殊的角色扮演法，它通过向学员展示特定行为的范本，由学员在模拟的环境中进行角色扮演，并由指导者对其行为提供反馈的训练方法，它适用于中层管理人员、基层管理人员、一般员工的培训。它能使学员的行为符合其职业、岗位的行为要求，提高学员的行为能力；使学员能更好地处理工作环境中的人际关系。这种培训方法根据培训的具体对象确定培训内容，如基层主管指导新雇员，纠正下属的不良工作习惯等。

操作步骤：①培训专家根据培训对象及培训内容建立示范模型；②培训并指导受训人员进行角色扮演与体验；③结合实际工作场景设定标准，反复刺激并通过肯定、表扬、激励等进行社会行为强化；④鼓励受训人员结合实际工作活学活用，将培训成果转化与应用。

第三节　培训的组织管理工作

一、培训中的控制管理

管理控制是为了预防组织、管理、实施过程中可能出现的偏差，保证管理工作的效果和质量。而培训中的控制管理是保证培训工作按计划顺利进行，实现培训目的，提高和改善培训效果的保证。为了减少培训所造成的损失，及时纠正错误，培训中的控制管理采用阶段控制和主动控制，在培训工作的各个阶段引入控制管理，以保证培训工作的顺利开展。具体来讲，就是在培训需求确定、培训目标确定、培训实施过程、培训的考核和评估四个阶段实施控制管理。

（一）培训需求确定阶段的控制

是否准确地确定培训需求直接影响着培训成本和效果，也是培训工作开展的第一个环节。在对培训需求进行确定时，应该进行控制管理，要求与培训工作有关的各方人员共同确定培训需求，即人力资源部培训主管、培训组织部门的组织者及其直接上级、岗位任职人员、直接主管上级、各级领导都参与培训需求确定的工作中，从而准确地确定培训需求，预测培训需求，制订培训计划。

（二）培训目标的确定和控制

在准确地确定了培训需求后，接着需要正确地确定培训的目标。在确定培训目标时，也需要进行控制管理，也要求与培训工作有关的各方人员共同确定培训目标，即人力资源部培训主管、培训组织部门的组织者及其直接上级、岗位任职人员、直接主管上级、各级领导都应认真确定培训目标，既要考虑员工的培训需求、员工的工作现状，同时需要结合培训的方式和方法、培训经费的预算，确定合理的培训目标，切忌目标过高或过于理想化。

（三）培训实施过程的控制

培训计划和培训目标都是通过具体的培训工作来实现的，在培训实施过程中，需要依据培训计划对培训的开展进行控制。控制内容主要有培训完成质量的控制、培训时间的控制、问题和反馈控制、受训员工出席培训课程状况的控制、培训费用的控制等。

（四）培训考核和评估的控制

对培训考核和评估的控制是事后控制，虽然对本次培训过程没有实用价值，但对以后培训工作的提高具有重要意义，而且也可以为人力资源的其他相关工作提供有用的信息。培训考核和评估的控制主要是严格按培训计划中的考核方式和方法进行考核、认真收集培训的有关信息、认真地进行考核评估、通过正式渠道公布培训考核结果并实施适当的奖惩办法。企业应该重视对培训考核和评估的控制工作，形成对培训考核和评估重视的氛围，以便在以后的培训工作中，受训员工和相关领导积极、严格地按培训要求参与培训工作，增强培训效果。

二、培训师的选择

培训计划的落实由培训师通过各种活动组织完成，培训师的知识面、业务熟悉程度、培训技能和技巧、个人魅力等方面影响着培训效果的好坏，所以培训师的选择是培训工作的重要内容。

（一）培训师的来源

培训师主要有两大来源：企业外部聘请和内部培训。这两种来源各有利弊，培训组织者应根据企业的实际情况，确定适当的外部培训师和内部培训师的比例，增强培训效果。

1. 外部聘请培训师

企业外部聘请的培训师主要是高等学校的专业教师、专门培训结构的培训教师和其他企业的行业专家。其优点是：培训师理论水平高；擅长组织培训活动、幽默风趣；培训师能给企业带来许多新的理念；企业选择范围大；对受训对象有一定的吸引力。其缺点是：培训费用较高，企业对这类培训师了解得不是很全面。

2. 内部培训师

内部培训师主要是人力资源部培训主管、企业的管理人员和业务专家。其优点是：他们对企业文化、企业环境、培训需求、企业员工现状比较了解，能为受训员工带来大量的第一手经验和知识；培训费用也比较低（多数费用包含在工资中），而且培训时间好安排；培训相对易于控制。其缺点是：培训业务技巧可能比外部聘请培训师要差一些，企业对培训师的选择有限，培训师看问题有一定的局限性。

（二）培训师的选择标准

培训师必须具有较高的素质，才能适应培训教学的需要。企业在选择培训师时，虽然不能面面俱到，但可以参照以下标准进行。

第一，拥有培训热情和教学愿望，对培训有热情和兴趣；具有培训授课经验和技巧；能够熟练运用培训中的培训教材与工具。

第二，具有良好的交流与沟通能力、组织能力、互动能力、表演能力、场面控制能力，能很好地组织培训活动。

第三，善于在课堂上分析问题、解决问题，帮助学员解决工作中的难题；具有引导学员自我学习的能力和启发学员进行思维的能力。

第四，对培训内容所涉及的问题应有实际工作经验；积累与培训内容相关的案例和资料，充分挖掘学员工作中的案例。

第五，具备经济类、管理类和培训内容相关的专业理论知识，全面熟悉企业人力资源管理的相关内容。

第六，了解、熟悉、掌握培训内容所涉及的一些前沿问题，具有敏锐的洞察力、较强的学习能力和创新能力；充分了解当前国内外的宏观经济形势。

三、培训效果评估

培训效果评估应该始于培训目标，而培训目标又是和前面的培训需求评估联系起来的，通过这样的连接，使得组织中的培训进一步与组织战略和目标挂钩。根据培训目标确定预期的培训结果，然后采用适当的培训有效性评估设计收集信息和数据，并对之进行分析，最后实施评估并给予反馈。评估的结果又可以为下一轮的培训提供信息。

（一）培训效果评估的四级评估体系

在培训结束后评估培训究竟发挥的作用如何，培训使企业和受训者发生了多大程度的改变，在评估某培训项目所取得的成果时，效果评估是培训评估的重点。在培训有效性评估模型方面，最有影响的培训评估理论是美国人力资源管理专家唐纳德·柯克帕狄克在1959年提出的四个层次的评估模型。这个模型也被简称为柯氏评估模型。柯氏评估模型是目前国内外运用得最为广泛的培训评估方法，柯氏四级评估模式从评估的深度和难度角度将培训效果分为四个递进的层次（反应层面、学习层面、行为层面、结果层面）来对一个培训项目进行评估。

（1）反应评估。反应评估是第一级评估，即在课程刚结束时，了解受训者对培训项目的主观感觉或满意程度。第一级评估目标往往包括对培训项目的肯定式意见反馈和既定计划的完成情况。反应层面需要评估以下几个方面：内容、培训师、方法、材料、设施、场地、报名的程序等。对这个层次的评价，首先要有总体的评价，比如询问受训者“你感觉这个课怎么样？”“你会向其他人推荐这个课吗？”但是这样容易产生一些问题，比如以偏概全、主观性强、不够理智等。因此还必须有涉及以上内容的更细致的评估方法，如问卷调查法、面谈观察、综合座谈和电话调查等。

（2）学习评估。学习评估是第二级评估，着眼于对学习效果的度量，即评估受训者在知识、技能、态度或行为方式方面的收获。评估的方法很具体，无论是测试、模拟、技能练习还是教师的评价，都是为了评估受训者的学习情况。学习评估往往在培训之中或之后进行，由教师或培训辅导员来负责实施。

（3）行为评估。行为评估主要评估受训者在工作中的行为方式有多大程度的改变。行为层面的评估主要有观察、主管评价、客户评价、同事评价等方法。培训的目的就是改变受训者的行为，因此这个层面的评估可以直接反映培训的效果，让高层领导和直接主管看到培训的效果，使他们更支持培训。

（4）结果评估。结果评估是第四级评估，通过对质量、数量、安全、销售额、成本、利润、投资回报率等企业或受训者的上司关注的并且可量度的指标进行考查，与培训前进行对照，判断培训成果的转化情况。收集四级评估的数据所涉及的责任人包括受训者自己、主管、区域培训协调员或者外部的评估人员。结果评估的优点显而易见。因为企业及其高层主管在培训上投资的根本目的就是提高这些指标，如果能在这个层面上拿出翔实的、令人信服的调查数据，不但可以打消高层主管投资培训的疑虑，而且可以指导培训课程计划，把有限的培训经费用到最能够为企业创造经济效益的课程上来。

（二）培训效果评估的四项重要指标

（1）认知成果。认知成果可以用来测量受训者对培训项目中所强调的基本原理、程序、步骤、方式、方法或过程等所理解、熟悉和掌握的程度。员工培训的认知成果是上述四个层级中的第二级——学习评估的主要对象和内容，即衡量受训者从培训项目中学到了哪些基本概念、基本原理和基本方法。

（2）技能成果。技能成果可以用来评价受训者对培训项目中所强调的操作技巧、技术或技能以及行为方式等所达到的水准。员工培训后所获得的技能成果主要表现在所掌握的技能水平，以及在实践活动中被应用的程度，即技能学习与技能转换两个方面。员工培训的技能成果可采用现场观察、工作抽样等方法进行评判。现场观察、工作抽样的方法既可用来评判受训者掌握技能的真实水平，也可以用来评判员工所掌握的技能实际被应用的程度。

（3）情感成果。情感成果可以用来测量受训者对培训项目的态度、动机以及行为等方面的特征，例如受训者对培训项目的各种反应。反应成果是情感成果的一种具体类型，它是指受训者对培训项目的感性认识，包括对设施、培训师和培训内容的感觉。

（4）绩效成果。绩效成果可以用来评价受训者通过该项目培训对个人或组织绩效所产生的影响程度，同时也可以为企业人力资源开发及培训费用计划等决策提供依据。绩效成果包括员工流动率或事故发生率的下降导致的成本降低以及产品产量、质量的提高或客户服务水平的改善。例如，某大型运输公司对货车司机安全驾驶培训项目的成果进行评估，结果发现在受训者完成培训后的 3 个月内货车司机发生事故的次数降低了 10%，该培训项目所取得的绩效比较突出。

复习思考

1. 培训需求分析包括哪些层次和程序？
2. 简述企业员工培训计划的构成和基本内容。
3. 简述各种培训方法的优缺点、实施要点和步骤。
4. 简述培训效果评估的层次以及各种培训评估指标。

第六章

绩效管理与绩效考核

学习目标

1. 了解绩效管理与相关概念。
2. 熟悉绩效管理的基本程序。
3. 掌握绩效考核与绩效管理的方法。

案例导入

金太阳餐饮公司的绩效管理

金太阳餐饮公司是一家老牌的中餐企业，一直是本地区餐饮业的领头羊。该公司在经营方面锐意创新，不断地翻新菜品，终日顾客盈门。但是，近一年来该公司的顾客数却呈下降趋势，利润也只有上年的95%，而同期与其竞争的几家餐饮公司的利润都稳步增长，公司的赵经理为此愁眉不展。为了解决问题，赵总对公司的整体情况进行了为期两天的调查。他发现财务与采购方面都没有差错，菜品在顾客中口碑也不错，各方面的宣传也很到位，但是顾客就是在流失，利润在减少。这是为什么呢？突然间，赵总想起了调查时听到的员工的议论。前厅的经理张总备受下属爱戴，他平时总是尽个人所能帮助员工，如帮助员工渡过“经济危机”，帮助员工减少离职损失。服务员小陈家在农村，上有母亲卧病在床，下有年幼的弟弟正在读书，生活十分困难，张总总是尽力地去帮助她。每次绩效评价时，虽然小陈的各方面表现并不突出，但张总在每一项考核上都给她评价为“优秀”。由于公司的报酬制度与绩效评价紧密联系，所以小陈除了拿到正常的工资与福利外，还可以拿到丰厚的奖励，甚至有可能加薪。营销部的经理王总喜欢根据第一印象看人，营销部的小刘在工作过程中常常能突发奇想，但是有偷懒现象，而且小刘为人处事总是大大咧咧，王总劝说无效，于是每次评价时都会在小刘的态度栏中填上“较差”，但却没有具体记录原因，也没有任何的解释说明。

第一节　绩效管理概述

一、绩效管理及其相关概念

绩效管理是企业人力资源管理的首要目标，一切人力资源管理工作都是围绕提升员工的工作绩效开展的，绩效管理的效果直接关系到企业的经营效益和企业的发展。

（一）绩效管理的含义

1. 绩效

绩效是指员工或组织的工作成果，也可以称为业绩、成绩。人们在一定的环境下从事任何有目的的活动都会有结果，这种结果就是绩效。

从企业经营管理的层面来看，可以将绩效分为组织绩效和个人绩效。组织绩效是企业运营的最终价值；个人绩效是员工对组织的贡献。个人绩效构成组织绩效，组织绩效对员工又有激励作用，两者相辅相成，密不可分。

2. 绩效管理

绩效管理是指为了实现组织的发展目标，采用科学的方法对员工个人或团队的综合素质和工作业绩进行全面的衡量，分析存在的问题，提出解决方案，调动员工或团队的工作积极性，不断提升工作绩效的一系列管理活动。

3. 绩效考核

绩效考核是通过对员工的工作成果进行定性和定量的评价，对绩效进行区分性鉴别的过程。绩效考核是企业管理的一个中心环节，员工绩效的评定结果是提升员工绩效的主要依据，同时也是对员工的反馈和激励。

（二）绩效的形成过程

绩效是个人的知识、技能等一切综合因素在一定的环境下通过工作形成的成果（见图 6-1）。

员工的知识和技能等综合素质是实现绩效的前提，在一定的外因作用下，内因才能发挥作用。绩效管理的任务就是为员工创造一个良好的环境，使其潜能能够充分发挥出来，为企业做出更大贡献。

绩效形成差的原因是多重的，概括起来有两个方面：一方面，员工个人的原因造成的，如岗位不适合、能力和知识缺乏、工作态度和思想存在问题；另一方面，工作本身的客观原因造成的，如组织与管理不合适、没有明确的工作职责、缺乏充分的信息、缺乏对工作结果的反馈、激励不当、工作条件不理想。在大多数情况下是客观条件限制和主客观因素之间的相互作用造成的。企业在进行绩效反馈时，应更多地用系统的方法，从多个角度对员工的绩效进行综合分析，找到问题的真正根源，这样才能在绩效评价反馈中有针对性地帮助员工提高绩效水平。

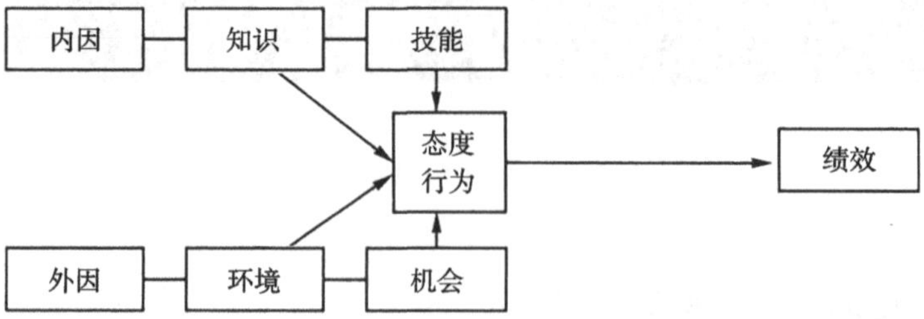

图 6-1　绩效的形成过程

二、绩效管理的作用

（一）有利于实现企业经营目标

绩效管理的目标是根据企业的发展战略制定的，通过将企业的战略目标层层分解变为部门和员工的目标，在此基础上确定部门和个人的绩效目标，通过绩效评价，对员工的工作结果进行反馈，及时发现工作中存在的问题并进行修正，通过提升员工的业绩从而达成企业的业绩，实现企业的战略目标，使企业进入良性循环。

（二）满足员工的需求

员工的需求有不同的层次，其基本需求满足后，尊重和自我实现的需求所表现出来的就是员工希望知道自己的绩效水平到底如何，以便为了今后的发展而明确努力的方向。如果没有考核或考核不准确，员工就会处于盲目状态，失去努力的目标和方向。

（三）解决管理中存在的问题

员工绩效水平的高低与其自身的素质和努力程度有关，更与企业管理制度、管理理念、企业文化和管理风格有关。通过绩效评价和反馈，可以看到企业管理中存在的问题并能及时解决，使企业顺利地向前发展。

（四）配合人力资源管理体系的运行

绩效管理系统与其他人力资源管理系统的关系如图 6-2 所示。

企业发展战略和企业文化是进行绩效管理的依据，绩效管理的目标是为了实现企业发展的战略目标。通过岗位分析明确岗位职责是制定绩效考核指标体系的关键环节。招聘工作的质量直接决定着员工的工作绩效，而培训是提高员工工作绩效的主要手段和方法。只有绩效考核结果与薪酬体系相衔接，才能真正对员工起到激励作用。

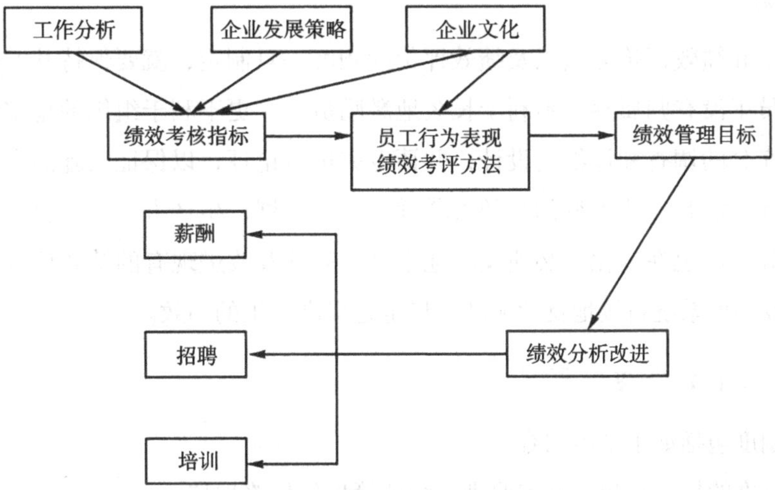

图 6-2 绩效管理与其他人力资源管理流程的关系

三、企业绩效管理制度的原则和内容

（一）制定企业绩效管理制度的基本原则

1. 实用性原则

企业在制定的绩效管理制度时，应充分考虑企业人力资源管理的水平以及企业的经营特点和行业特点，还需考虑绩效管理方案制定和实施所需的人力、财力和物力，考评工具和方法是否适合员工的素质特点。

2. 客观公平原则

员工的实际工作表现和职务说明书中对工作内容的描述是绩效评价的依据，无论用什么方法进行绩效评价，都要以此为客观依据，对考评者实事求是地做出评价。同时，应在考评中一视同仁，避免人为因素使绩效评价结果与员工的实际工作绩效有较大的差距，影响绩效评价结果的可信度。为此，要建立科学适用的考评指标体系和考评标准，应采用客观公平的原则，尽量使用绝对考评法。

3. 全面原则

绩效评价的结果是为了提高员工的工作绩效，所以在绩效评价要素的选择方面，应尽量能够概括所需绩效评价工作岗位的工作内容和任职者的素质要求是否符合岗位的要求。在时间的选取上和在绩效事件的选取上都要把握全面的原则，只有对员工进行全面的评价，才能准确地对员工的绩效进行衡量，才能提高绩效评价的效度。现代企业中实行的基本上都是多层次、多渠道、全方位的考评。

4. 公开原则

绩效评价工作应是公开的，要公开宣布评价的标准、考评的程序、考评的方法及时间的选择等，使员工心里有数，积极参与到考评中来，而不是被动地等着上级考评。同时，考评的结果也应该是公开的，这样有利于员工横向和纵向的比较，明确自己在整个企业中的绩效水平，以确定自己今后的努力方向。公开和公平原则是绩效评价的两个基本原则。

5. 相对稳定原则

绩效评价的要素和绩效评价方法以及绩效评价的频度一旦制定，就要保持其实施在一定时段内的持续性。朝令夕改，员工没有归属感，不利于长久地激励员工，更不利于组织的稳定性。在制定绩效评价方案以前，应进行充分的调查和详细的设计，并请专家进行论证，以保证实施的有效性。但这并不意味着绩效评价的内容和方法是一成不变的。随着科学技术的发展，生产方式的变化，工作内容在变化，相应的绩效评价内容和方法也在变化，必须及时地丰富、完善及改进现有的绩效评价方式以适应实际情况的变化，才能使绩效评价系统持续地良性循环，稳定地提高员工的绩效。

（二）企业绩效管理制度的内容

企业绩效管理制度包括如下基本内容：

（1）绩效管理制度的指导思想、基本原则、绩效管理的战略地位。

（2）绩效考核的对象、考核周期、考核机构、考核时间与考核程序。

（3）绩效考核的主体、考核维度及考核权重设计。

（4）考核者的培训和绩效考核的实施，考核表的管理与查阅。

（5）绩效面谈的目的、绩效面谈沟通的步骤、员工申诉及其处理。

四、绩效考核的种类和方法

（一）绩效考核的分类

1. 按时间划分

（1）定期考核。企业考核的时间可以是一个月、一个季度、半年或一年。考核时间要根据企业文化和岗位特点进行选择。

（2）不定期考核。不定期考核有两方面的含义：一方面，是指组织中对人员的提升所进行的考评；另一方面，是指主管对下属的日常行为表现进行记录，发现问题及时解决，同时也为定期考核提供依据。

2. 按考核的内容划分

（1）特征导向型。考核的重点是员工的个人特质，如诚实度、合作性、沟通能力等，即考量员工是一个怎样的人。

（2）行为导向型。考核的重点是员工的工作方式和工作行为，如服务员的微笑和态度、待人接物的方法等，即对工作过程的考量。

（3）结果导向型。考核的重点是工作内容和工作质量，如产品的产量和质量、劳动效率等，侧重点是员工完成的工作任务和生产的产品。

3. 按客观和主观划分

（1）客观考核方法。客观考核方法是对可以直接量化的指标体系所进行的考核，如生产指标和个人工作指标。

（2）主观考核方法。主观考核方法是由考核者根据一定的标准设计的考核指标体系对被考核者进行主观评价，如工作行为和工作结果。

（二）绩效考核的方法

1. 排序法

对员工绩效的好坏程度直接进行比较，确定员工绩效的相对等级和次序。

（1）正向排序：按照员工绩效由优到劣从第一名排到最后一名。

（2）两两排序：按照员工绩效先排最好，再排最差；接着排次好，再排次差；依此类推进行排序。

2. 成对比较法

成对比较法也叫两两比较法，是对员工的绩效进行相互比较，确定赋分的标准，进行比较打分，将每次比较的分值按打分的顺序相加，对总分由高到低进行排序的方法（见表 6–1）。评分标准为：员工 A 如果比员工 B 优秀，给 A 记 2 分；员工 A 如果与员工 B 一样优秀，给 A 记 1 分；员工 A 如果没有员工 B 优秀，给 A 记 0 分。这种方法在应用时涉及的员工数目不宜过多。

表 6–1　成对比较法

	员工甲	员工乙	员工丙	员工丁	总分	排序
员工甲		2	2	2	6	1
员工乙	0		21	2	4	3
员工丙	1	2		2	5	2
员工丁	0	0			1	4

3. 强制正态分布法

强制正态分布法是提前确定准备按照一种什么样的比例将评价者分别分布到每一个工作绩效等级上。比如，按照下述比例原则来确定雇员的工作绩效分布情况：绩效最好的 15%，绩效较好的 20%，绩效一般的 30%，绩效低于要求水平的 20%，绩效很低的 15%。

在实际操作的过程中，这种评价工具的使用方法通常是：首先，将准备评价的每一位雇员的姓名分别写在一张小卡片上；其次，根据每一种评价要素来对雇员进行评价；最后，根据评价结果将这些代表雇员的卡片放到相应的工作绩效等级上去。

4. 行为对照表法

行为对照表法是将描述性关键事件、评价法和量化等级评价法的优点结合起来，使绩效评价结果更公平。这种方法将每一职务的各考评维度都设计出一个评分量表，并有一些典型的行为描述性说明词与量表上的一定刻度或评分标准相对应和联系，即所谓锚定，作为被考评者实际表现评分时的参考依据。由于这些典型说明词数量有限（一般不会多于 10 条），不可能涵盖千变万化的职工实际表现，被考评者的实际表现很少恰好与说明词所描述的完全吻合；但有了量表上的这些典型行为锚定点，考评者给分时便有了分寸感。这些代表了从最劣到最佳的、典型绩效的、有具体行为描述的锚定说明词，不但使被考评者能较深刻而信服地了解自身的现状，还可找到具体的改进目标（见表 6–2）。

表 6–2　行为锚定等级

表 现	等级
员工有意放慢工作或消极怠工	1
员工有意放慢工作或消极怠工	2

续表

表现	等级
在领导不在的情况下，员工可以自觉完成本职工作和额外工作	3
员工以较高的热情对待组织的工作，自觉地投入到组织中的各项活动	4

5. 目标管理法

根据企业发展战略目标确定相应的部门工作目标，将部门工作目标分解为员工的工作目标，再将员工的工作目标转化为绩效考核指标体系，即对员工和部门的业绩绩效考核的方法。

目标管理法的操作步骤：全公司方针拟定，经营方针表达，各事业部、科、室年度计划展开，各事业部、科、室年度管理目标拟定，各事业部、科、室年度管理目标商谈，管理目标的整合与确立，制定目标卡，实施和监控（见图 6-3）。

目标管理的四个步骤是计划、实施、检查、再制定新的目标，简称 P（Plan）-D（Do）-C（Check）-A（Action）循环。

目标管理法的特点：目标明确，员工具有高度的参与性，目标管理过程对员工具有鲜明的培养性，便于使员工进行自我管理。

在目标管理过程中，应该经常进行进度检查，直至达到目标。在达到阶段性目标后，已经完成既定任务的员工汇集在一起对工作成果进行评价，同时为下一阶段的工作制定目标。目标管理是一整套计划的控制系统，同时也是一套完整的管理哲学系统。在理论上只有每位员工成功，才可能有主管人员的成功、各个部门的成功和整个组织的成功。因此，目标管理方法鼓励每一位员工的成功。但是目标管理的前提是个人、部门和组织的目标要协调一致。经验研究表明，这一方法有助于改进工作效率，而且还能够使公司的管理层根据迅速变化的竞争环境对员工进行及时的引导。

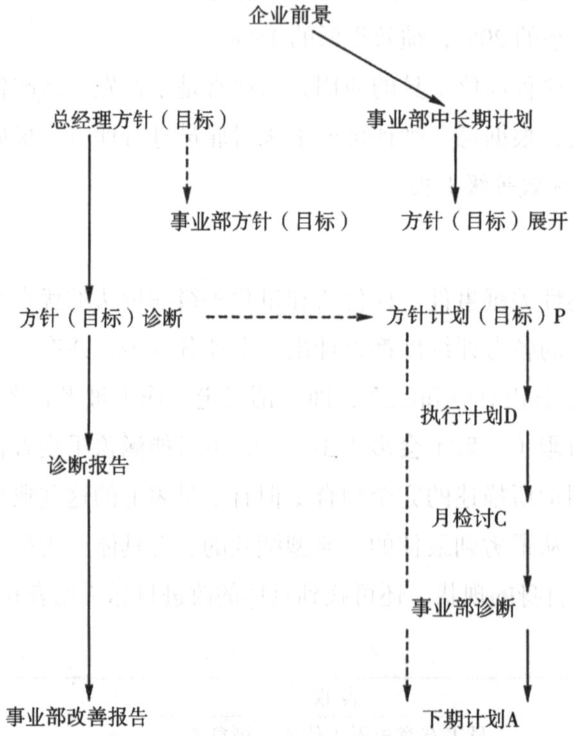

图 6-3　目标管理的 P-D-C-A 循环

还有两种与目标管理方法相类似的考评方法：工作计划与检查方法、目标考评法。

工作计划与检查方法特别强调主管人员及其下属对工作计划的实施情况进行检查，以确定计划的完成程度、找出存在的问题、明确训练的需要。企业在使用工作计划与检查方法时，了解工作目标是否已经达到要依靠主管人员的个人判断，而在目标管理中则依靠更为客观的可以度量的依据。但是在实际操作中，这两种方法很难严格区分。从理论上讲，目标管理方法更强调结果，而工作计划与检查方法更强调过程。

目标考评法是根据绩效考评人完成工作目标的情况来进行考核的一种绩效考评方式。在完成工作之前，考评人和被考评人应该对需要完成的工作内容、时间期限、考评的标准达成一致。当时间期限结束时，考评人根据被考评人的工作状况及原先制定的考评标准进行考评。目标考评法适用于企业中试行目标管理的项目。

第二节　绩效管理的程序与实施

一、绩效管理方案的设计

绩效管理方案的内容包括如下几个方面：

第一，绩效管理体系设计的指导思想与原则、绩效管理的战略地位。

第二，绩效考核体系的构成。其内容包括考核对象与考核周期、考核机构、考核时间与考核程序、考核主体、考核维度及考核权重设计。

第三，以提升工作绩效为中心的绩效管理循环体系。其内容包括绩效管理循环体系的作用、绩效面谈的目的、绩效面谈沟通的步骤、员工申诉及其处理（见图 6–4）。

第四，绩效管理制度的制定和实施，以及资料归档。

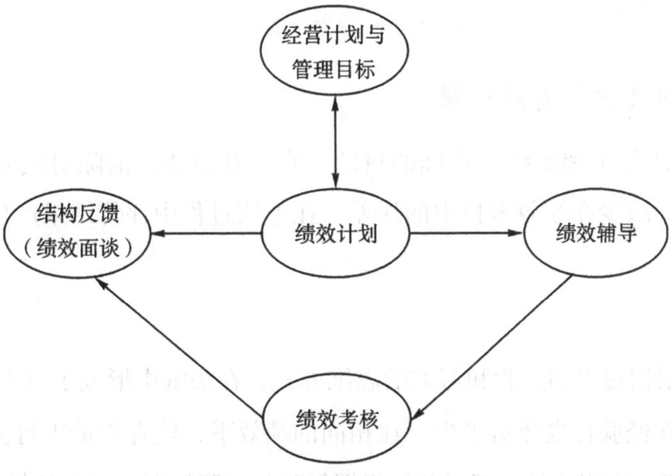

图 6–4　绩效管理循环体系

绩效管理循环系统就是通过制度形式促使各级管理者承担起人力资源管理的责任，通过管理者与员工共同参与制订绩效计划、绩效考核、绩效面谈（辅导）以及绩效结果的反馈过程，实现组织绩效的达成和不断提高。部门负责人可以与员工签订绩效发展计划书（见表 6-5）。

表 6-5　绩效发展计划书

年度：　　　　年　　　　　　　　　部门：　　　　　　　岗位：　　　　　　　姓名：

有待发展项目	目前水平	期望水平	发展措施与手段	达标时间	计划执行后的评价

计划人：　　　　　　　　　　　　　　　　　　　　　　　　直接上级：

各级管理者对员工的绩效进行考核后，必须与员工进行一对一的绩效面谈与沟通。这个环节是非常重要的，因为绩效管理的核心目的是为了不断提升组织和员工的绩效水平，提高员工的技能水平。这一目的能否实现，最后阶段的绩效面谈和反馈起了很大的作用。

二、绩效考核的组织与实施

（一）绩效考核基本程序

绩效考核基本程序分为六个步骤，具体如图 6-5 所示。

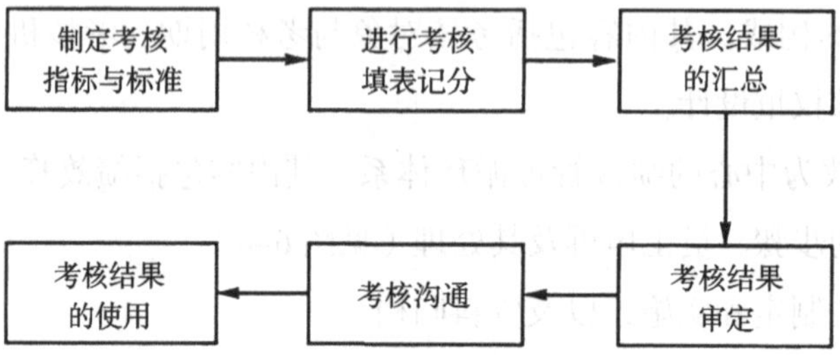

图 6-5　绩效考核基本程序

（二）对评价者和被评价者的培训

培训的目的是使全体员工理解绩效管理的目的、意义和方法，消除对绩效考核的错误认识，掌握绩效考核的方法和步骤，减少在绩效考核中的误差。在考核过程中评价结果产生误差的影响因素有以下几个。

1. 心理定势

心理定势是指人们根据过去的经验和习惯的思维方式，在头脑中形成了对人或事物的不正确的看法。比如，认为青年员工工作经验比老年员工少，在相同的绩效下，给青年员工打分偏低，给老年员工打分偏高。评价者在评价时必须克服这种心理误差，根据员工的实际情况，客观地做出判断。

2. 第一印象

第一印象是指在最初的接触中给别人留下的印象。这种印象具有特别强的固着作用，一旦形成，很难消退，并影响着以后的看法。在现实中，招聘时对应聘者的第一印象的特化作用一直持续到对该员工的绩效评价阶段。评价者在进行总体评价时，对员工的第一印象起了主导作用，招聘时的印象好坏成为判断员工绩效高低的主要考虑因素，而实际的工作表现成为参考，从而影响了评价的真实性。将招聘时对员工的评价与绩效评价进行对照，可以发现招聘的不足之处，有利于对员工进行全面的绩效管理，但绝不能因此影响绩效评价的准确性。

3. 趋中心理

评价时，评价者往往觉得被评价者的绩效相差不多，评价结果出现“两头小，中间大”的好好先生。趋中心理使大部分人都集中在平均水平，以至于比较不出员工之间的优劣差别，绩效评价也就失去了意义。所以，在评价员工的绩效时，必须彻底抛弃这种错误的思想，严格按照评价标准来进行评价，有什么样的绩效，就给什么样的评价结果。

4. 从众心理

在对员工的实际绩效进行评价时，每一个评价者都会受其他评委者评价结果的影响。当大家都对一个人做出“不好”的评价时，即使你觉得这个人很好，也会迫于团体的压力而不敢将自己的观点表达出来，以避免与大家的不一致。这种心理往往会影响评价结果的公平和客观，必须克服这种负面影响。

5. 光环效应

这种现象是指在评价员工的绩效时被该员工平时突出的好或不好的典型事件所误导，而不能综合地对该员工的绩效做出总体评价，导致评价结果高于或低于员工的实际工作表现，或者在评价时受员工个性突出特点所影响，从而做出不准确的判断。评价者在评价时必须克服这种光环效应的不利影响，客观地评价员工的绩效。

6. 特殊化

特殊化是指在评价员工的绩效时，评价者为管理人员时，不能在评价标准面前与普通员工一视同仁，反而搞特殊化，认为评价标准是针对普通员工制定的，自己的任务就是严格监督员工的执行情况，而对自己没有约束力。这势必造成绩效评价流于形式，不能真正起到激励作用。在评价中，必须坚持评价标准面前人人平等的原则。

7. 对比误差

评价者在评价时，总是把自己的性格、能力、作风等与被评价者进行对比，对凡是与自己相似的人，总是做出较高的评价，对那些与自己格格不入的人，就会做出偏低的评价。这种误差往往不是故意的，但它影响了评价的真实性，评价者必须从主观上克服。

除此以外，还应克服近期效应误差、感情效应误差、偏见误差、暗示效应误差等影响绩效评价准确性的因素。被评价者作为绩效评价的主要体现者也会影响绩效评价的效度和信度。首先，必须消除被评价者的消极、抵触心理，尤其是工作绩效不高的员工，往往对绩效评价抱着逃避的态度，对评价工作不配合；还有那些满足于现状、不求进取的人，总是希望评价的结果越模糊越好，在评价时会造成难以预料的障碍。其次，员工对自己绩效的估计往往与实际有差距，大部分员工对自己的评价高于其实际的绩效水平；而有一些员工对自己缺乏信心或过于谦虚，在自我估计时低于自己的实际表现。员工对绩效评价各种各样的心态必须在评价之前就得以纠正，通过交谈、企业文化的熏陶、做总动员等工作，使员工对绩效评价保持一种正确的心态，保证评价工作的顺利进行，从而保证评价的准确性。

上述评价者和被评价者两方面人为因素造成的评价误差是可以通过培训得以弥补的；而评价系统本身的技术问题造成的误差，只能通过提高评价系统的设计水平得到提高。任何一个企业的评价系统都是由其战略目标决定的，有什么样的经营理念，就会有什么样的绩效评价系统。

为了保证绩效管理体系的有效运行，必须对各级考核者进行培训。培训由人力资源部负责，培训内容包括绩效管理与考核的制度结构、确认考核规定、理解考核内容与考核项目、理解考核打分的标准与细则。

（三）绩效评价的反馈

绩效反馈也叫绩效面谈。绩效反馈可以划分为两种情况：绩效好、令人满意的和绩效差、需改进。对于绩效很差、无法改善的，则无须再做面谈，而用书面警告的方式，明确指出其差距，使其受到震动。对第一种情况，进行绩效反馈比较容易，谈话双方都比较愉快，主要是与其讨论职业发展规划和提升计划。对第二种情况的绩效反馈是最复杂的，在反馈前，必须熟悉将要面谈对象的绩效状况和具体的工作表现，有针对性地进行谈话。因为谈话目的是为了指出其不足，促使其改善绩效，在今后的工作中有更好的表现，所以在谈话中必须注意方式方法。

1. 消除员工的抵触情绪

上级在与员工谈论其绩效时，员工对上级指出自己的不足之处都具有防范心理。所以，在谈话的一开始，就要引导员工有一个正确的心态，使员工认识到每一个人都有自己的局限性，都有长处和短处，应正确看待自己和周围的人，最终目的是使员工真正认识到绩效反馈的目的是为了帮助其在今后的工作中进步和发展。在双方调整了心态以后，再进入正式谈话。

2. 强调具体行为

应根据员工的具体行为，明确指出造成员工绩效低下的原因。比如，小张纪律性很差，总是完不成工作任务，在绩效反馈时应指出小张的具体表现：开会迟到过五次，无故旷工两次；两个月没有完成工作任务。这要比只是对他说“我对你的表现很不满意”说服力要强。

3. 对事不对人

在反馈时，所用的语言应是描述性的而不要用判断或评价性的语言，尤其不能用指责性的语言。永远不要说一个人总是错的。应指出其可控制的行为，而对其无能为力的事则不应提出要求。因为人们对自己可控制的事总是积极、努力地去做，而对自己不可控制的事总是不关心的。所以，在谈话以前，应对该员工的能力结构有所把握，在其能力能达到的范围之内对具体的工作行为提出要求，并引导其掌握改善绩效的具体方法，明确绩效目标和努力方向。

三、员工申诉及其处理

为了确保绩效考核的公平公正性，实现绩效管理的良性循环，在人力资源部门负责具体工作的同时，应建立绩效考核委员会对绩效管理的整个过程进行监督管理，并承担一些具体的绩效考核工作。绩效考核委员会一般由企业高层、中层和员工代表组成。在绩效考核过程中被考核者的意见可以向绩效考核委员会、工会、人力资源部、部门主管及高层反映，填写申诉表（见表 6-4），并在规定的期限内进行处理，以确保绩效管理工作的顺利进行。

表 6-4　申诉表

<table>
<tr><td>申诉人</td><td></td><td>所在部门</td><td></td><td>岗位</td><td></td></tr>
<tr><td colspan="6">申诉事由与证据：

申诉主张：

申诉人签字：　　　　日期：</td></tr>
<tr><td colspan="6">综合办公室初审意见：

审核人签字：　　　　日期：</td></tr>
<tr><td colspan="6">考核委员会处理意见：

负责人签字：　　　　日期：</td></tr>
<tr><td colspan="6">申诉人对申诉处理的意见：

申诉人签字：　　　　日期：</td></tr>
</table>

四、考核表的管理与查阅

（一）考核表的保管

（1）考核表的保管由人力资源部负责。

（2）保管期限。自考核表制成之日起，保存期为 10 年。员工退休者，自退休日起，保存 1 年。

（二）考核表的查阅

管理者在工作中涉及员工人事问题需要查阅有关考核表时，可以向保管者提出查阅要求，并按有关规定办理。

第三节　绩效考核

一、绩效考核过程模型

绩效考核，也叫绩效评价，就是指在考核周期结束时，选择相应的考核主体和考核方法，收集相关的信息，对员工完成绩效目标的情况做出考核。绩效考核结果会对人力资源管理其他职能产生重要影响，也关系着员工的切身利益，受到全体员工的重视。为了确保绩效考核结果的公正性、客观性和科学性，企业应该建立一套科学的绩效管理流程。

（一）确立目标

这一步骤需要明确组织的战略目标、选择考核对象。这一过程主要在绩效计划中实现：使用平衡计分卡（BSC）和关键绩效指标（KPI）两种考核工具，考核指标体系的建立发源于组织的使命和战略目标。同时，BSC 和 KPI 都是对组织战略目标的层层分解，由组织目标到部门目标再到员工个人目标，利用这些目标分别对组织层面、部门层面和个人的绩效进行评价。

（二）建立评价系统

建立评价系统包括三个方面的内容：确定评价主体，构建评价指标体系，选择适当的考核方式。

（三）整理数据

把绩效监控阶段收集到的数据进行整合与分析，按照考核指标和标准进行界定、归类。在这一过程中，要尽量减少主观色彩，以客观事实和客观标准来进行，以保证最终考核结果的公正客观。

（四）分析判断

在这一阶段，需要对信息进行重新整合，按照所确定的评价方式对评价对象进行最终的判断。

（五）输出结果

考核结束后，需要得出一个具体的考核结果。考核结果既要包括绩效得分和排名，同时也应该对绩效结果进行初步的分析，找出优秀或不足的原因，以供后面的反馈和改进之用。

二、绩效考核过程中的关键点

绩效考核是一项系统工程，其中包括多项工作，只有每一项工作都落实到位，考核工作才能有实效。具体而言，主要有以下几方面的工作：考核对象的确定、考核内容的确定、考核主体的确定、考核方法的选择。

（一）考核对象的确定

在企业中，考核对象一般包括组织、部门和员工三个层面。针对不同的对象，考核内容也会有所不同。绩效计划阶段中所提到的两种绩效考核工具——平衡计分卡和关键绩效指标，很好地将三个层面的绩效考核指标结合了起来。一般来说，企业在绩效管理过程中，应该优先考虑组织层面的考核，其次关注部门层面的考核，最后关注员工层面的考核。

（二）考核内容的确定

根据绩效考核的定义可以发现，考核主要针对三部分内容：工作能力、工作态度和工作业绩。所以，考核的内容理应包括工作能力、工作态度和工作业绩。其中，工作能力和工作态度主要通过胜任素质来考核。下面着重介绍对工作业绩的考核。

所谓工作业绩，也就是员工的直接工作结果。结果在某种程度上体现了员工的工作能力和工作态度，对员工的工作业绩进行评价，可以直观地说明员工工作完成的情况，更重要的是，工作业绩可以作为一种信号和依据，揭示员工可能存在的需要提高和改进的地方。一般而言，可以从数量、质量和效率三个方面出发来衡量员工的业绩。但是不同类型工作的业绩体现也有不同，例如销售人员和办公室工作人员的业绩就不能用同一套指标和标准来衡量。所以，一定要针对不同的岗位设计合理的考核指标体系，这样才能科学、有效地对员工的业绩进行衡量。尽可能量化要考核的工作业绩，对于实在不能量化的方面，也要建立统一的标准，尽可能客观。

（三）考核主体的确定

考核主体是指对员工的绩效进行考核的人员。由于企业中岗位的复杂性，仅凭借一个人的观察和评价很难对员工做出全面的绩效考核。为了确保考核的全面性、有效性，在实施考核的过程中，应该从不同岗位、不同层次的人员中，抽出相关成员组成考核主体并参与到具体的考核中。

考核主体一般包括五类成员：上级、同事、下级、员工本人和客户。

1. 上级

上级是最主要的考核主体。上级考核的优点是：由于上级对员工有直接的管理责任，因此他们通常最了解员工的工作情况。此外，上级作为考核主体还有助于实现管理的目的，保证管理的权威。上级考核的缺点是：上级领导往往没有足够的时间来全面观察员工的工作情况，考核信息来源单一；容易受到领导个人的作风、态度以及对下属员工的偏好等因素的影响，可能产生个人偏见。

2. 同事

由于同事和被考核者在一起工作，因此他们对员工的工作情况也比较了解；同事一般不止一个人，可以对员工进行全方位的考核，避免个人的偏见。此外，还有助于促使员工在工作中与同事配合。同事考核的缺点是：人际关系的因素会影响考核的公正性，和自己关系好的就给高分，不好的就给低分；大家有可能协商一致，相互给高分；还可能造成相互的猜疑，影响同事关系。

3. 下级

下级作为考核主体的优点是：可以促使上级关心下级的工作，建立融洽的员工关系；由于下级是被管理的对象，因此最了解上级的领导管理能力，能够发现上级在这方面存在的问题。下级考核的缺点是：由于顾及上级的反应，往往不敢真实地反映情况；有可能削弱上级的管理权威，造成上级对下级的迁就。

4. 员工本人

员工本人作为考核主体进行自我考核的优点是：能够增加员工的参与感，加强自我开发意识和自我约束意识；有助于员工对考核结果的接受。员工本人考核的缺点是：员工对自己的评价往往偏高；当自我考核和其他主体考核的结果差异较大时，容易引起矛盾。

5. 客户

由员工服务的对象来对他们的绩效进行考核，这里的客户不仅包括外部客户，还包括内部客户。客户考核有助于员工更加关注自己的工作结果，提高工作的质量。它的缺点是：客户更侧重于员工的工作结果，不利于对员工进行全面的评级；有些职位的客户比较难以确定，不适于使用这种方法。

由于不同的考核主体收集考核信息的来源不同，对员工绩效的看法也会不同，为了保证绩效考核的客观公正，应当根据考核指标的性质来选择考核主体。选择的考核主体应当是对考核指标最为了解的，例如"协作性"由同事进行考核,"培养下属的能力"由下级进行考核,"服务的及时性"由客户进行考核等。由于每个职位的绩效目标都由一系列的指标组成，不同的指标又由不同的主体来进行考核，因此每个职位的评级主体也有多个。此外，当不同的考核主体对某一个指标都比较了解时，这些主体都应当对这一指标做出考核，以尽可能地消除考核的片面性。

（四）考核方法的选择

实践中的绩效考核方法有很多，这些方法可以大致归结为三类：一是比较法，二是量表法，三是描述法。各种方法都有自己的优缺点，企业在进行考核时应当根据具体的情况选择合适的考核方法。

1. 比较法

比较法是一种相对考核的方法，通过员工之间的相互比较从而得出考核结果。这类方法比较简单而且容易操作，可以避免宽大化、严格化和中心化倾向的误区，可作为奖惩的依据。但是，这种方法对实现绩效管理的目的，发挥绩效管理的作用帮助却不大，不能提供有效的反馈信息，因为这类方法不是对员工的具体业绩、能力和态度进行考核，只是靠一种整体的印象来得出考核结果，其他无法对不同部门的员工做出比较。比较法主要有以下几种。

（1）个体排序法。这种方法也叫排队法，就是把员工按照从优到差的顺序进行排列。该方法适用于人员比较少的组织。

（2）配对比较法。顾名思义，这种方法就是把每一位员工与其他员工一一配对，分别进行比较；每一次比较时，给表现好的员工记"+"，另一个员工就记"–"。所有员工都比较完后，计算每个人"+"的个数，依此对员工做出考核——谁的"+"多，谁的名次就排在前面。

（3）人物比较法。人物比较法就是在考核之前先选出一位员工，以他的各方面表现为标准，对其他员工进行考核。

续表

（4）强制比例法。这种方法指首先确定出绩效考核结果的等级，其次按照正态分布的原理确定出各个等级的比例，最后按照这个比例，根据员工的表现将他们归入不同的等级中。

2. 量表法

量表法就是指将绩效考核的指标和标准制作成量表，依此来对员工的绩效进行考核。这是最为常用的一类方法，它的好处是：因为有了客观的标准，所以可以在不同的部门之间进行考核结果的横向比较；由于有了具体的考核指标，因此可以确切地知道员工到底在哪些方面存在不足和问题，有助于改进员工的绩效，为人力资源管理的其他职能提供科学的指导。这种方法的问题是：开发量表的成本比较高，需要制定出合理的指标和标准，这样才能保证考核的有效性。量表法主要有以下几种。

（1）评级量表法。这种方法指在量表中列出需要考核的绩效指标，将每个指标的标准区分成不同的等级，每个等级都对应一个分数。考核时考核主体根据员工的表现，给每个指标选择一个等级，汇总所有等级的分数，就可以得出员工的考核结果。

（2）行为锚定评价法。行为锚定评价法是由美国学者史密斯和肯德尔在美国护士联合会的资助下于1963年经过研究提出的一种考核方法。这种方法利用特定行为锚定量表上不同的点的图形测评方法，在传统的评级量表法的基础上演变而来，是评级量表法与关键事件法的结合。在这种考核方法中，每一水平的绩效均用某一标准行为来加以界定。

建立行为锚定评价法通常需要经过以下五个步骤：

第一，确定关键事件。由一组对工作内容较为了解的人（员工本人或其直接上级）找出一些代表各个等级绩效的关键事件。

第二，初步建立绩效考核要素。将确定的关键事件合并为几个（通常是5～10个）绩效要素，并给出绩效要素的定义。

第三，重新分配关键事件，确定相应的绩效考核要素。向另外一组同样熟悉工作内容的人展示确定的考核要素和所有的关键事件，要求他们对关键事件进行重新排列，将这些关键事件分别归入他们认为合适的绩效要素中。如果第二组中一定比例的人（通常是50%～80%）将某一关键事件归入的考核要素与前一组相同，就能够确认这一关键事件应归入的考核要素。

第四，确定各关键事件的考核等级。后一组的人评定各关键事件的等级（一般是七分或九分的尺度，可能是连续尺度，也可能是非连续尺度），就确定了每个考核要素的“锚定物”。

第五，建立最终的行为锚定评价表。

使用行为锚定评价法比起使用其他的绩效考核方法来说需要花费更多的时间，设计时也比较麻烦，适用的工作类型也有限（仅适用于不太复杂的工作），但是这种方法也存在以下十分明显的优点。

首先，考核指标之间的独立性较高。在设计过程中，设计人员将众多的关键事件归纳为5~8种绩效指标，使得各绩效指标之间的相对独立性较强。例如，对于用关键事件加以界定的“服务态度”和“工作积极性”，人们不太容易将这两种考核要素混同起来。

其次，考核尺度更加精确。不论是从设计的过程还是所使用的尺度类型来说，行为锚定评价法中使用的考核尺度相对于其他各类考核方法更为精确。由于是由那些对工作最为熟悉的人来编制“锚定物”及相应于某个特定等级的关键事件的，因此能够更加确切地找出最适合某个特定岗位的考核尺度。另外，考核尺度的确定以职位分析为基础，依据的是员工的客观行为，有利于考核者更加清楚地理解各个考核等级的含义，避免发生各类考核误差。

最后，具有良好的反馈功能。这种方法能够将企业战略和它所期望的行为有效地结合起来，向员工提供指导和信息反馈，并指出行为缺点，有助于实现绩效考核的行为导向目的。

行为锚定评价法是一种行为导向型的考核方法，这种考核方法所使用的考核尺度是行为导向的，因而要求考核者对正在执行任务的员工进行评价而不是针对预期的工作目标进行评价。这在实际操作中往往造成一定的困扰。另外，行为锚定评价法的最大问题可能在于考核者在尝试从量表中选择一种代表某员工绩效水平的行为时往往会有困难，因为有时一个员工的行为表现可能出现在量表的两端，而科学的设计过程有助于避免这种情况。

（3）行为观察量表法。行为观察量表法指在考核各个具体的项目时给出一系列有关的有效行为，考核者通过指出员工表现各种行为的频率来评价他的工作绩效。例如，将一个五分的量表分为“几乎没有”到“几乎总是”五个等级，通过将员工在每一种行为上的得分相加得到各个考核项目上的得分，最后根据各个项目的权重得出员工的总得分。

由于行为观察法能够将企业发展战略和它所期望的行为结合起来，因此能够向员工提供有效的信息反馈，指导员工如何得到高的绩效评分。管理人员也可以利用量表中的信息有效地监控员工的行为，并使用具体的行为描述提供绩效反馈。这种方法使用起来十分简便，员工参与性强，容易接受。但是，这种方法存在以下缺陷。

第一，只适用于行为比较稳定、不太复杂的工作。只有这类工作才能够准确、详细地找出有关的有效行为，从而设计出相应的量表。

第二，不同的考核者对“几乎没有—几乎总是”的理解有差异，导致绩效考核的稳定性下降。

第三，与其他行为导向型的考核方法相同，在开发行为观察量表时要以职位分析为基础，而且每一个职务的考核都需要单独进行开发，因此开发成本相对较高。

（4）混合标准测评法。这种考核方法是美国学者布兰兹于1965年创立的。在他所设计的“混合标准测评量表”中，包含许多组概念上相容的描述句（通常是3个一组），用来描述同一考核项目的高、中、低三个层次。这些描述句在测评量表中是随机排列的，考核者只需指出被考核者的表现是“好于”“相当于”还是“劣于”描述句中所叙述的行为即可。

3．描述法

描述法是指考核主体用叙述性的文字来描述员工在工作业绩、工作能力、工作态度方面的优缺点、需要加以指导的事项和关键事件等，由此得到对员工的综合考核。通常，这种方法是作为其他考核方法的辅助方法来使用的，因为它提供了对员工进行考核和反馈的事实依据。根据记录事实的不同，描述法可以分为业绩记录法、能力记录法、态度记录法和综合记录法，这里选取综合记录法中最具代表性的一种方法——关键事件记录法来进行具体的解释。

关键事件记录考核法是由美国学者弗拉纳根和巴拉斯共同创立的，就是通过观察记录员工完成工作时特别有效和特别无效的行为，依此对员工进行考核评价。

三、绩效考核结果的反馈

绩效管理的目的是通过绩效考核提高员工、部门、公司整体的绩效表现。因此，绩效反馈是绩效考核后非常重要的一环。通过绩效反馈面谈，使员工明确自己的绩效现状，了解主管对自己的期望，找到自己有待改进的方面；提出自己在完成绩效目标中遇到的困难，寻求上级帮助；并协商下一个绩效周期的绩效目标，制定新的绩效合约。

（一）绩效反馈时间、地点、方式、主体的确定

1. 绩效反馈时间

大多数企业要求绩效反馈在绩效考核结束后的一定时间（如 5 ~ 10 日）内完成。绩效反馈要求选在双方都有空闲的时间进行，并避免接近下班时间，以免影响绩效反馈的效果。同时，主管要计划好绩效反馈需要花费多长时间，以便双方把握好绩效反馈的进度和安排好自己的工作。

2. 绩效反馈地点

反馈地点建议选在氛围比较轻松的地方，如公司的小型会议室或员工的工作台附近（有条件的公司也可以在咖啡厅）。绩效反馈时，尽量不在主管的人力资源部，因为在人力资源部会经常因为电话、来访人员等，影响绩效反馈的效果。

3. 绩效反馈方式

绩效反馈多数采用面谈的形式，也可以采用书面的形式。绩效反馈时，双方可以采用圆桌会议或双方呈一定的角度而坐的方桌会议形式，避免双方目光过于直射，从而缓和心理紧张，避免心理冲突。

4. 绩效反馈的主体

绩效反馈的主体分 3 种情况：一般员工的绩效考核结果由直接主管进行反馈，中层管理人员实行直接主管和人力资源部负责人一起进行的绩效反馈，高层管理人员由董事会进行反馈。

（二）绩效反馈的原则和主要内容

1. 绩效反馈的原则

为了提高绩效反馈的效果，主管人员与员工在反馈绩效考核时必须遵循如下原则。

（1）建立和维护双方的信任。

（2）清楚地向员工说明绩效面谈的目的。

（3）尽量少批评，避免出现对立和冲突。

（4）鼓励下属说话，多问少讲，认真倾听员工意见。

（5）集中在绩效，而不是员工个体的性格特征。

（6）集中于未来而非过去，重点放在解决问题上。

（7）通过赞扬肯定员工的有效业绩，优点和缺点并重。

（8）反馈要具体，制定具体的绩效改善目标，确定绩效改进检查的日期和方法。

（9）绩效反馈经常化，而不要只在年底绩效考核后进行。

（10）以积极的方式结束绩效面谈。

2. 绩效反馈的主要内容

绩效反馈时，双方主要就以下内容进行沟通。

（1）本次绩效考核的目的和考核标准。

（2）员工的工作表现及考核结果。

（3）主管就员工每一项工作目标达成情况的意见及对员工绩效的期望，员工谈是否有不同的看法。

（4）员工在绩效期间内工作表现的优点和有待进一步改进的地方。

（5）员工绩效改进措施。

（6）新的绩效考核周期内企业和主管对员工绩效的期望，讨论新的绩效考核标准，以及员工希望主管提供的帮助。

（三）绩效反馈的程序

由于绩效反馈的时间有限，要达到较好的绩效反馈效果，主管要根据员工的性格特征，结合绩效状况对绩效反馈程序做好计划工作。绩效反馈可以参照下面的程序进行。

1. 绩效反馈面谈开场白

反馈的开场白有很多种形式，采用什么方式要根据具体的谈话内容、对象和情景而定。如果员工对绩效反馈面谈比较紧张，可以轻松的话题开始，如天气、运动等。如果员工比较理解绩效反馈的目的，而且能够冷静地正确对待绩效考核结果，主管可以直截了当地进入主题。

2. 绩效反馈面谈过程

绩效反馈面谈过程中先谈什么，后谈什么，也有多种形式，主管可以灵活掌握。具体有以下一些方法。

（1）员工自己先谈对绩效考核目的和考核指标标准的认识，主管进行相应的补充和说明。

（2）员工先谈自己的工作表现及评价，主管再说明自己相同和不同的看法。

（3）先与员工就本次考核的目的和考核标准进行沟通，达成一致后再讨论员工的具体考核分数和考核结果。

（4）直接就考核表格中的各项内容逐一与员工沟通。如果认识一致就进入下一项讨论；如果认识有分歧，就通过讨论力争达成一致。对于不能达成一致的地方，事后再沟通或者请主管的直接上级进行仲裁。

（5）先讨论员工工作中的优点和成绩，再讨论不足和有待改进的地方。

（6）主管先谈对员工绩效考核的看法，再请员工谈意见。

3. 绩效反馈结束

在双方对绩效考核中的各项意见达成一致后，就可以结束面谈。如果对某些意见不能达成一致，双方可以回去思考，下一次沟通时再进一步讨论。

（四）绩效考核结果的应用

绩效考核结果的应用直接关系到绩效考核的成功与否，也对绩效管理的效果有很大的影响。传统的绩效考核结果主要是在奖金的分配和工资的晋升上。而现代管理中，员工绩效考核结果主要应用于薪资调整、职位等级调整、制订绩效改进计划、制订培训计划、制订员工发展规划、检验员工选拔和培训有效性等方面。

1. 薪酬调整

薪酬调整是绩效考核结果最直接的运用之一。主要是在两个方面得到运用：一是运用到薪酬的计算中。很多企业为了激励员工改善自己的绩效状况，努力工作，将薪酬与绩效考核结果挂钩。不同岗位的挂钩比例不同：销售人员、生产人员的薪酬中较大比重是由绩效决定的；而行政、后勤人员薪酬中有一小部分由绩效决定。二是运用到员工岗位薪酬等级调整中。如：对于绩效考核连续两年内考核结果累计一“优”一“良”或以上者，以及连续3年考核结果为“良”或绩效考核结果为“优”的员工晋升一级工资，但一年内晋升工资次数不能超过一次；而当年考核结果为“不合格”或连续两年考核结果为“基本合格”的员工降一级工资，但一年内降工资次数不能超过一次。

2. 职位调整

根据绩效考核的结果，对员工的职位进行调整。员工在某方面的绩效突出，就让其在此方面承担更多的责任；如果绩效不理想，对其岗位做出相应的调整。例如，有些企业规定：对于连续两次绩效结果为“优”的员工，纳入公司人才库，并作为重点人才培养，在内部职位空缺时，优先考虑其职位晋升；而对于绩效考核结果为“不合格”的员工，由主管对其重点面谈，1年内职务不予晋升；如果连续两次“不合格”，视为不能胜任本职位工作，由公司进行待岗培训；如果连续三次“不合格”，由公司辞退。

3. 绩效改进

绩效管理最直接的目的是提高员工、部门、组织整体的绩效。所以，绩效考核结果可直接运用在绩效改进中，是绩效改进计划制订、实施、衡量的依据。主管在绩效反馈时，要与员工及时针对考核中未达到绩效标准的项目分析原因，制定相应的改进措施。绩效改进计划主要包括以下几方面的内容。

（1）员工基本情况、主管的基本情况、绩效改进计划的制订时间和实施时间、绩效计划的考核时间。

（2）根据绩效考核结果和绩效反馈结果，确定员工在工作中的问题。这些问题包括需要改进的工作方法、需要提高的工作能力和技巧、需要改善的工作态度等。

（3）针对绩效考核中存在的问题，提出针对性的改进意见，包括工作方法改进措施、工作能力和技巧提高的措施（如需要参加的培训类型、时间等）、工作态度方面的培训等。

（4）确定绩效改进后要达到的目标和检查方法、检查时间。在多种绩效改进措施中，最常用的方法是主管指导员工制订个人发展计划。个人发展计划是指根据员工有待发展提高的方面所制订的一定时期内完成的有关工作绩效与工作能力改进和提高的体系计划。员工在主管的帮助下，根据绩效考核结果和员工的兴趣爱好、教育状况制订个人发展计划，从而改善绩效现状。

4. 制订培训计划

培训是提高员工绩效的最直接手段。企业应该根据员工考核结果在绩效上表现比较差的方面并结合员工的知识结构、专长和专业、员工的个性为员工提供相应的培训。培训后，企业需要收集员工的绩效信息，比较培训前后绩效的变化情况。如果绩效提高且提高显著，说明培训有效；否则，需要进一步对培训做出调整。此外，公司也应根据员工的个人发展计划提供有关方面的培训，员工培训应该纳入企业的日常工作内容。

5. 制订员工职业发展规划

员工绩效考核结果记入员工职业发展档案，主管与员工根据目前的绩效水平和过去绩效提高过程，协商制订员工的长远工作绩效和工作能力改进提高的体系计划，以及在企业中的未来发展规划。员工职业生涯发展规划是促进员工绩效不断提高的内在动力，也是激励员工的重要手段。

6. 检验对员工选拔和培训的有效性

绩效考核的结果可以用来衡量招聘选拔和培训的有效性。如果选拔出来的优秀员工实际的绩效考核结果确实优秀，说明员工选拔是有效的；反之，就说明选拔不够有效，或者绩效考核的方法、结果有问题。培训的效果可以通过培训之后一段时期内的绩效表现出来。如果员工绩效提高了或变化很显著，说明培训确实有效果；反之，说明培训没有达到应有的效果。

7. 劳动关系管理

绩效考核结果是解决员工与企业发生有关因绩效考核而引发的劳动争议的依据。如果员工绩效目标未完成，对员工的薪酬、岗位做出调整；或者在员工经培训、调岗后，仍然不能达到绩效考核目标，当企业与员工终止劳动合同关系引起劳动争议时，绩效考核结果成为解决劳动争议的事实依据。

复习思考

1. 什么是绩效管理？绩效管理的要求有哪些？
2. 试述绩效考核与绩效管理的主要差异。
3. 绩效管理的重要作用表现在哪些方面？
4. 简单描述绩效管理在整个人力资源管理体系中的定位。

第七章

薪酬管理

学习目标

1. 掌握薪酬的基本概念及构成内容。
2. 了解薪酬的作用及薪酬的管理模式。
3. 掌握薪酬的基本管理原则。
4. 了解薪酬的设计流程。

案例导入

如何持久调动员工积极性

某乐器公司所属 XG 乐器厂是外向型企业，技术力量很强，熟练技术工人很多，效益不错。该厂干部素质高，职工队伍精神面貌较好。该厂生产的 XG 牌手风琴出口德国，对方发来电传："发现手风琴质量有问题，要求贵厂将其余 4 000 台手风琴暂停发货，等我们派人全部检验合格后再发货。"可这时已近年底，总经理十分着急，立即召集紧急会议。会议决定：把情况向全厂职工说明。发动全厂群策群力，渡过难关。第二天，召开全厂职工大会，总经理强调："信誉是企业的生命。我们如果不能按时完成这批出口计划，来年德国外商将不再与我们签合同，这些待出口产品只好全部内销，并且严重影响今年全公司出口任务的完成，将减少收入几十万美元，直接影响职工年终奖金和浮动晋级问题。如果不合格产品已发运至德国，外商有权索要返修费……"之后，各单位展开了热烈的讨论，装配车间倡议："全厂职工不计报酬地加班加点，做出主人翁的样子来，不让一台不合格品出厂，保住 XG 牌的信誉！"

这个倡议得到全厂职工的响应。结果仅用一周时间，就把 4 000 台手风琴全部拆箱重新检验，返修不合格品。等德国外商来验收时，产品全部合格。由于该厂出色地完成了出口创汇任务，额外获得总公司 50 万元奖金。对这笔钱的用法，厂领导层有几种意见：一是用来增加全厂 2 000 人的年终奖。二是作为奖励基金，从今年开始，每年评选和奖励优秀"XG 人"，弘扬"XG 人"的主人翁精神。三是购买几套商品房，作为员工宿舍。四是购买几辆公务用车，改善公司的工作条件（目前，仅有一辆小轿车，而且已经陈旧）。

第一节 薪酬管理概述

一、薪酬的含义及构成

员工因完成工作任务而得到的所有形式的回报统称为报酬，包括内在报酬和外在报酬。

内在报酬（intrinsic rewards）是员工因完成工作任务而形成的心理思维形式，对个人而言是内在的，通常是因为参与特定的任务和活动带来心理体验或感受，如工作满意度、事业感、成就（价值）感等。

外在报酬（extrinsic rewards）是由组织直接控制和分配，包括货币报酬和非货币报酬。本章阐述的“薪酬”就是这种外在报酬。

（一）薪酬的含义

所不同的学者基于不同的领域、不同的科学背景，对薪酬的看法并不相同。如美国著名薪酬管理专家乔治·米尔科维奇的观点：“薪酬是指雇员作为雇用关系的一方所得到的货币收入以及各种具体的服务和福利之和。”

在经济学上，薪酬是指劳动者依靠劳动所获得的所有劳动报酬的总和，这揭示了薪酬的本质。一般意义上，薪酬是指企业对为实现企业目标而付出劳动的员工以法定货币和法定形式定期或不定期支付的一种劳动报酬，也就是指员工在从事劳动、履行职责并完成任务后所获得的回报和答谢。事实上，薪酬是一个比较宽泛的概念，它包含了企业给予员工的多种形式的回报。

薪酬是指劳动者依靠劳动从用人单位所获得的各种形式酬劳的总和，是劳动者向用人单位让渡劳动或劳务使用权后获得的报偿，薪酬的本质是因劳动关系的建立而形成的一种交易或交换关系。

薪酬有狭义和广义之分。狭义的薪酬是指员工从组织中获得的工资、奖金、津贴、红利、股票期权、购物券等以货币或实物形式存在的劳动回报等，可以分为货币薪酬与非货币薪酬。以货币形式支付的部分通常称为工资（wage）、薪水（salary）或薪资等；以非货币形式支付的部分称为员工福利（benefit），如分配食品、服饰、补充保险及奖励住房等。广义的薪酬除了外在的经济性报酬还包括内在的非经济性报酬，即包括员工所获得的各种经济性报酬、非经济性报酬以及各种具体的服务和福利，其中非经济性报酬指工作满意度、事业成就感、精神方面的嘉奖及培训学习和晋升机会等。

（二）与薪酬的相关概念

1. 工资

工资这一概念在20世纪20年代以前被企业广泛应用，它更多是指根据工作量（例如工作时间长短）

而给付的货币性报酬，当时主要的支付对象是从事体力劳动的蓝领工人，且主要部分是基本工资。我国《关于贯彻执行〈中华人民共和国劳动法〉若干问题的意见》中把工资定义为：劳动法中的“工资”是指用人单位依据国家有关规定或劳动合同的约定，以货币形式直接支付给本单位劳动者的劳动报酬，一般包括计时工资、计件工资、奖金、津贴和补贴、延长工作时间的工资报酬及特殊情况下支付的工资等。

2. 薪水

薪水，主要用来指脑力劳动者即白领阶层的收入，它并不是计时工资，而是企业在每一单位时间（例如一个月）后，一次性支付给员工一个相对固定的报酬数额。一般而言，劳力者的收入成为工资，劳心者的收入成为薪水。在美国，薪水是指那些免于《公平劳动标准法案》中关于加班规定管制的员工所获得的基本报酬。这些员工主要是管理人员和专业技术人员，他们的报酬采取年薪或月工资的形式，不采取小时工资制，因此也没有加班工资。

（三）薪酬的构成

本章只阐述狭义的薪酬，它是一个集合概念，通常情况下仅指经济性报酬，主要包括以下几部分。

1. 基本薪酬（基本工资、基础工资）

基本薪酬，即基本工资，也称基础工资，是以员工的职位（职称）层级、岗位的复杂程度与责任大小、岗位的熟练程度与劳动强度以及市场的需求状况等为基准，按照一定的时间周期，定期向员工发放的固定薪酬。基础工资一般有小时工资、日工资、月薪和年薪等形式。在我国大多数组织中，提供给员工的基础工资以月薪形式为主，即每月按时给员工发放基础工资。由于基础工资是基于员工的职位（职称）或技能，可能忽略了员工的个体差异，因此基础工资需要配合其他薪酬形式加以综合运用。

基本工资是相对稳定的报酬部分，保证员工基本生活需要，以职位、能力为标准确定，受企业所处行业、地域、规模、所有制等影响。其主要特点如下：

（1）固定性：按照一定的时间周期，定期向员工发放的固定报酬。

（2）基准性：政府对基本薪酬下限做强制性规定。

（3）基本薪酬在个人收入结构中往往占较大比重，是个人生活的基本保障。

2. 绩效工资

绩效工资即绩效考核结果反馈的运用或兑现。绩效工资在针对不同的劳动对象时有不同的说法：针对从事管理工作岗位的员工来说，可叫绩效工资；对从事可以用数据加以量化考核的计件工作的员工来说，可叫计件工资，如生产工人的产品加工数量可以直接用计件工资形式考核其绩效；还有以单位时间价值为考核标准的计时工资，如教师薪酬中的一部分是以授课课时价值为标准考核其绩效工资。所以，这部分报酬是以员工的实际劳动成果或业绩来确定员工薪酬高低的工资制度，也称浮动工资。绩效工资支付的主要依据是员工的工作业绩和劳动效率。但在实际操作中，对从事带有一定管理性质岗位员工的绩效量化考核不易操作，除了工人的计件工资外，有一部分员工是根据其平时的工作绩效以及工作效率以综合考核的形式来计算其绩效工资。

3. 奖金

奖金，即奖励性薪酬。奖金是组织对雇员超额劳动部分或卓越贡献所支付的员工工资以外的奖励性报酬，也是企业为了鼓励员工提高劳动生产率和工作质量付给员工的货币奖励，所以也称“效率薪酬”或“刺激薪酬”。奖金的支付对象是正常劳动以外的超额劳动，随工作绩效而变动，只支付给那些符合奖励条件的企业员工。因此，与基本工资相比，奖金具有非常规性、浮动性和非普遍性的特点。

4. 津贴与补贴

津贴与补贴是对员工在非常情况下工作所支付的额外劳动消耗和生活费用以及对员工身心健康所给予的补偿。

（1）津贴。津贴是企业对员工在特殊劳动条件下所付出的额外劳动消耗和生活费用开支的一种物质补偿形式。具体有以下三类：

第一类是为了补偿职工在某些特殊劳动条件岗位劳动的额外消耗而建立的岗位性津贴。职工在某些劳动条件特殊的岗位劳动，需要支出更多的体力和脑力，因而需要建立津贴，对这种额外的劳动消耗进行补偿。这种类型的津贴具体种类最多，使用的范围最广。

第二类是为了补偿职工在某些特殊的地理自然条件下生活费用的额外支出而建立的地区性津贴，如林区津贴、地区生活费补贴、高寒山区津贴、海岛津贴等。这类津贴一般是由国家或地区、部门建立的。

第三类是为保障职工实际工资收入和补偿职工生活费用的额外支出而建立的保证生活性津贴，如副食品价格补贴、肉价补贴、粮价补贴等。这类补贴具体种类不多，主要是由国家或地区、部门建立的。

（2）补贴。补贴是依据员工的职务高低而享有企业给予的一种物质补偿形式，包括住房补贴、交通费用补贴、通信费用补贴、交际应酬费用补贴等。

（3）津贴与补贴的区别。通常把与工作相联系的补偿称为津贴，指对职工在特殊劳动条件、工作环境中的额外劳动消耗。例如，岗位津贴（加班津贴、林区津贴、艰苦生活津贴、高寒地区津贴等）、劳动性津贴（高温作业津贴、井下作业津贴、夜班津贴、警员津贴等）、特殊津贴（政府特殊津贴、博士津贴、博导津贴等）。

通常把与生活相联系的补偿称为补贴，是指对职工生活费用额外支出的补偿。例如，住房补贴、伙食补贴、通信补贴等。

5. 福利

福利是指企业为了保障员工的基本生活而对员工提供经济上的帮助和生活上的便利，以补充员工基本的、经常的、共同的或特殊的生活而采取的福利措施和举办的福利事业的总称。福利分为强制性福利和企业自愿性福利。强制性福利主要包括社会保险、法定年节假日及劳动安全三个方面，企业自愿性福利是指企业根据自身的条件、实力和特点，有目的、有计划、有针对性地设置的福利项目，如免费工作餐、物资分配、内部优惠商品或服务等。

三、薪酬的作用

薪酬的作用是薪酬的本质体现，具有宏观与微观两个层次。在宏观层次上，薪酬分配从属于国民经济分配，在国民生产总值中占有很大比重，是社会生产的重要环节，薪酬水平过高或过低都不利于市场经济的发展以及人民生活水平的提高，有时甚至还会威胁到社会的正常秩序。如果薪酬标准支付过高，会对产品成本构成较大影响，当薪酬的增长普遍超过劳动生产率的增长时，还会导致成本推动型的通货膨胀，从而影响人民的正常生活水准，若成本推动型的通货膨胀引发虚假过度需求，则会形成“泡沫经济”，加剧经济结构的非合理化。在微观层次上薪酬的作用主要体现在企业和员工两个方面。

（一）对企业的作用

1. 配置作用

薪酬是企业人力资源配置的有效杠杆。薪酬作为劳动价格信号，调节着劳动力的供求和流向。只有公平合理的薪酬制度才能为企业吸引优秀的人才，不同的员工对企业的价值和重要性是不同的，企业80% 的利润来自 20% 的优秀员工。优秀人才的加入，可以增强企业的核心竞争力。企业员工的配置还体现在企业内部人力资源的流动上，企业内部人员往往会流动到薪酬水平较高的部门和岗位。无论是企业外部人力资源的流入，还是企业内部人力资源的流动，都满足了企业对人力资源数量、质量和层次上的需要，体现了薪酬的配置作用。

2. 塑造作用

打造企业文化是推动企业健康发展的精神源泉，也是企业的灵魂。而薪酬文化是企业文化的重要组成部分，它突出体现了企业独特的价值分配取向，是企业文化与薪酬管理实践相结合的产物。它是在企业长期的薪酬管理实践中所形成的，并为全体员工所共同遵守的价值分配观念、道德规范等。因此，薪酬对企业文化起到了塑造作用。

3. 战略导向作用

随着人力资源管理从战术层向战略层的转变，作为现代化人力资源管理的核心模块，薪酬分配也向战略化方向发展。薪酬战略源于企业核心价值观和经营战略目标。它要求企业在设计薪酬体系时，必须从企业战略的角度进行分析，制定的薪酬政策和制度必须体现企业战略发展的要求。企业的薪酬不仅是一种制度，还是一种机制。

（二）对员工的作用

1. 补偿作用

劳动是经济学中重要的投入品之一，而薪酬是对劳动的定价。无论从事何种劳动，都需要消耗一定的体力和脑力；而为了能使劳动得以延续，必须使消耗得到应有的补偿，补偿的办法是给予劳动者恢复其体力和脑力所必需的生活资料。对于以交换劳动作为主要收入的雇员来说，薪酬是维持自身及其家庭生活的主要经济来源。员工所获薪酬至少要能够保证其自身和其家庭成员生活与发展的需要，否则会影响员工的基本生活，影响社会劳动力的生产和再生产。目前，许多国家和地区一般都通过最低工资保障制度来实现和维护薪酬这一基本功能。当然，薪酬的补偿作用不能简单地等同于这种基本的保障功能，还应体现在它的按劳取酬与多劳多得。

2. 激励作用

美国哈佛大学心理学教授威廉·詹姆斯通过研究发现，人在没有科学激励的前提下，只能发挥其能力的 20% ~ 30%，而在合理、高效的激励后，则能发挥其能力的 80% ~ 90%。也就是说，一个人被充分激励后，所发挥的作用相当于激励前的 3 ~ 4 倍。可见，激励是管理的核心。而薪酬是激励的主要因素，美国心理学家赫茨伯格于 20 世纪 50 年代提出的“双因素理论”中把这一激励因素称为保健因素（另一因素是激励因素）。他认为，员工在工作环境、工作条件、工资、福利、管理制度、监督、人际关系等方面都得到满足后，就会消除他们的不满，消除他们的消极怠工，起到有效的激励作用。在薪酬结构中的绩效工资就是一种主要的激励性报酬，它直接体现雇员个体的劳动业绩，在许多情况下，员工会将薪酬的水平高低看成自身能力、地位、自尊和自我价值实现的象征。一是通过薪酬水平在一定程度上体现其工作业绩、专业水平和能力，表明雇员在组织中的地位；二是反映雇员得到企业或上司的认可程度和满足雇员自身的工作成就感等；三是通过薪酬水平的变动最大限度地调动雇员的劳动积极性和主观能动性。

3. 调节作用

薪酬管理通过对员工收入的调整强化其劳动行为，即引导员工做出与公司目标一致的行为。同时，通过薪酬也可体现企业关心员工、保护员工、体恤员工，从而调节与培养员工的主人翁责任感以及社会责任感，并且使员工对企业产生一种信任感、归属感或依恋感，形成一种良好的组织氛围与企业文化。

薪酬是社会成员生活收入的主要经济来源之一，是社会进步与文明的指示器。人们可以通过薪酬的变动或变化，发现并了解社会不同层面的经济收入状况与水平，反映不同社会群体的差异程度及不同国家或地区的不同文化与分配制度（机制）。同时，也可看到城乡之间、区域之间、行业之间，不同文化、教育、年龄和性别等特征的群体之间的薪酬差异和影响等，更反映出一个社会公平和进步的程度。

四、薪酬管理的模式

薪酬管理是现代人力资源管理的组成部分，也是企业高层管理者以及所有员工最关注的内容，它与人力资源管理其他职能模块相互影响、相互制约。薪酬管理的状况直接关系到企业人力资源管理的效果，对企业的整体绩效产生影响。随着薪酬管理战略地位的提升，它已经与企业发展和人力资源开发战略紧密地联系在一起。

（一）结构分析

薪酬结构体系中的各个部分，如基本工资、绩效工资、奖金、津贴与补贴以及福利的刚性和差异性都有所不同。笔者将员工薪酬总体用一个坐标平面图来表示，并依据各部分在不同员工间的差异状况，用不同区域（象限）代表不同内容（见图 7-1），形成四个区域，通过薪酬各组成部分的“刚性”和“差异性”两个特征进行分析。

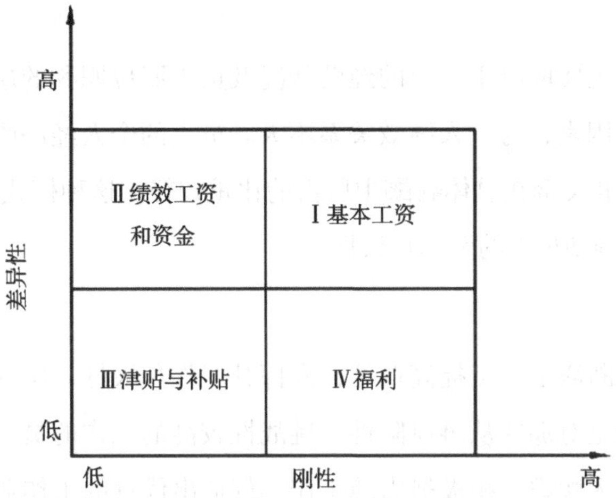

图 7-1　薪酬结构分析四分图

1. 基本工资

处于第一象限，具有高差异性和高刚性。在企业内部，说明员工之间基本工资差异明显，而且是带有刚性的，一般只升不降。

2. 绩效工资和奖金

处于第二象限，具有低刚性和高差异性。它说明员工的这部分薪酬不是刚性规定的，而是随员工的业绩好坏、工作情况优劣、贡献大小等情况而定，差异性大，而且是随着情况的变化不断变化，故呈低刚性。

3. 津贴与补贴

处于第三象限，具有低差异性与低刚性。因为它是随着企业效益、工资水平、物价水平等客观环境因素的变化而做出相应调整甚至取消，因而具有低刚性。这种薪酬一旦作为一种制度或规定确定下来，一般在相同工作环境和条件的情况下，企业员工都享有相同水平的补偿，因而具有低差异性。

4. 福利

处于第四象限，即只要是够基本条件的企业员工人人都可以或应该享受该利益，故具有低差异性、高刚性。

（二）典型管理模式

员工的薪酬设计，其实就是将上述几个组成部分有机地组合起来，以各部分薪酬水平在总体薪酬中所占的比重不同来确定其薪酬设计模式，一般情况下有如下三种典型管理模式。

1. 高弹性模式

该模式中，员工薪酬的主要组成部分是依据员工在考核期内的业绩状况，即薪酬水平会随员工考核期内绩效情况的好坏而发生相应变化。在这种模型下，绩效工资和奖金的比重比较大，甚至在基本工资中拿出一部分与绩效工资挂钩，如生产工人的计件工资制，销售人员的销售收入到款提成工资制等。以这种考核制度作为计算依据的薪酬管理模式弹性大，但激励性强。

2. 高稳定性模式

该模式中，员工的薪酬主要取决于企业的经营状况及员工职位职称的层次、岗位的复杂程度、岗位的责任大小及工龄的长短等因素，与个人绩效关系不大。员工的个人经济收入相对稳定，薪酬主要体现在基本工资部分，绩效工资和奖金在总体薪酬中所占的比重较轻。这种模式虽有较强的稳定感、安全感，但严重缺乏激励作用，难以调动员工的劳动积极性。

3. 折中模式

该模式中，企业既能不断激励员工提高业绩，发挥其工作积极性，实现多劳多得，又能给予员工一定的稳定性和安全感。特别是对那些从事风险性、挑战性较高的工作的员工，能为其提供基本的安全薪酬保证，以激励该类员工毫无顾虑、积极努力地工作，创造出优良的工作业绩。这是一种较为理想的薪酬管理模式。

五、薪酬管理的原则

（一）公平性原则

美国心理学家亚当斯在1965年提出公平理论，它主要是研究个人将自己做出的贡献和所得报酬进行比较，从而对激励产生影响的一种理论。亚当斯公平理论认为，员工对于自己所得的报酬，不仅关心其绝对数量，还考虑其相对数量，他们会将自己的付出或做出的贡献与所得报酬进行比较，同时也将自己的收入付出比率与相关他人的收入付出比率进行比较。如果员工感觉到自己的付出和报酬水平不对等或自己的收入与付出比率与相关他人的收入付出比率不对等，就认为不公平。如果使员工觉得二者有不公平感，就不仅起不到报酬所能发挥的激励作用，还可能会因此影响其工作积极性，降低工作与劳动效率，造成紧张的人际关系。因此，薪酬分配应尽量做到公平合理，特别是不要人为地制造一些不公平合理的分配现象。当然，绝对的公平在实际的操作中很难完全做到，但至少不能在分配管理制度或人治因素上制造出不公平因素。

薪酬的公平性可以从以下两个方面来考虑。

1. 外部公平性

外部公平性指同一行业或同一地区或同等规模的不同企业中相同（类似）的职位（工作岗位）的薪酬应当基本一致，这实际上是组织（企业）招揽和吸引人才的重要手段。

2. 内部公平性

内部公平性指在组织（企业）内部，不同职务所获取的薪酬应与其从事的工作岗位所要求的技能、知识、经验或能力相匹配，如没有多大差别，且贡献或业绩相当，所获取的报酬也应该基本一致。员工薪酬的差别性是由工作的复杂程度、技能知识水平、责任大小、贡献或业绩大小决定的，通过以这种正常的差异来体现薪酬的公平原则。

（二）激励性原则

企业薪酬分配制度应做到按劳分配、多劳多得，即做到按绩定薪、奖勤罚懒、奖优罚劣。薪酬水平要适当拉开距离，工资结构也应该有一定的弹性，努力促使组织（企业）的薪酬分配能充分体现员工在德（品德修为）、能（能力作为）、勤（勤奋认真）、绩（业绩或效果）等方面的真实情况，这样才能真正激发员工的工作积极性，提高劳动效率。

（三）经济性原则

企业在制定薪酬分配政策时固然要考虑薪酬水平的竞争性和激励性，但同时还要充分考虑自身发展的特点和承受能力。员工的报酬是企业生产成本的重要组成部分，过高的薪酬水平必然会导致人力成本的上升、企业利润的减少。所以，如何制定一个既有激励性又可确保企业正常运作的企业薪酬分配制度是每一个管理者与决策者应认真思考分析、正确决策的重大课题。

（四）合法性原则

企业薪酬分配制度必须符合国家的有关政策与法律。为了维持社会经济的持续稳定发展，维护劳动者应取得合法的劳动报酬和必须拥有的劳动权益，我国政府颁布了一系列法规文件，如《中华人民共和国劳动法》《中华人民共和国劳动合同法》《中华人民共和国最低工资规定》《中华人民共和国工资支付暂行规定》等，在薪酬确定、薪酬水平、薪酬支付等方面明确地提出了一系列薪酬分配与管理原则或相关法律政策规定。

六、薪酬的计量形式

薪酬就其计量形式而言，可分为计时工资和计件工资两类基本计量形式，其他工资形式都是它们的转化或组合形式。

（一）计时工资

计时工资是依据员工的劳动时间来计量工资的数额。根据时间单位的不同，计时工资又分为小时工资制、日工资制、周工资制、月工资制、年薪制等。

计时工资是根据劳动者投入的时间、努力的程度以及劳动价值体现的高低为基础的报酬形式，与产量（工作量）没有直接的关系。对一些劳动者的劳动投入不容易计算的工作岗位，最常见的计量标准就是依据工作所消耗的时间。计时工资计量标准相对统一，较易管理，雇员的收入相对稳定。除年薪制有一定比例的风险收入以外，其余计时工资的风险比较小，但激励水平比较低，对企业而言，实施计时工资的风险比较大。因此，现在许多企业对高层管理人员的高薪酬计算办法大多采用年薪制，尽管年薪制也是一种以消耗劳动时间为基础的计时工资形式，但相对其他计时工资形式，它的风险收入部分通常占的比例偏大，在年薪制中，按月发放的基本薪酬是保障劳动者的基本生活需求，而风险部分的薪酬则要实行年终结算，并通过切实可行的绩效考核体系来较好地反映劳动者的贡献与业绩，以此确定其报酬。

（二）计件工资

计件工资是依据员工生产合格产品的数量或完成一定的工作量来计量工资的数额。计件工资的形式可根据具体的生产性质和特点来进行选择，一般可分为个人计件和集体计件两种形式。

1. 计件工资的优点

（1）计件工资准确地反映了员工的实际工作付出，员工对自己所付出的劳动与能获得的劳动报酬心中有数，因此员工容易产生公平感和自主感。

（2）计件工资的实行，有助于促进企业经营管理水平的提高。因为计件工资在实行过程中要求企业在产品质量、劳动定额、物资供应、各种统计资料、各部门分工协作以及新产品的开发研究等方面均应有比较配套的、健全的管理机制和管理手段，使整个管理过程具有可操作性，这些要求迫使企业不断提高综合管理水平，以不断适用管理上的需要。

（3）计件工资收入直接取决于劳动者在单位时间内生产合格产品数量的多少。因此，这种计件形式的工资制度可以极大地激励员工的劳动积极性，促使员工不断学习，努力提高技能水平和劳动熟练程度，提高工时效率，强化劳动自觉性。

2. 计件工资的缺点

（1）对工资的高额追求可能会引起员工忽略产品质量，而一心追求个人的高产量或高效率。同时，员工也不愿意因企业引进新技术、新设备或先进的管理方法而提高他们的劳动定额。

（2）计件工资实行的前提是员工的工作业绩能够准确计量，在实际考核中要求操作性强。因此它的适用范围没有计时工资广泛，主要应用于生产一线的操作工人或销售一线的销售人员。

第二节 员工福利

一、员工福利工作

员工福利是企业为员工提供的除工资之外的各种待遇，与员工业绩无关，它多以保险、服务、休假、实物等灵活多样的形式支付。

福利一方面重在为员工营造一种“家”的氛围，以此稳定其工作情绪，增强工作归属感和责任心，降低员工流失率，激发员工的工作热情和潜力。另一方面，企业可以通过员工福利的多种形式增加员工的无形收入，从而减少因加薪造成年度所得税率向上调整而增加赋税负担。企业福利也能为有效缓和员工内部关系，和谐社会劳动，维护企业、社会稳定和经济效益提升创造良好的环境。

员工福利按照其规定来源可分为两大类：法定福利和企业福利。

（一）法定福利

法定福利可分为社会保险福利（养老保险、工伤保险、医疗保险、失业保险、生育保险）和住房公积金、带薪假期和法定假期（五一、端午、中秋、国庆、元旦、春节）。

1. 社会保险福利

社会保险是指根据国家法律法规，使劳动者在年老、患病、工伤、失业、生育情况下获得帮助和补偿，防止收入的中断和丧失，以保障劳动者基本生活需求的一种社会保险制度。社会保险的内容，也即社会保险的险种，世界各国根据自己的国情和经济发展水平不同，设置的保险项目也有所不同。《中华人民共和国劳动法》第七十条规定："国家发展社会保险事业，建立社会保险制度，设立社会保险基金，使劳动者在年老、患病、工伤、失业、生育等情况下获得帮助和补偿。"社会保险目前分为养老保险、医疗保险、失业保险、工伤保险和生育保险等。

（1）养老保险。养老保险，是指劳动者达到法定退休年龄或因年老、疾病丧失劳动能力时，按国家规定退出工作岗位并享受社会给予的一定物质帮助的一种社会保险制度。政府建立养老保险基金，并以税收优惠的形式负担部分费用，职工和用人单位按工资收入的不同比例，按月向社会保险经办机构缴费。职工缴费的全部加上用人单位缴费的一部分实行个人账户储存。劳动者在达到法定的退休年龄和缴费年限时，可按月领取政府的养老金和享受其他的养老待遇。我国的离休、退休、退职制度属于养老保险范畴，养老保险待遇包括离休费、退休费、退职生活费以及物价补贴和生活补贴。

（2）医疗保险。医疗保险是社会保险制度的重要组成部分。医疗保险，是指由国家立法，通过强制性社会保险原则和方法筹集建立医疗保险基金，当参加医疗保险人员因疾病、伤残或生育等需要治疗时，由经办医疗保险的社会保险机构按规定提供医疗费用补偿的一种社会保险制度。医疗保险与养老、失业、工伤、生育等其他保险一起，共同对劳动者的生、老、病、死、残起着保障作用。

（3）失业保险。失业保险，是指国家通过建立失业保险基金的办法，对因失去工作而暂时中断生活来源的劳动者提供一定基本生活需要，并帮助其重新就业的一种社会保险制度。

（4）工伤保险。工伤保险，是指劳动者因在生产经营活动中所发生的或在规定的某些情况下，遭受意外伤害、职业病及因这两种情况造成死亡，在劳动者暂时或永久丧失劳动能力时，劳动者或其遗属能够从国家、社会得到的必要物质补偿，以保证劳动者或其遗属的基本生活，以及为受工伤劳动者提供必要的医疗救治和康复服务。

（5）生育保险。生育保险，是指妇女劳动者因怀孕、分娩导致不能工作，收入暂时中断，国家和社会给予必要物质帮助的社会保险制度。生育保险待遇包括产假工资、生育补助金和医疗服务等。

2. 住房公积金

住房公积金，是指国家机关、国有企业、城镇集体企业、外商投资企业、城镇私营企业及其他城镇企业、事业单位、民办非企业单位、社会团体为其在职职工缴存的长期住房储蓄金。

住房公积金包含以下4个方面的含义：

（1）住房公积金只在城镇建立，农村不建立住房公积金制度。

（2）只有在职职工才建立住房公积金制度。无工作的城镇居民、离退休职工不实行住房公积金制度。

（3）住房公积金由两部分组成，一部分由职工所在单位缴存，另一部分由职工个人缴存。职工个人缴存部分由单位代扣后，连同单位缴存部分一并存入住房公积金个人账户内。

（4）住房公积金缴存的长期性。住房公积金制度一经建立，职工在职期间必须不间断地按规定缴存，除职工离退休或发生《住房公积金管理条例》规定的其他情形外，不得中止和中断。这体现了住房公积金的稳定性、统一性、规范性和强制性。

3. 带薪假期

带薪假期包括年休假、婚假、产假、病假、丧假、工伤假及其他法定节假日。

年休假根据工龄和公司制度而定，国家建议全国工薪阶层每年平均可享受两周的带薪假期，工作1~3年、3~5年和5~10年的劳动者分别可享受5天、10天和15天的带薪假期。

2008年1月1日起施行的《职工带薪年休假条例》第二条规定："机关、团体、企业、事业单位、民办非企业单位、有雇工的个体工商户等单位的职工连续工作1年以上的，享受带薪年休假（以下简称年休假）。单位应当保证职工享受年休假。职工在年休假期间享受与正常工作期间相同的工资收入。"《职工带薪年休假条例》第三条规定："职工累计工作已满1年不满10年的，年休假5天；已满10年不满20年的，年休假10天；已满20年的，年休假15天。国家法定休假日、休息日不计入年休假的假期。"

4. 法定假期

国家法定假日是指国家规定放假的日子。法定假日用人单位安排加班的，需支付不低于劳动者本人正常工作时间工资报酬的3倍。

（二）企业福利

企业福利是由企业自主决定给员工的福利，包括免费工作餐、交通服务或交通补贴、住房福利、购车福利、补充养老保险、寿险、意外险、财产险、带薪假期、卫生设施及医疗保健、文娱体育设施、教育福利、子女教育辅助计划、法律和职业发展咨询、休闲旅游、员工持股计划等。

各个企业的福利体系设计并不一样，主要考虑的问题是这些福利项目要达到什么样的效果，其投入与产出的对比情况，能否达到福利工作的预期目的。

二、福利的管理

企业提供的福利反映了企业的目标、战略和文化。因此，福利的有效管理对企业发展至关重要。有些企业由于不善于管理福利，虽然在福利方面投入了大量金钱，效果却不理想，许多优秀人才纷纷离职，企业效益明显下降。福利的管理涉及福利的目标、福利的成本核算、福利的沟通和福利的实施。

（一）福利的目标

每个企业的福利目标各不相同，但有些内容是相似的，主要包括以下几点：

第一，必须符合企业长远目标。

第二，满足员工的需求。

第三，符合企业的报酬政策。

第四，要考虑到员工眼前需要和长远需要。

第五，能激励大部分员工。

第六，企业能担负得起。

第七，符合当地政府法规政策。

（二）福利的成本核算

这是福利管理中的重要部分，管理者必须花较多的时间与精力投入福利的成本核算，主要涉及以下几方面：

第一，通过销量或利润计算出公司最高的可能支出的福利总费用。

第二，与外部福利标准进行比较，尤其是与竞争对手的福利标准进行比较。

第三，做出主要福利项目的预算。

第四，确定每一个员工福利项目的成本。

第五，制订相应的福利项目成本计划。

第六，尽可能在满足福利目标的前提下降低成本。

（三）福利的沟通

要使福利项目最大限度地满足员工的需要，福利沟通相当重要。研究显示，并不是福利投入的金额越多，员工越满意。员工对福利的满意程度与对工作的满意程度呈正相关。福利沟通可以采用以下方法：

第一，用问卷法了解员工对福利的需求。

第二，用视频介绍有关的福利项目。

第三，找一些典型的员工面谈了解某一层次或某一类型员工的福利需求。

第四，公布一些福利项目让员工自己挑选。

第五，利用各种内部刊物或其他场合介绍有关的福利项目。

第六，收集员工对各种福利项目的反馈。

（四）福利的实施

福利的实施是福利管理最具体的一个方面。在福利实施中应注意以下几点：

第一，根据目标实施。

第二，预算要落实。

第三，按照各个福利项目的计划有步骤地实施。

第四，有一定的灵活性。

第五，防止漏洞产生。

第六，定时检查实施情况。

第三节　薪酬体系设计

一、基本薪酬制度

薪酬制度或薪酬体系是组织实现战略的工具。它是薪酬管理的前提和基础，也是薪酬管理的重要内容之一。所谓薪酬制度，是依照国家法律、法规和政策的规定，为规范薪酬的分配而制定的各种政策、标准和实施方法的总称。薪酬制度具有广义和狭义之分，广义的薪酬制度包括等级薪酬制度、薪酬分配制度、薪酬调整制度、薪酬定级升级以及各种薪酬形式。而狭义的基本薪酬制度是当前国际上通行的薪酬制度（体系），主要包括职位型基本薪酬制度、技能型基本薪酬制度、绩效型基本薪酬制度以及组合型基本薪酬制度。本节主要就狭义的薪酬制度做一般阐述。

（一）职位型基本薪酬制度

职位型基本薪酬制度，简称职位薪酬制度或职位薪酬体系，是第二次世界大战后，以美国为首的西方发达资本主义国家所使用的主流薪酬制度类型。它通过职位评价确定职位的相对价值，并结合市场薪酬状况，为员工支付薪酬。职位薪酬制度鼓励员工通过职位晋升来获得更多薪酬。20 世纪 90 年代以来，在全球化、市场化、信息化的大背景下，企业组织结构设计出现了扁平化的发展趋势，表现为组织管理层级减少，管理幅度增大。扁平的组织结构越来越多地取代了传统等级森严的金字塔结构，这使职位薪酬制度受到了挑战。因为职位晋升通道变得相对有限，但是完全基于职位的薪酬制度很少，往往加入了员工技能、绩效等因素，或是在同一级别职位中增加了不同的档次。

1. 职位薪酬制度的优点

（1）薪酬分配相对公平，因为职位薪酬制度建立在规范的工作分析基础之上，工作内容、责任及权利明确，通过职位评价，确保了薪酬分配的内部公平。通过对职位展开有针对性的市场薪酬调查，可以实现薪酬分配的外部公平。

（2）简明易懂，可操作性强。因为简明易懂的薪酬制度，密切了上下级之间的关系，增大了薪酬分配过程中的透明度，有利于员工了解自己的劳动所得，并且降低了薪酬制度在实施过程中的执行难度。

2. 职位薪酬制度的缺点

（1）激励面不广。职位薪酬制度主要依据员工职位支付薪酬，薪酬与职位直接挂钩，当员工晋升无望时，也就再没有机会获得大幅度的加薪，在没有其他因素介入的情况下，其工作积极性必然会受挫，甚至会出现消极怠工或者离职的现象。

（2）灵活性不强。职位薪酬制度对职位类别、等级做了详细的规定，员工在某个具体的职位上，知道自己的职责范围，使员工很难从事其他工作。而且职位薪酬制度要求职位相对稳定，按职付薪，职位变化不大，但在环境不确定的情况下，对员工提出了更高的要求，有违薪酬管理的公平性原则，这是职位薪酬制度灵活性不强的另一方面。

3. 职位薪酬制度的适应范围

职位薪酬制度主要适用于外部环境相对稳定，内部职位级别相对多的企业，针对的是这类企业的过程导向性职位，其典型特点是能力或绩效反映并不十分明显，如各种管理类职位。

（二）技能型基本薪酬制度

随着科学技术发展日新月异，专业化分工程度越来越高，出现了技能型基本薪酬制度，简称技能薪酬制度，又称能力薪酬体系。技能薪酬制度是根据员工所具有的技能水平而向员工支付薪酬，所以不同的技能等级有不同的薪酬支付标准。

1. 技能薪酬制度的优点

（1）提倡持续学习。它鼓励员工根据企业要求不断掌握新的知识和技能。

（2）扩大了员工的技能领域，在人员配置方面给企业提供了很大的灵活性，削弱了由部分员工的不可替代性给企业生产带来的负面影响。

（3）掌握多种技能的员工可以扩展和丰富自己的工作内容。

（4）为把决策权授予那些最具有知识技能水平的员工提供了基础。

2. 技能薪酬制度的缺点

（1）可能会引起员工的不公平感，这主要是人的妒忌心理所引起的。

（2）增加了一定组织薪酬支出。

（3）在薪酬设计和管理上增加了难度。

3. 技能薪酬制度的适用范围

技能薪酬制度主要适用于员工技能与组织绩效相关性较强的企业，如企业中的技术工人、专业技术管理者等技能型岗位人员。

（三）绩效型基本薪酬制度

绩效型基本薪酬制度，简称绩效薪酬制度或绩效薪酬体系，与绩效型辅助薪酬制度是不同的。前者是基本薪酬的一种形式，存在薪酬等级且长期稳定，而后者是一种辅助薪酬形式，它只对个人工作业绩突出的一部分给予一定的奖励。绩效薪酬制度核心部分是建立科学合理的绩效评估体系，准确区别不同的员工绩效，并据此确定员工薪酬。

1. 绩效薪酬制度的优点

（1）协调了个人目标与组织目标。做到了组织目标与个人目标的协同发展，达到了“互惠双赢”。

（2）激励效果明显。通过实施员工个人绩效与薪酬挂钩的薪酬制度，极大地调动了员工的工作积极性，可以带来明显的激励效果。

（3）实施成本低。广大员工劳动积极性的提高可以带来组织整体工作绩效的提高，可以有效降低企业的人工成本。

2. 绩效薪酬制度的缺点

（1）较容易引发员工的短视行为。绩效薪酬制度的实施，容易造成员工只关心今天的绩效，而非组织明天的竞争，为了短期利益而忽略了组织的长期利益。

（2）容易影响组织的凝聚力。由于员工之间的收入差距拉大，可能带来一些恶性竞争，从而影响员工的和睦关系。

3. 绩效薪酬制度的适用范围

绩效薪酬制度主要适用于组织中那些工作效果明显，业绩较易量化的职位或员工，且薪酬制度极具操作性。如生产计件产品的员工和以销售额计算薪酬的员工等。

（四）组合型基本薪酬制度

组合型基本薪酬制度，简称组合薪酬制度或组合薪酬体系。上述几种基本薪酬制度，或基于职位，或基于技能，或基于绩效，往往注重影响员工薪酬的某一方面，难以兼顾其他。事实上，以上这些薪酬制度都可能有它的局限性，因此企业在制定薪酬制度、设计薪酬体系时，可以某一种薪酬制度为主，同时统筹兼顾其他一些薪酬制度的因素。例如，以职位薪酬制度为主，同时兼顾考核员工的绩效或考核员工的技能水平，这样会使薪酬制度更具科学性、合理性。这种薪酬制度形式通常被称作组合型基本薪酬制度。它将薪酬分解成几个相对独立的薪酬单元，根据劳动特性，科学合理地确定员工薪酬。

组合薪酬制度的薪酬构成并无固定形式，通常情况下由以下几个方面的薪酬构成：基础薪酬、职位薪酬、技能薪酬、绩效薪酬、年功薪酬、学历职称薪酬等。

1. 组合薪酬制度的优点

（1）职能全面。不同企业，其组合薪酬的构成要素是不同的，但在通常情况下，它可由基础薪酬、职位薪酬、绩效薪酬、技能薪酬、年功薪酬、学历职称薪酬等两种或两种以上的薪酬单元构成，这样可以保证员工各方面的付出都能在薪酬上得到体现。

（2）调整灵活。组合薪酬制度通常无固定模式，即使薪酬单元是相同的，各薪酬单元之间的比例也可以是不同的。这有利于合理协调各类员工的薪酬关系，调动员工的劳动积极性。而且这样的薪酬结构比较灵活，适应性强，能够增强与提升企业核心竞争力。

2. 组合薪酬制度的缺点

（1）由于该薪酬制度无固定薪酬结构，因此调整灵活，但在如何选择薪酬单元以及在薪酬单元方向构成比例的权重设置上往往主观性较大。

（2）由于薪酬各构成单元相对独立运行，在操作上给企业薪酬管理带来了一定的难度。

3. 组合薪酬制度的适用范围

组合薪酬制度的适用范围十分广泛，适用于各类企业，但不同类型企业在选择以何种薪酬单位为主、以何种为辅，在设计薪酬单元权重或薪酬要素比例时，应根据不同情况不同对待，并要充分体现不同企业的生产与经营特点。

二、薪酬水平设计策略

一般情况下，薪酬水平设计策略有如下几种。

（一）领先型薪酬策略

领先型薪酬策略是采取本企业的薪酬水平高于竞争对手或市场薪酬水平的策略。这种薪酬策略以高薪为代价，在吸引和留住员工方面都具有明显优势，并且将员工对薪酬的不满降到一个相当低的程度。

（二）跟随型薪酬策略

跟随型薪酬策略是力图使本企业的薪酬成本接近竞争对手的薪酬成本，使本企业吸纳员工的能力接近竞争对手吸纳员工的能力。跟随型薪酬策略是企业最常用的策略，也是目前大多数企业所采用的策略。

（三）滞后型薪酬策略

滞后型薪酬策略是采取本企业的薪酬水平低于竞争对手或市场薪酬水平的策略。采用滞后型薪酬策略的企业，大多处于竞争性的产品市场上，边际利润率比较低，成本承受能力很弱。受产品市场上较低的利润率限制，没有能力为员工提供高水平的薪酬，是企业实施滞后型薪酬策略的一个主要原因。有时滞后型薪酬策略的实施者并非真的没有支付能力，而是没有支付意愿。

（四）混合型薪酬策略

混合型薪酬策略，是指企业在确定薪酬水平时，根据职位的类型或者员工的类型分别制定不同的薪酬水平决策，而不是对所有的职位和员工均采用相同的薪酬水平定位。比如，有些企业针对不同的职位族使用不同的薪酬决策，对核心职位族采取市场领袖型的薪酬策略，而在其他职位族中实行市场追随型或相对滞后型的基本薪酬策略。

有些企业还在不同的薪酬构成部分之间实行不同的薪酬政策。比如，在总薪酬的市场价值方面处于高于市场的竞争性地位，在基本薪酬方面处于稍微低一点的掩后地位，同时在激励性薪酬方面则处于比平均水平高很多的领先地位。

三、薪酬体系设计流程

（一）明确企业薪酬战略

在既定的企业总体战略之下，企业需要制定的战略性薪酬决策一般包括以下内容：

（1）薪酬管理的目标是什么？如何支持企业战略的实施？如何调整薪酬战略以适应企业经营的需要？

（2）如何达成组织薪酬的内部协调一致性？

（3）如何适应组织外部市场的竞争性，即企业如何根据劳动力市场的薪酬水平定位本企业的薪酬水平？

（4）如何通过薪酬水平客观地反映员工的劳动绩效？

（5）如何设计与管理薪酬体系？

（6）如何提高薪酬成本有效性？

（二）职位分析与职位评价

职位分析是人力资源管理的基础工作，即科学编制或设计企业的组织结构图和组织系统内所有职务工种的职责与职权以及不同业务工作的说明、要求、标准等文件，并以货币金额显示每一职务或工种在本组织中的相对价值。职位分析使企业了解了各种职务或工种的特点及其员工的要求，但还不能回答怎样为这些职务工种制定报酬系统。因此，制定公平合理的报酬体系是非常重要的薪酬管理手段。现在比较通行的办法是依据员工的职位、能力和绩效支付薪酬。这里的基础是以员工工作职位或岗位来决定薪酬水平。所以，很多人比较重视职位或岗位的市场薪酬水平，认为按照市场的薪酬水平来决定企业薪酬水平的高低比较公平合理。事实上，任职者所感受到的公平合理，一方面，来自外部市场上同类职位薪酬水平相比较的结果；另一方面，则来自内部同类同级别职位人员薪酬水平的比较。因此，企业不仅要关注职位的绝对价值，还要关注职位的相对价值，而职位的相对价值则要通过职位评价来确定。职位评价是职位分析的必然结果，同时又以职位说明书为依据，即职位评价就是要评定职位的价值，制定职位的等级，以确定工资收入的计算标准。因此，职位评价的对象是职位，而非任职者。职位评价反映的是职位的相对价值，而不是绝对价值。

（三）薪酬调查分析

薪酬调查分析主要是调查分析本行业、本地区尤其是主要竞争对手的薪酬状况，以保证组织薪酬制度内部和外部的公平合理性。因此组织首先要进行全面的企业内部薪酬满意度调查，以了解企业内部的薪酬现状及发展需求，做到发现问题、弄清原因、明确需要，确保薪酬体系设计的客观性与科学性；同时，还要对同类、同行企业的外部薪酬水平状况做深入细致的调查。但由于这些调查对象一般都是竞争对手，且薪酬制度往往被其视为企业的商业机密，一般不愿意提供实质性的调查资料。所以，薪酬市场调查分析一般会比较困难，需要企业从多方面、多渠道进行，直接或间接地搜集调查资料。

薪酬调查分析的主要内容一般包括以下三个方面。

1. 目标企业的薪酬政策

目标企业的薪酬政策包括薪酬的策略，是控制成本还是激励或吸引员工；薪酬管理模式是高弹性模式、稳定性模式还是折中式模式；薪酬的其他政策，包括加班费计算、试用期限及薪酬标准等。

2. 薪酬的结构信息

薪酬的结构信息主要包括企业职位或岗位的组织结构体系设计；薪酬等级差，最高等级与最低等级差；薪酬的要素组合，即基本工资与浮动工资的比例；货币工资与福利工资的比例；绩效工资的设计；等等。

3. 薪酬的纵向与横向水平信息

薪酬的纵向与横向水平信息包括基本薪酬信息、可变薪酬信息及福利薪酬信息等。

（四）确定薪酬结构和水平

通过职位分析与评价，可以表明每一个职位（岗位）在企业相对价值的顺序、等级。工作的完成难度越大，对企业的贡献越大，其重要性就越大，这也就意味着它的相对价值越大。通过薪酬调查以及对组织内、外部环境的分析，可以确定组织内各职位（岗位）的薪酬水平。规划各个职位（岗位）的薪酬幅度、起薪点和顶薪点等关键指标。要使工作的相对价值转换为实际薪酬，需要进行薪酬结构设计。

薪酬结构是指工作的相对价值与其对应的工资之间保持的一种关系。这种关系不是随意的，是以服从某种原则为依据，具有一定的规律，这种关系通常用“工资结构曲线”来表示。

从理论上讲，薪酬结构线可呈任意一种曲线形式，但实际上它们多呈直线或由若干直线段构成的一种折线形式。这是因为薪酬设计必须遵循的基本原则是公平性。美国心理学家亚当斯的公平理论认为，组织内各职位或岗位员工的报酬与员工的付出应基本相等。职位评价的结果，各职位或岗位的相对价值就是员工付出的反映。因此，绘制薪酬结构线各点的斜率应该基本相等，薪酬结构线呈直线。典型的薪酬结构线如图 7–2 所示。

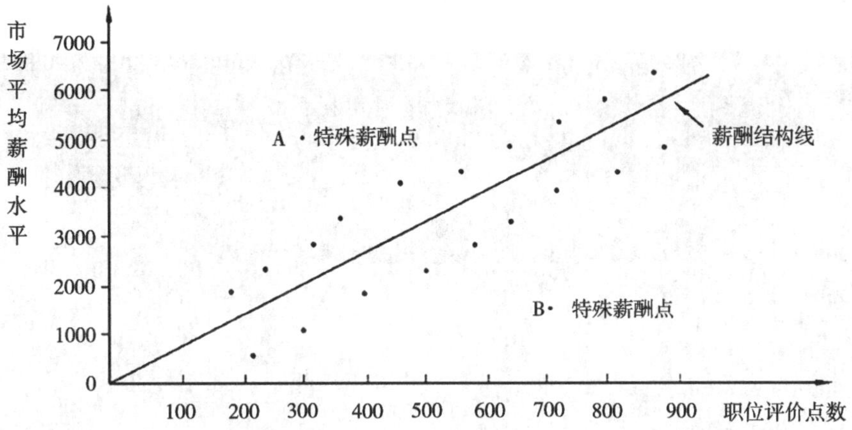

图 7-2　某公司的薪酬结构曲线

一般来说，薪酬调查的结果或职位评价的结果，即外部公平性和内部公平性是一致的，也就是说内部市场薪酬水平和评价点数或序列等级确定的薪酬点都分布在薪酬结构线的周围。但是，有时也会出现不一致的情况，这时薪酬点就会明显地偏离薪酬结构线。如图 7-2 中的 A、B 两点，这表明内部公平性和外部公平性之间出现了矛盾。例如，A 点表示该职位按照内部公平性确定的薪酬水平要高于市场平均的薪酬水平。当内部公平性和外部公平性不一致时，通常要按照外部公平性优先的原则来调整这些职位薪酬水平，否则，要么就是这些职位的薪酬水平过低（如图 7-2 中 B 点），无法招聘到合适人员，要么就是薪酬水平过高，企业承担了过高的成本。

上述某公司的薪酬结构曲线表示该企业现在的工资率。若其与市场工资率偏离过大，则必须根据自己的薪酬策略或采取一些措施予以调整，调整后再绘出新的薪酬结构曲线图。

（五）薪酬分级和定薪

绘制好组织薪酬结构曲线以后，从理论上讲，基本薪酬的设计也就结束了，按照职位评价的结果，通过薪酬结构曲线就可以确定每个职位的基本薪酬水平。但在实践中，这种做法不太现实，尤其是当企业的职位数量比较多时，如果针对每个职位设定一个薪酬标准，会大大提高企业的管理成本。因此，在实际操作中，还需要在薪酬的每一标准内增设薪酬等级，即在众多类型工作职位的薪酬标准内再组合成若干等级，形成一个薪酬等级标准系列。通过职位评价点数的得分高低与薪资分级标准对应，可以确定每一个职位工作的具体薪酬范围或标准，以确保职位薪酬水平的相对公平性。

复习思考

1. 简述薪酬的含义及构成。
2. 合理的薪酬管理应遵循哪些基本原则?
3. 基本薪酬制度（薪酬体系）主要有哪几种?
4. 薪酬体系设计一般应包括哪些步骤?

第八章

职业生涯管理

学习目标

1. 理解职业生涯的内涵。
2. 了解职业生涯管理的相关理论及其指导意义。
3. 掌握个人职业生涯规划的方法。
4. 了解组织职业生涯管理的方法。

案例导入

李开复的成功三部曲

李开复生于中国台湾地区，1988年获美国卡内基梅隆大学计算机博士学位，1990—2009年先后在美国苹果计算机公司、SCI计算机公司、微软公司和谷歌公司担任高层管理者，2009年9月从谷歌离职后创办创新工场，并任董事长兼首席执行官。

李开复结合自己的人生经历，总结了人生成功的三部曲。他提出，人生成功的第一步是“把握人生目标，做一个主动的人”。李开复谈到自己人生的目标时说：“人生只有一次，我认为最重要的就是要有最大的影响力，能够帮助自己、帮助家庭、帮助国家、帮助世界、帮助后人，能够让他们的日子过得更好、更有效率，能够为他们带来幸福和快乐。”因此，李开复从大学二年级起就把“影响力”当作自己的人生目标。

李开复认为人生成功的第二步是“尝试新的领域、发掘你的兴趣”。他认为“每个人都应了解自己的兴趣、激情和能力，并在自己热爱的领域里充分发挥自己的潜力”。李开复在美国哥伦比亚大学一开始学的是法律，但是到了大学二年级时，他发现自己并不喜欢这个专业，他在接触计算机之后，喜欢上了这个专业，随后便转入了计算机专业学习。结果，李开复在计算机领域第一个开发出了“非特定人连续语音识别”系统，开发出了击败人类的国际象棋世界冠军“奥赛罗”人机对弈系统。

李开复提出人生成功的第三步是“针对兴趣，定阶段性目标，一步步迈进”。他提出“制定具体目标时必须了解自己的能力。目标设定过高固然不切实际，但目标也不可定得太低，还要及时调整目标”。李开复正是以他的职业发展历程，演绎着成功的职业人生，并不断实现着自己的“有影响力”的人生目标。

第一节　职业生涯管理概述

一、职业的含义及特点

（一）职业的含义

所谓职业，是指人们为了获取物质报酬而从事的连续性的社会活动，是指人们从事的相对稳定的、有收入的、专门类别的工作，是人的社会角色的一个极为重要的方面。职业的产生同社会分工是不可分的。劳动者相对稳定地从事某类专门的社会工作，并从中获取收入，这类社会工作便成为劳动者的职业。

从广义上讲，职业生涯是指一个人从职业学习开始至职业劳动结束的整个过程。狭义的职业生涯限定于直接从事职业工作的这段生命时光，上限始于任职人之前的职业学习和培训。广义的职业生涯是从职业能力的获得、职业兴趣的培养、选择职业、就职直至最后完全退出职业劳动的过程。

职业生涯是个体的行为经历，而非群体或组织的行为经历。职业生涯是时间概念，指职业生涯期。狭义的职业生涯起始于最初工作之前的专门的职业学习和训练，终于完全结束或退出职业工作。就广义而言，职业生涯是指从职业能力的获得、职业兴趣的培养、选择职业、就职直至最后退出职业劳动的职业发展过程，可以由出生之始到完全结束职业工作为止。职业生涯是个动态的概念，不仅表示职业工作时间的长短，而且内含职业发展、变更的经历过程，包括从事何种职业、职业发展阶段、由一种职业向另一种职业的转换等内容。

综上所述，职业生涯就是指一个人一生从事职业的全部历程。这整个历程可以是间断的，也可以是连续的，它包含一个人所有的工作、职业、职位的外在变更和对工作态度、体验的内在变更。

（二）职业的特点

1. 职业具有专业性

职业是某种专门的、具体的社会分工。不同职业对从业人员有不同的要求，越来越多的职业对从业人员提出了进入职业的资格条件。

2. 职业具有经济性

劳动者从事某项职业的目的是从中取得经济收入。换句话说，劳动者是为了取得收入，才长期、稳定地承担某项社会分工，从事该项职业。没有经济报酬的工作不是职业工作。

3. 职业具有社会性

职业是劳动者所进行的社会工作。

4. 职业具有稳定性

劳动者连续地、不间断地从事的某种社会工作，才称为劳动者的职业。今天干这个，明天干那个，后天又改行，职业就难以形成。可以说，离开了工作的稳定性，就无所谓职业。

总之，职业是劳动者所获得的一种劳动角色。职业的根源是社会分工。在整个社会生产过程中，有诸多工种或岗位，形成了社会劳动分工体系的一个个环节。这些不同工种、岗位或特定环节，赋予劳动者以不同的工作内容、不同的责任和义务、不同的声誉和社会地位以及不同规范的劳动行为模式。当劳动者稳定地在社会分工体系中从事某一工作，并依靠这一工作获得生活来源时，就成了职业工作者，也就有了特定的社会标记，成了工人、医生、记者、工程师、企业家、科学家、编辑、邮递员、乘务员、营业员等千万种社会职业角色之中的某一种角色。

（三）职业生涯管理及其意义

职业生涯管理是指个人和组织对职业历程的规划、对职业发展的促进等一系列活动的总称，包含职业生涯决策、设计、发展和开发等内容。职业生涯管理的意义如下：

第一，有助于提高个人人力资本的投资收益。在职业生涯设计的基础上，有的放矢地投资，获取所必需的职业能力，提高人力资本投资的收益。

第二，有助于降低改变职业通道的成本。从事某项职业后再改变职业通道，成本特别是机会成本很高。职业生涯管理能够有效地避免或减少改变职业通道的成本。

第三，有助于组织的发展。组织通过职业生涯管理，了解并整合各种类型的人力资源，最大限度地做到“人尽其才，职得其人”，有利于组织与个人的共同发展。

二、职业生涯管理理论

（一）职业选择理论

职业选择是指劳动者依照自己的职业期望和兴趣，从对职业的评价、意向、态度出发，凭借自身能力从社会现有的职业中进行挑选的过程。职业选择就是要促使自身能力素质和职业需求特征相符合。在人们一生的职业生涯中，职业选择是其中一个相当重要的环节。为此，许多心理学家或职业指导专家对职业选择的问题进行了专门的研究，提出了自己的理论。这里介绍其中 3 种较有影响的职业选择理论。

1. 人格类型理论

人格类型理论也称职业性向理论，是美国职业心理学家霍兰德在 20 世纪 60 年代创立的。该理论强调个人与环境之间的匹配，对人才测评的发展产生了重要的影响。霍兰德认为，职业选择是个人人格的反映和延伸，职业选择取决于人格与职业的相互作用。在人格和职业的关系方面，霍兰德提出了一系列假设。

在现实的文化中，可以将人的人格分为 6 种类型：现实型、研究型、艺术型、社会型、企业型与传统型。每一特定类型人格的人，会对相应职业类型中的工作或学习感兴趣。

在上述理论假设的基础上，霍兰德提出了人格类型与职业类型模式。不同类型人格的人需要不同的生活或工作环境。例如，“现实型”的人需要实际型的环境或职业，因为这种环境或职业才能给予其所需要的机会，这种情况即称为“和谐”。若类型与环境不和谐，则该环境或职业无法提供个人的能力与兴趣所需要的机会和奖励。

霍兰德在其所著的《职业决策》一书中描述了6种人格类型及其相应职业。

（1）现实型（realistic）。基本的人格特征是真诚坦率，注重现实，讲求实际；喜欢有规则的具体劳动和需要基本操作技能的工作；动手能力强，但不善言辞，缺乏社交能力，不适应社会性质的职业。具有这种类型人格的人有典型的职业，包括技能性职业（如一般劳工、技工、修理工、农民等）和技术性职业（如制图员、机械装配工等）。

（2）研究型（investigative）。其人格特征是抽象思维能力强，求知欲强，肯动脑筋，善于思辨；喜欢智力的、抽象的、分析的、理想的、独立的、有创造性的定向工作；知识渊博，有学识才干，但缺乏领导才能。其典型的职业包括科学研究人员、教师、工程师等。

（3）艺术型（artistic）。基本的人格特征是富于想象、冲动、直觉、无秩序、情绪化、理想化；有创意、不重实际；喜欢艺术性质的职业和环境，乐于创造新颖的、与众不同的艺术成果；渴望表现自己的个性，不善于事务工作。其典型的职业包括艺术方面的演员、导演、艺术设计师、雕刻家等，音乐方面的歌唱家、作曲家、乐队指挥等，文学方面的诗人、艺术家、小说家、剧作家等。

（4）社会型（social）。基本的人格特征是合作、友善、助人、负责、圆滑、善社交、善言谈、洞察力强等；喜欢参与解决人们共同关心的社会问题，看重社会义务和社会道德，有教导别人的能力。其典型的职业包括教育工作者（如教师、教育行政工作人员）和社会工作者（如咨询人员、公关人员等）。

（5）企业型（enterprising）。基本的人格特征是勇于竞争，敢于冒险，独断、自信、精力充沛、善于社交；追求权力，喜欢从事领导及企业性质的职业。其典型的职业包括政府官员、企业领导、销售人员、律师等。

（6）传统型（conventional）。基本的人格特征是顺从、谨慎、保守、实际、稳重、有效率等；喜欢按计划办事，习惯接受他人的指挥和领导，不喜欢冒险和竞争，自己不谋求领导职务。其典型的职业包括秘书、办公室人员、会计、行政助理、图书馆员、出纳员、打字员、税务员、统计员、交通管理员等。

霍兰德认为，劳动者与职业之间应实现相互适应，只有当同一类型的劳动者与职业相互结合时，劳动者的才能与积极性才能得到充分发挥。然而上述的人格类型与职业关系也并非绝对一一对应。霍兰德在研究中发现，尽管大多数人的人格类型可以划分为某一类型，但个人又有着广泛的适应能力，其人格类型在某种程度上相近于另外两种人格类型，则也能适应另两种职业类型的工作。也就是说，某些类型之间存在着较多的相关性，同时每一类型又有极为相斥的职业环境类型。

2. 人职匹配理论

人职匹配理论最早由美国波士顿大学的帕森斯教授提出，这是用于职业选择与职业指导的最经典的理论之一。1909年，帕森斯在其所著的《选择一个职业》一书中，明确阐述了职业选择的三大要素和条件：第一，应该清楚地了解自己的态度、能力、兴趣、智谋、局限和其他特征；第二，应清楚地了解不同职业工作岗位的要求、职业选择成功的条件、优缺点、薪酬水平、机会和前途；第三，上述两个条件的平衡。帕森斯的理论内涵即在清楚认识、了解个人的主观条件和社会职业岗位需求条件的基础上，将主客观条件与社会职业岗位（对自己有一定可能性）相对照、相匹配，最后选择一种职业需求与个人特长匹配相当的职业。

人职匹配分为两种类型。一是条件匹配，即所需专门技术和专业知识的职业与掌握该种特殊技能和专业知识的择业者相匹配，如脏、累、险劳动条件很差的职业，需要吃苦耐劳、体格健壮的劳动者与之相匹配。二是特长匹配，即某些职业需要具有一定的特长，如具有敏感、易动感情、不守常规、有独创性、个性强和理想主义等人格特性的人，宜从事审美性和自我情感表达的艺术创作类型的职业。

帕森斯的人职匹配理论作为职业选择的经典性原则，至今仍然正确、有效，并对职业生涯管理、职业心理学的发展具有重要的指导意义。

3. 职业锚理论

职业锚的概念是埃德加·施恩首先提出来的，其研究的范围是管理者的职业发展和社会化过程以及组织文化和领导。施恩的职业锚理论在美国社会心理学界有着广泛而深入的影响。

所谓职业锚是指个人依据自己的需要、动机、价值观和能力，经过不断的探索所确定的长期职业定位。因此，也可以把它视为一种职业选择理论。

职业锚的核心内容是职业自我观，即对职业的自我审视和看法，它包括三部分内容。

（1）自我认知的才干和能力（以各种作业环境中的实际成功为基础）。

（2）自我认知的动机和需要（以实际情景中的自我测试和自我诊断以及他人的反馈为基础）。

（3）自我认知的态度和价值观（以自我与组织以及工作环境的准则和价值观之间的实际状况为基础）。

职业锚强调的是个人能力、动机和价值观三方面的相互作用与整合，这是一个不断审视自我，逐步明确自己的需要和价值观，并根据个人的需要和价值观不断完善发展自己能力的过程。当然，职业锚也不是绝对固定不变的，它也会随着个人条件和客观环境的变化而变化，尤其是在个人职业发展的后期阶段。

每个人的需要、动机、价值观和能力是各不相同的，施恩根据他的研究，将职业锚分为5种类型：技能或职能型职业锚、管理能力型职业锚、创造型职业锚、安全感型职业锚、自主型职业锚。后来他又补充了3种类型，即纯挑战型职业锚、服务型职业锚和生活型职业锚。

职业锚是个人早期职业发展过程中逐步确立的职业定位，在职业的选定或开发中，员工个人起着决定性的作用。为此，个人要提高职业的适应性；要借助组织的职业规划选定职业目标，发展或塑造职业角色形象；要培养和提高自我职业决策能力和决策技术。同样，组织对职业锚的开发也有着重要作用：给员工分配具有挑战性的工作，为其建立职业锚提供机会；指导、帮助员工寻找职业锚；为员工建立职业锚设置通道，并制订实施计划。

（二）职业发展理论

每个人的职业生涯都要经历许多阶段，只有了解了不同阶段的特征、知识水平、能力要求和各种职业偏好，才能更好地促进个人的职业生涯发展。西方国家对职业生涯的发展有比较系统、深入的研究，这里着重介绍两种职业发展理论。

1. 萨柏的职业生涯发展阶段理论

萨柏是美国一位有代表性的职业管理学家。萨柏的职业生涯发展阶段理论是一种纵向职业指导理论，重在对个人的职业倾向和职业选择过程本身进行研究。萨柏把人的职业生涯划分为5个主要阶段：成长阶段、探索阶段、确立阶段、维持阶段和衰退阶段。

（1）成长阶段（14 岁以前）。此阶段属于认知阶段。一个人通过对家庭成员、朋友、老师的认同以及与他们之间的相互作用，逐渐建立自我概念，并经历对职业从好奇、幻想到兴趣，再到有意识培养职业能力的逐步成长过程。成长阶段又可分为 3 个时期。

1）幻想期（4~10 岁）：儿童从外界获得各种有关职业的知识，对于自己觉得好玩和喜爱的职业充满幻想，并进行模仿。

2）兴趣期（11~12 岁）：儿童以兴趣为中心，理解和评价职业，并做出职业选择。

3）能力期（13~14 岁）：儿童开始考虑自身条件是否与喜爱的职业相符，有意识地进行能力培养。

（2）探索阶段（15~24 岁）。此阶段属于学习打基础阶段。个人将认真地探索各种可能的职业选择，并对自己的能力和天资进行现实性评价，试图根据自己的职业选择做出相应的教育选择。在这一阶段，个体常常会结合自己的兴趣和社会需要，做出一些带有试验性的和较为宽泛的职业选择。随着个人对所选职业以及自我的进一步了解，这种最初选择可能会被重新选择所替代。探索阶段由以下 3 个时期组成。

1）试探期（15~17 岁）：综合认识和考虑自己的兴趣、能力与职业社会价值、就业机会。开始对未来职业进行尝试性选择，此时的选择范围会逐渐缩小。

2）转变期（18~21 岁）：正式进入劳动力市场，或者进行专门的职业培训，由一般性的职业选择转变为特定目标的选择。

3）尝试期（22~24 岁）：选定工作领域，开始从事某种职业，对职业发展目标的可行性进行实验。

（3）确立阶段（25~44 岁）。此阶段属于选择、安置和发展阶段，是大多数人职业生命周期的核心部分。经过早期的试探与尝试后，最终确立稳定职业，并谋求发展的阶段。一般也经过 3 个时期。

1）尝试期（25~30 岁）：对初就业所选定的职业和目标进行检讨，思考其选择的领域是否合适。如有问题需重新选择和变换职业，重点是寻求职业及生活上的稳定。

2）稳定期（31~40 岁）：有了一段时间的职业经历以后，人们将最终确定稳定的职业目标，并致力于实现这些目标。

3）危机期（31~44 岁）：在结合现实的情况下，若人们发现自己并没有朝着自己的职业目标靠近或者发现了新的目标，此时，他们需对自己最初的理想、抱负和目标进行再次评估，并第一次不得不面对一个艰难的抉择。

（4）维持阶段（45~64 岁）。此阶段属于升迁和专精阶段，是职业生涯发展的后期阶段。这一阶段的劳动者由于长时间在某一职业岗位上工作，在该领域已具有一席之地，一般达到常言所说的“功成名就”层面，已不再考虑变换职业，只力求保住这一位置，维持已取得的成就和社会地位。

（5）衰退阶段（65 岁及以上）。这一阶段是职业生涯的尾声阶段。临近退休时，人们的健康状况和工作能力逐步衰退，即将退出工作岗位，结束职业生涯。因此，这一阶段要学会接受权利和责任的减少，学习接受一种新的角色，适应退休后的生活，以延缓身心的衰退，维持生命力。

2．金斯伯格的职业发展理论

美国著名的职业指导专家、职业生涯发展理论的先驱和典型代表人物金斯伯格对职业生涯的发展进行过长期研究。他研究的重点是从童年到青少年阶段的职业心理发展过程，通过比较美国富裕家庭的人从童年期到成年早期的成熟过程中的有关职业选择的想法和行动的研究，将职业生涯发展分为幻想期、尝试期和现实期 3 个阶段。

（1）幻想期（11 岁之前）。这个时期，儿童对大千世界，特别是对于他们所看到的或接触到的各类职业工作者（如教师、医生、护士、警察、军人、飞行员、演员和售货员等）充满了新奇，幻想着长大成为什么样的人。他们常常在游戏中扮演自己所喜爱的角色，甚至在日常服饰打扮和语言行动上进行效仿。此时期的职业需求特点是：单纯由自己的兴趣爱好所决定，并不考虑自身的条件、能力水平和社会机遇，完全处于幻想之中。

（2）尝试期（11~17 岁）。该阶段为接受初等和中等教育并由少年向青年过渡的时期。此时，人的心理和生理各方面均在迅速成长和变化，独立意识、价值观念逐步形成，知识和能力显著增长，初步获取社会生产与生活的经验。在职业需求上呈现出的特点是不仅注意自己的职业兴趣，还会客观地审视自身各方面的条件、能力和价值观，开始注意职业角色的社会地位和社会对该职业的需要。尝试期又可分为 4 个阶段。

1）兴趣阶段（11~12 岁）：开始培养自己对某些职业的兴趣。

2）能力阶段（13~14 岁）：以个人的能力为核心，衡量并测验自己的能力，并将其表现在各种相关的职业活动上。

3）价值观阶段（15~16 岁）：逐渐了解自己的职业价值观，兼顾个人与社会的需要，以职业的价值性选择职业。

4）综合阶段（17 岁）：对上述 3 个阶段进行综合考虑，参考相关的职业选择资料，从而正确了解和确定未来的职业生涯发展方向。

（3）现实期（17 岁以后）。人们即将步入社会劳动，他们能够客观地把自己的职业愿望或要求同自己的主观条件和能力以及社会现实的职业需要密切联系和协调起来，寻找适合自己的职业角色。此时，人们已具有十分具体的和现实的职业目标。现实期又可分为 3 个阶段。

1）试探阶段：根据尝试期的结果进行各种试探活动，试探各种职业机会和可能的选择。

2）具体化阶段：根据试探阶段的经历做进一步的选择。

3）专业化阶段：依据自我选择的目标，做具体的就业准备。

第二节　职业生涯的自我认知及测量

一、能力及测量

（一）能力的定义

能力是指人们能顺利地完成某种活动所必须拥有的个性心理特征。能力在促使活动顺利完成的同时对活动效率有着直接的影响。在现实生活中，有些人擅长体育运动，有些人精通音乐，有些人具有很好的记忆力，有些人具有较强的创新能力等，这一类特征就是人们所说的体现在每个人身上的能力。能力包含两重内涵：实际能力和心理潜能。已经表现出来的实际能力，可以用仪器、工具测量出来；尚未表现出来的心理潜在能力，通过训练或者学习以后有可能发展起来。人们常说的能力同时包含以上两个方面的内容。

（二）能力与智力

虽然在心理学界中，智力一词一直以来都备受关注，但是关于智力，到目前为止还没有出现统一的定义。很多学者从不同的角度出发阐明智力的含义。有学者认为智力就是抽象思维能力，如：比奈提出智力就是透彻的理解、适当的推理、正确的判断能力；特曼提出，一个人的智力与抽象思维能力成正比。有学者提出，智力就是学习能力，学习成绩显示智力水平。布朗综合智力的抽象思维能力和学习能力定义，提出智力是学习能力、推理、应对新情境和保持知识的能力。在我国，大多数心理学家提出，智力是一种概括和抽象的综合能力，即记忆力、想象力、观察力、思维能力的综合，其核心是抽象概括能力，创造能力是智力的高级表现。

对于能力、智力两者的关系，国内外学者的看法也不一致，但主要有以下三种观点：第一，能力包含智力。智力是能力的一种，即认知能力，在苏联和我国的心理学教材中，大多支持这一观点。第二，智力包含能力。大多数西方心理学家支持这一观点。第三，能力相对独立论。能力和智力是相互区别又相互联系的概念。能力侧重于活动，智力侧重于认知。能力主要解决“能与不能”的问题，智力主要涉及“知与不知”的问题。虽然能力和智力有一定的区别，但在很多情形下还是可以互用的。

（三）能力与知识、技能

能力与知识、技能三者之间既有联系，又有区别。一方面，能力与知识、技能相辅相成、相互联系；另一方面，知识、技能与能力因所属范畴和现象的不同而又相互区别。

知识是人类社会历史经验的概括和总结。知识既是个体心理活动的对象和内容，又是个体心理活动的结果。当它以思想观念等形式被个体认识时，就变成了个体意识和个体的知识系统，影响人们去完成改造现实的某些活动。能力是为了成功完成活动而在个体身上经常稳定地表现出来的心理特征。知识不等于能力，但是在掌握知识和对知识材料进行加工的心理活动过程中，则离不开能力。比如，学习和掌握数学公式及其推导过程属于知识范畴，而决定这个推导过程的概括、分析活动的身心条件则属于能力范畴。

能力与技能不同。技能是一种通过训练而巩固的自动化的活动方式。它是通过行动方式的形式被人们所掌握，而能力是针对进行活动的可能性而言的。

通常情况下，知识的掌握有助于技能的形成，而知识的掌握和技能形成又能促进和推动能力的发展。从掌握的速度来看，知识、技能的掌握较快，而能力则要以多方面的知识和技能为基础，并经过反复多次的练习才能形成。

能力与知识、技能是相辅相成、紧密相连的。首先，能力是在知识和技能的掌握过程中形成和发展起来的，知识积累越多，技能学习越强，就越有利于促进能力的发展，知识、技能是能力形成与发展的基石。如果一个人缺乏必要的、基本的知识、技能，就会对其能力的发展造成巨大的障碍。其次，知识、技能的掌握又是以一定的能力作为前提条件的。能力是掌握知识、技能的一种主观条件，直接影响人们掌握知识、技能的快慢，并决定知识、技能的巩固程度。

（四）能力的分类

能力与活动密切相关。不同的活动领域对人们提出了不同的能力要求，如艺术活动要求参与者具有创造力，市场调查活动要求参与者具有归纳推理能力，飞行活动要求飞行员具有较强的空间视知觉能力等。

1. 一般能力与特殊能力

一般能力是指在很多种基本活动中表现出来的能力，是每一个个体完成一切活动都必须具备的共同能力，主要包括语言能力、思维能力、记忆能力、想象能力和操作能力。一般能力通常也被称为“智力”。特殊能力是指出现在某种专业活动中的能力，它只适用于某种狭窄的活动范围，如语言能力、色彩鉴别能力、节奏感受能力等其他专业技术能力。一般能力与特殊能力是辩证统一的，一般能力在某种专业活动中得到了特殊的发展，就有可能发展成为特殊能力的组成部分。例如，一个具有一般思维能力的人长期在数学领域发展，并不断地把这种一般的思维能力运用到实践中，那么这种一般的思维能力就极有可能发展成为特殊的计算能力；而在特殊能力得到发展的同时，也会促进一般能力发展。这也就是为什么许多成功人士除了在本领域工作出色以外，在其他方面也常常表现得很好。

2. 基本能力和综合能力

基本能力是指某些单因素能力，即主要通过大脑某一种功能完成的心理活动中体现出来的能力，如感知、记忆、思维、肌肉运动等能力。

综合能力是指通过由许多基本能力分工协作完成的活动中表现出来的能力，如数学能力、音乐能力、管理能力等，这些都是由基本能力结合而成的综合能力。

3. 模仿能力和创造能力

模仿能力是指通过观察别人的行为、活动来学习各种技能，并以同样的方式做出反应的能力。模仿分为正模仿和反模仿。正模仿即复制他人的行为，反模仿即不复制他人的行为。模仿也可以分为即时模仿和延迟模仿。即时模仿指立即模仿他人的行为，延迟模仿是指在观察学习后并不立即模仿，待时机成熟时再做出反应。

创造能力是指形成新思想和制造新产品的能力。具有创造力的人能超越具体知觉情景的限制，摆脱传统观念、思维定式和习惯思维的束缚，独具慧眼，能发现事物的新性质和新关系，发现新原理，提出新理论，发明新产品。

模仿能力和创造能力是两种不同的能力。动物具有模仿能力，但不具有创造能力。人的模仿能力和创造能力有显著的个体差异，有人擅长模仿，但创造力较差；有人既擅长模仿，又擅长创造。模仿能力和创造能力也有密切关系。模仿可以分为机械模仿和创造性模仿，创造性模仿中既有模仿也有创新。模仿也是创造力发展中的必要步骤，人们往往先学会模仿，然后才会创造。科学上的发现和创造，绝大多数是在他人工作的基础上进行的，如书法爱好者必须经过临摹阶段，通过长期练习才逐渐形成个人风格。

4. 认识能力、操作能力和社交能力

根据能力的不同功能，可以将能力分为认识能力、操作能力和社交能力。

认识能力是指与认识有关的能力，例如思维能力、感知能力、记忆能力等，是人们完成各种活动的最基本、最主要的心理条件。

操作能力指实际活动能力，如体育运动、机械操作等，是人们为了适应或改变环境条件，有意识地调节自己外部动作的能力，是掌握和施展技能所必须具备的心理条件。

社交能力是指参与社交活动的能力，是人们在社会群体活动中与他人保持协调关系所不可缺少的心理条件，是以认识能力为核心的多种能力的有机结合。

认识能力、操作能力和社交能力是相互联系的，在操作活动和社会交往中，人们不断地认识客观世界和主观世界，提高认识能力。反过来，人们又依靠他们对客观世界和主观世界的认识，调节自己的操作活动和社会交往，增强实践效率和对社会环境的适应。

（五）能力测量

人的能力是在人类活动中发展和显现的，能力的高低也可通过人的客观活动加以测量。以各种量表测量一个人能力的方式，称为能力的测量。能力测量是心理学应用于社会，服务于人类的具体表现。能力测验有很多种：一般能力测验和特殊能力测验、个人测验和团体测验、文字测验和非文字测验等。

智力测验即一般能力测验，它是用来测量人智力水平的一种方法，测量智力的工具称为智力量表。由于一个人智力的高低一般用智力商数（简称智商）来表示，所以智力测验又称为智商测验。智力测验的目的在于测量智力的高低，辨别智力的发展水平。

二、人格及测量

（一）人格的定义

人格一词来源于希腊语中的“persona”，表示的是演员在舞台上表演所戴的面具，后来被心理学家借用来阐释每个人在人生舞台上扮演的不同角色及其与他人不同的精神风貌。不同的学者从不同的角度对人格做出了不同的界定。比较具有代表性的人格界定是普汶的观点，他认为人格是为个体的生活提供导向和模式（一致性）的认知、行为和情感的复杂组织。这种定义有三个方面的含义：个人整体的机能系统，认知、行为和情感间复杂的相互作用，时间在个人身上的连续性。

有的学者把人格定义为个人行为的全部品质，有的学者把人格认定为持久的、主观感，有的学者提出人格是个体特质的特别形式。大多数心理学家认为，人格是一个人特有的、相对稳定的行为方式。人格是由每个人所具有的能力、需求、情绪、动机、兴趣、态度、气质、性格、价值观和体制等方面以独特的方式结合的产物，具有自我的动力一致性和连续性。换言之，一个人过去的样子决定了他现在和将来的样子，人格决定了这种一贯性。

（二）个性（人格）与性格、气质

当我们说某人“很有个性的时候”，实际上是在做出一种肯定的评价，指的是此人具有某些良好的品质。在不同文化中，被认为是值得提倡的良好性格可能有所不同。例如，在美国文化中那些富有魅力、友善、好交际的人被认为是有性格特点的人；但是，在某些文化中，人们会认为凶悍、好战、野蛮是值得提倡的性格特征。但是不论在哪一种文化中，每个人都有其个性。同时，一个人在某种文化中可能被认为是有性格的人，而在另一种文化中被认为是没有性格的人。因此，个性与性格并不是同义的。

个性与气质也不是同义的。气质是形成个性或人格的“原料之一”，是人格的先天遗传成分。气质决定着一个人的反应敏感度、活动水平、心境、可塑性和适应性。即使是新生婴儿，他们在气质上也存在着差别。

（三）人格的测量

人格测验得到发展有两条重要的历史线索。首先，20 世纪初，非结构化的投射技术，如罗夏墨迹测验占据了人格测验的主要地位，而后又逐渐失去其主流地位。其次，20 世纪中期，结构化的方法，如自陈量表和行为测量占据了主要的地位，随后迅速地成为主流。当代的人格测量主要基于两种取向在发展：理论演绎法和经验校标法。

1. 结构化人格测验

（1）迈尔斯－布里格斯性格类型测验。

迈尔斯－布里格斯性格类型测验（Myers-Briggs Type Indicator，MBTI）是近年来世界上广泛使用的一个测验，用于考察参测人员在组织中的贡献、领导风格、偏好的工作环境、潜在的缺陷等个性特征与潜力，属于类型学测验。它是基于荣格的类型学理论发展起来的。

MBTI 共包括四个大的维度，每个维度由两个相对的类别构成，分别是：外向—内向、感觉—直觉、思考—情感、判断—直觉。所以，MBTI 将人分成了八种不同的类型。依据这种理论，上面这八种类型的区分几乎可以面对所有人。每个人都可以在 MBTI 中找到自己的相应类型。对于每个维度中的两种不同类型，可以看作个体先天特征的不同方面。

MBTI 的目标就是要通过对题目的回答和精确的计分方式，将不同个体的特点加以准确的区分。在每个对应的种类问题中，都可以找到细微的差异，是为了看出个体之间偏好上的不同，并且所有的条目都是采用迫选的方式。这种方式要求被测试者在两种相近的喜好或是两种相似的精神类型中必须选择出其中的一个。这样我们就可以更清楚地得到想要的结果，从而进行更细致的划分。

（2）卡特尔的 16 种人格因素测验（16PF）。

卡特尔接受了奥尔波特的特质定义，认为特质就是人在不同时期和情境下都保持的行为的一致性。他主张人格结构的基本元素是特质，并对奥尔波特的 18 000 个与人格有关的词汇进行归类，得到 171 个与人格有关的基本词，之后对这 171 个基本词进行相关分析，得到了 16 种基本特质。卡特尔认为，它们是构成人格的最基本的要素，他称这 16 种特质为根源特质，是行为的决定因素。

卡特尔依据他的人格理论，经过几十年的系统观察、科学实验，用因素分析统计法编制了一种精确可靠的测验，即 16PF。与其他同类的测验相比较，它能以同等的时间测量更多方面主要的人格特质，并可作为了解心理障碍和身心疾病诊断的手段，也可用于人才选拔。16PF 是一种应用广泛的迫选式人格问卷，目前共有五种版本。16PF 既可以团体施测，也可以个别施测。凡是有相当于初中以上文化程度的青壮年和老年都可以使用。

16PF 应用最大的动力来自职业指导、职业探测和职业测验。更多的实践者使用电脑陈述报告。这种报告吸引人的特征之一是它提供了有价值的信息，报告包含了人格描述，分数侧面图、临床征兆的总结、认知因素和需要模型。

2. 非结构化人格测验——投射

投射指把自己的想法、态度、愿望、情绪等个性特征，不自觉地反映于外界事物或他人的一种心理机制。投射测验是指向受测者提供一些意义比较模糊的刺激情景，让他在不受限制的情境下，自由表现出他的反应，分析反应的结果，从而推断他的人格结构。

与其他人格测验相比，投射测验有几个特点。首先，投射测验使用的是非结构的任务，允许被试者有各种各样不受限制的反应。刺激材料也很模糊，模棱两可。在这种情况下，被试者对材料的知觉和解释就可反映他的思维特点、内在需要、焦虑和冲突等人格。其次，测量目标具有掩蔽性。被试者一般不可能知道他的反应将作为何种心理学解释，从而减少了伪装的可能性。最后，投射测验强调解释的整体性，它关注人格的总体评估而不是单个特质的测量。

投射测验技术可以分为四大类别：第一，依据联想法编制的投射测验，就是让被试者根据刺激说出自己联想到的内容；第二，依据构造法编制的测验，就是让被试者根据他所见的图画编造一个故事；第三，依据表露法编制的投射测验，就是让被试者通过绘画、游戏或表演来自由表露他的心理状态；第四，依据完成法编制的投射测验，就是让被试者补充完成一些不完整的句子、故事或者辩论等材料。

第三节　职业生涯设计与管理

一、个人职业生涯规划

每个人都需要选择职业，每个人都渴望事业成功，但许多人并不知道什么职业最适合自己，怎样设计才容易事业有成。如“经商热”时，一些并无商业才能的人也纷纷“下海”去办公司；大学生毕业时，大多首先选择经济发达地区和大单位，其次才考虑专业及个人所长。这种“随大流”和“赶热门”的职业选择方式，由于欠缺对自身特点和环境的认识，往往难以在事业中有所发展。因此，对一个人的职业发展，组织虽然承担有重要责任，但真正对职业成长负有主要责任的仍然是个人。要想成就一番事业，就必须规划自己的职业生涯。

（一）个人职业生涯规划的内涵

个人职业生涯规划是指个人根据自身的条件和客观环境的分析与把握，确定自己的职业发展目标，并为顺利地实现这一职业发展目标对自己一生职业发展道路进行的规划。个人通过职业生涯规划，可以明确自己的职业方向，并努力地沿着这个方向充分提高自己，发挥自己的潜能，使自己迈向成功。无论从哪个角度讲，个人职业生涯规划对一个人的发展与成功都具有重要意义。

个人职业生涯规划是实现自我变革和自我管理的有效工具，有助于个人确定职业发展方向和路径，给人以目标引导和前行的动力。同时，职业生涯规划还有助于个人抓住重点，帮助个人安排日常工作的轻重缓急，平衡事业、家庭与个人之间的关系。

（二）个人职业规划的原则与步骤

职业生涯发展的有效规划取决于以下四个方面：一是对自己及环境有充分的了解；二是有切合实际的目标，包含个人的价值、兴趣、能力及期望的生活形态；三是事先制订并确实执行实现职业生涯目标的具体行动计划；四是不停地反省并且修正职业生涯目标，以适应环境的改变。据此考虑，良好的个人职业生涯发展规划应遵循一定的原则，按照规范的步骤进行。

1. 个人职业生涯规划的原则

（1）可行性。规划要有事实根据，它并不是美好的幻想或不着边际的梦想。

（2）适时性。规划是预测未来的行动，要确定将来的目标，因此各项主要活动何时完成都应有时间和时序上的妥善安排，以作为检查行动的依据。

（3）适应性。规划未来的职业生涯目标涉及多种可变因素，因此规划应有弹性，以增强适应性。

（4）持续性。人生每个发展阶段应能持续连贯衔接。

2. 个人职业规划的步骤

职业生涯规划一般经过职业自我综合评估与职业定位、职业生涯发展机会评估、职业生涯发展目标与路线的设定、职业生涯发展策略的制定、职业生涯规划的调整等5个步骤来完成。

（1）职业自我综合评估与职业定位。职业自我综合评估与职业定位是一种常用的基本的职业生涯规划方法，通过对自我、自我目标、环境及状况的综合分析和鉴定，员工能更好地选择他们的职业道路，确定他们的职业目标。进入职业生涯后，员工就可以把人生有限的精力、时间集中在一个特定的领域，最终可以少走弯路，减少挫折，形成相对优势，表现出较高的职业成就。这种方法强调自我剖析的核心作用及内容，能带来许多积极的影响，能使人们从长计议自己的职业。更重要的是，它能使人们在职业管理中充分考虑个人的责任，促使人们检查过去做出的职业选择以及这些选择的效果，并据此引导以后的职业选择。自我剖析还能鼓舞员工去尝试新的工作任务，挑战更艰巨的工作，使他们无论是在工作职责方面还是个人利益方面都能获得更多的机会。因此，自我剖析是职业生涯规划的基础，直接关系个人职业的成功与否。

（2）职业生涯发展机会评估。职业生涯发展机会评估主要是指分析内外环境因素对自己职业生涯发展的影响。环境为每个人提供了活动的空间、发展的条件、成功的机遇。特别是近年来，社会的快速变迁，科技的高速发展，市场的竞争加剧，对个人的发展产生了很大的影响。在这种情况下，充分利用外部环境将有助于事业的成功。制订职业生涯规划时，要分析环境的特点、发展变化情况、个人与环境的关系、个人在环境中的地位、环境对个人提出的要求以及环境中对自己有利与不利的因素等。环境分析主要是通过对组织环境特别是组织发展战略、人力资源需求、晋升发展机会的分析以及对社会环境、经济环境等有关问题的分析与探讨，弄清环境对职业发展的作用及影响，以便更好地进行职业目标规划与职业路线选择。

（3）职业生涯发展目标与路线的设定。职业发展必须有明确的方向与目标，目标的选择是职业发展的关键，因为坚定的目标是追求成功的驱动力。研究表明，一个人事业的成败很大程度上取决于有无适当的目标，凡是成功的人士都有明确的奋斗目标，而那些没有奋斗目标的人，很难获得成功。因此，一个未来的成功者必定是一个目标意识很强的人。

（4）职业生涯发展策略的制定。在确定了职业生涯目标后，要实现职业生涯目标还必须有相应的职业生涯策略做保证。职业生涯策略是指为争取职业生涯目标的实现所采取的各种行动和措施。例如，为实现工作目标，你计划采取哪些措施提高工作效率？在业务素质方面，你计划采取哪些措施提高业务能力？在潜能开发方面，你计划采取哪些措施开发潜能？参加公司的教育、培训与轮岗，构建人际关系网络，参加业余时间的课程学习，掌握额外的技能与知识，等等，都是实现职业目标的具体策略。职业生涯策略还包括为平衡职业目标与其他目标（如生活目标、家庭目标等）而做出的种种努力，实现个人在工作中的良好表现与业绩。职业生涯策略要具体、明确，以便定期检查落实的情况。

（5）职业生涯规划的调整。由于自身及外部环境条件的变化，职业生涯规划也要随着时间的推移而变化。由于个人对自身及外界环境都不十分了解，在制订职业生涯规划时，最初确定的职业生涯目标往往都是比较模糊或抽象的，有时甚至是错误的。经过一段时间的工作以后，有意识地回顾自己的言行得失，可以检验自己的职业定位与职业方向是否合适。这样，在实施职业生涯规划的过程中自觉地总结经验和教训，评估职业生涯规划，员工可以修正对自我的认知，通过反馈与修正，纠正最终职业目标与分阶段职业目标的偏差，保证职业生涯规划行之有效，同时还可以极大地增强员工实现职业目标的信心。

二、组织职业生涯管理

（一）组织职业生涯发展规划的含义和特征

1. 组织职业生涯发展规划的含义

组织职业生涯规划（organizational career planning）是组织根据自身的发展目标并结合员工的发展需求，制定组织职业需求战略、职业变动规划与职业通道，并采取必要的措施加以实施，以实现组织目标与员工职业发展目标相统一的过程。组织职业生涯发展规划的内容非常丰富，它不仅包含组织职业生涯发展规划的方法与程序，还包含组织人力资源招聘计划、职业生涯阶梯设置、组织继任计划、顾问计划、退休计划以及组织职业生涯发展规划落实措施等诸多内容。

2. 组织职业生涯发展规划的特征

结合职业生涯发展规划的内涵可以发现，良好的职业生涯发展规划应具有以下四个方面的特征。

（1）可行性。职业生涯发展规划必须依据个人及组织环境的现实来制订，从而使其成为能够实现和落实的计划，否则就会贻误职业生涯发展的良好时机。

（2）时间性。职业生涯发展规划是对未来职业生涯目标的确定及对未来职业行动的预测。因此，各项活动的实施与完成都应有时间和时序上的安排，以便作为检查行动的依据。

（3）灵活性。规划未来的职业生涯目标与行动涉及许多不确定因素，因此，规划应有弹性，随着外界环境和自身条件的变化及时调整规划内容，以增加其适应性。

（4）持续性。职业生涯目标是人生追求的重要目标，职业生涯规划应贯穿人生发展的每一个阶段，通过不断地调整与持续的职业活动安排，最终实现职业生涯目标。

（二）组织职业生涯发展规划的目标

组织的职业生涯发展规划为员工的职业生涯成功提供了基本的载体和科学的指导，对员工的职业生涯发展具有重要作用。从组织的角度来看，职业生涯发展规划也起着很关键的作用。成功的职业规划在招聘、吸引优秀员工中必不可少，而且有助于维持他们的工作热情。从更广泛的意义上来说，组织进行职业生涯发展规划能提高员工的工作质量，形成积极向上的工作态度并提高他们对企业的忠诚度。为此，组织职业生涯发展规划应体现以下四个方面的目标。

1. 实现员工的组织化

一般来说，员工的组织化即员工在一个组织中完成社会化，成为合格员工的过程。人力资源管理学者对于个人被接纳初入单位与被塑造成为合格员工的过程即组织化过程，给予了高度的重视。在这一过程中，个人要实现对职业岗位的适应、对组织文化的适应和职业心理的转换，组织则要把没有职业阅历或者有其他单位职业经历的新聘人员，塑造成为基本符合本单位需要的员工，即在本组织中被认同，能够完成组织工作，具有与老成员类似特征的人。

2. 实现员工发展与组织发展的统一

任何组织都是由从上到下各层次级别的一个个员工组成的，组织与员工之间的协调至关重要。职业生涯发展规划一方面为员工指明了发展的方向，另一方面也为员工发展提供了基础和条件。人力资源管理部门通过提供必要的信息，为员工创造成才的机会，给予员工必要的帮助与指导，同时又能满足组织的需要，从而实现员工的职业生涯目标与组织发展目标的统一。实施职业生涯发展规划，协调组织和员工的关系，认可员工个人的利益和目标，能够使员工的个人能力和潜能得到较大的发挥，使他们努力为组织完成生产经营任务，达到“双赢”。

3. 实现员工能力和潜能的发展

人力资源是一种能动性的资源，充分发挥其能力和潜能至关重要。通过职业发展规划，可以使组织更加了解员工的能力，从而恰当地使用这一资源。尊重人、尊重员工，是现代管理的理念。在组织正常发展的情况下，实行职业生涯发展规划和管理措施，尽量考虑员工的个人意愿，为员工提供发展机会，也是组织发挥员工主动精神的重要手段。

职业生涯发展规划依据员工个人的特点，考虑了不同员工的特殊需要，并据此设计了不同的职业发展途径，以使员工扬长避短，更好地发挥自身的优势。不同年龄、性别、学历的员工按照不同的方向和途径发展，可以获得更为平等的就业和发展机会，有利于全体员工技能水平、创造性、主动性的发挥，从而使员工在追求更高层次的自我价值实现的同时，得到持续稳定的发展。

4. 促进组织事业的长久发展

组织职业生涯发展规划是组织吸引和留住人才的重要措施。通过适当的职业管理工作，可以发挥每个人的才能和专长，使其担任一定的社会角色，提高个人的待遇和对未来职业发展的预期，从而淡化因待遇偏低而产生的负面作用。

通过组织职业生涯发展规划与管理，提高员工的综合素质和待遇，进而提高组织的效益，有赖于该组织中各方人员的努力。领导者要以自己的真知灼见规划组织的未来，并制定方案去实现。实行职业生涯发展规划本身，也有利于从现有组织成员中选拔出最优秀的领导者。通过职业生涯发展规划，各层次的管理者有了明晰的升迁渠道、路径，也有了较多的培训和其他发展个人能力的机会，因而他们会以非常负责任的态度去从事管理活动，解决各种问题，这有利于保证组织工作的有效运行。对广大员工开展职业生涯发展规划与管理，有利于一般员工形成主人翁精神，有利于他们执行组织决策，积极工作，自觉地为组织的目标努力。

当今世界上许多著名公司的人才管理之道，正是通过职业生涯发展规划与管理来吸引人才、留住人才的。一项调查显示，在拥有职业生涯开发系统的新加坡公司里，有组织的职业生涯开发与规划被给予积极、肯定的评价。其成果主要体现在：一是提高了员工的积极性（因为公司正在为他们做一些事情），二是使员工的职业前景更加美好，三是留住了更多优秀员工，四是公司的需要与员工的前景更加协调，五是人员继任规划的努力更加有效。

总之，组织职业生涯发展规划能使人们获得一种控制自身职业发展的感觉，一个帮助员工进行职业生涯发展规划的组织更能留住优秀的员工。这种规划能开阔人们的视野，有利于提高员工的工作满意度，避免对工作的厌倦和其他不良情绪。

（三）组织职业生涯管理的内容

组织职业生涯管理主要是对员工的职业发展进行引导，帮助员工制订职业生涯发展规划，为员工职业目标的实现提供机会、创造条件等。其具体包括以下几个方面内容。

1. 协调组织与员工目标

协调组织目标与员工个人目标，应做好以下工作。

（1）树立人力资源开发思想。人力资源管理强调组织不仅要用人，还要培养人。职业生涯管理正是培养人的重要途径，组织只有牢固树立了人力资源开发的思想，才能真正实施员工的职业生涯管理。

（2）了解员工需求。员工的需求是多样化的，不同的员工有不同的主导需求，组织只有准确把握员工的主导需求，才能有针对性地帮助其制订职业生涯发展规划，满足其主导需求。特别是组织的骨干员工，他们个人的发展愿望更迫切，职业目标更为高远，组织尤其应该重点了解和把握。

（3）组织与员工结为利益共同体。实现组织目标和员工个人目标的融合，必须通过有效的沟通，让员工了解组织目标，使组织与员工结为利益共同体，在组织目标实现的同时也兑现员工个人利益的承诺。

2. 指导员工制订职业发展规划

组织为员工职业规划的制订提供指导有 3 种途径：一是通过人力资源管理者或外聘专家进行职业发展规划咨询，为员工职业发展规划的制订提供理论和政策指导；二是向员工提供有关的自测工具，帮助员工进行能力及个人特质方面的测试，让员工更好地了解自己，认清自我；三是在全面了解员工需求、个性、能力和专长的基础上，为员工提供有价值的职业发展建议，帮助员工分析晋升和调动等方面的可能性。

3. 创造员工实现职业发展目标的条件

相对帮助员工设计职业生涯规划而言，组织在帮助员工实现职业发展目标方面需要做更多的工作，创造更多的条件。

（1）招聘时重视应聘者的职业兴趣和职业愿望，提供较为现实的发展机会。

（2）提供阶段性的工作轮换。一方面，可以使员工在一次次的新尝试中了解自己的职业能力和职业锚，更准确地评价自己的长处和短处；另一方面，可以使员工经受多方面的锻炼，拓宽视野，培养多方面的技能，从而为将来承担更重要的工作打下基础。

（3）进行多样化和多层次的培训。培训与员工职业发展的关系最为直接。职业发展的基本条件是员工素质的提高，而且这种素质不一定要与目前的工作相关，这就有赖于持续不断的培训。在激烈的竞争环境下，员工不仅在意现有的工作岗位，还关注工作或就业能力的不断提高。

（4）以职业发展为导向的考核。考核的主要目的不单是评价员工的绩效、态度和能力，或者是为分配和晋升提供依据，更重要的目的是保证组织目标的实现、激励员工进取以及促进人力资源的开发。

（5）晋升与调动。晋升与调动是员工职业发展的直接表现和主要途径，组织有必要建立合理的晋升和调动的管理机制，保证员工得到公平竞争的机会和不断发展进步的可能。

三、职业生涯管理的实施

（一）实施的关键

组织的上层领导是否重视，是组织能否顺利开展职业生涯管理最重要的影响因素之一。它关系到人员配备、资金投入和绩效评估等一系列的问题。如果得到领导尤其是组织高层的高度重视和大力支持，将职业生涯管理作为人力资源开发与管理的重要措施，就能保证相关政策的制定、相关人员的配备和相关资金的投入，进而保证职业生涯管理取得应有的成效。

职业生涯管理是一项长期的激励工作，与薪酬相比，其成效较慢，但从长期效应来看，有利于留住员工，促使员工形成持续发展的能力。

（二）实施的核心

职业生涯管理是一项专业性较强的工作，从事这项工作的人员需具备比较专业的知识，如熟悉职业生涯管理的思路、技能，能够帮助员工解决在职业生涯设计方面存在的疑问，等等。一般来说，负责职业生涯管理的人员至少应具备如下方面的知识和技能：熟悉人力资源管理工作；具备较强的沟通和协调能力；熟悉职业指导的知识，掌握职业辅导的技能。

（三）实施的基础

从理论上说，实施组织职业生涯管理是人力资源部门的职责，但是员工个人和各级管理者也有着不可或缺和替代的作用。一般来说，人力资源部门主要进行信息建设、制度建设、环境和条件建设，而具体的实施主要靠员工个人和各级管理者。从员工个人的角度看，员工个人应该不时地从外界（如上级领导或同事那里）获取自身优缺点等相关信息，针对外界评价，结合自身发展阶段，做出自我评估，制订并不断修正和完善职业生涯规划。同时，员工个人还应该充分了解企业给予员工的学习和晋升机会，学会抓住机遇，提升自我。从各级管理者的角度看，在职业生涯管理过程中，管理者需要从思想观念到行为制度上加以配合。一方面，管理者要学会细心观察自己下属的工作成绩和工作态度，了解他们在工作和家庭生活中有些什么需求，存在什么问题和困难，等等，以便帮助员工制订职业生涯规划；另一方面，管理者要加强对下属知识、能力和职业发展愿望的考察，并有针对性地开展职业生涯辅导，做到真正为员工着想，为组织着想。

复习思考

1. 什么是职业生涯？影响职业生涯的因素有哪些？
2. 试述职业生涯阶段理论。
3. 职业生涯管理的内容包括哪些方面？请结合实际说明职业生涯管理的意义与作用。

第九章

劳动关系管理

学习目标

1. 理解劳动关系概念。
2. 理解劳动关系管理的意义。
3. 熟悉劳动合同的变更、解除、终止的条件和情形。
4. 掌握如何处理劳动争议。

案例导入

劳动争议

李哲与A化工公司经平等自愿，协商一致于2022年1月10日签订了三年期的劳动合同，工作岗位为第一车间的操作工，双方在劳动合同中未约定试用期。3月10日李哲自感身体不适，到企业医院看病，医生诊断为过敏症，休假4天后痊愈上班。一个星期后同样症状再次发生，经企业指定医院诊断为生产中常用的一种原料的过敏症，如果不脱离过敏源，该症状将会反复发生，影响患者的健康，同时给假7天休息。

公司了解了上述情况后，与李哲协商变动其工作岗位，调他到三车间工作，这样可以脱离过敏源。李哲表示不愿意去车间工作，因为自己有文秘的职业资格证书，能从事办公室的文书工作。他要求到公司的职能科室工作，公司则以科室名额编制已满、无法安排为由，拒绝了李哲的要求，双方协商未果。

4月1日，李哲休假后重新上班，但他没有去第一车间工作，而是来到企业劳资科，再次要求到科室工作，被拒绝。即日李哲收到公司解除劳动合同通知书，上面写明：试用期内，经考察不符合录用条件，解除劳动合同。

对此，李哲不服，并上诉到当地劳动争议仲裁委员会，经调解达成协议，解除了双方的劳动合同。

第一节　劳动关系管理概述

一、劳动关系

（一）劳动关系的含义

劳动关系有广义和狭义之分。从广义上讲，任何劳动者与任何性质的用人单位之间因从事劳动而结成的社会关系都属于劳动关系的范畴。从狭义上讲，现实经济生活中的劳动关系是指依照国家劳动法律法规规范的劳动法律关系，即当事双方是被一定的劳动法律规范所规定和确认的责权、义务和利益联系在一起的，其责权、义务和利益的实现是由国家强制力来保障的。劳动法律关系的一方（劳动者）必须加入某一个用人单位，成为该单位的一员，并参加该单位的生产劳动，遵守该单位内部的规章制度；而另一方（用人单位）则必须为劳动者提供一定的劳动条件，并按照劳动者的劳动数量及质量为其支付报酬，从而满足和改善劳动者物质和文化生活的需要。

（二）劳动关系的相关概念

1. 劳动关系与雇用关系的区别

雇用关系是受雇人与雇用人约定，由受雇人为雇用人提供劳务、雇用人支付报酬而发生的社会关系。一般在个体之间进行。

（1）干预程度不同。雇用合同作为一种民事合同，以意思自治为基本原则，合同当事人在合同条件的约定上有较大的自由。

（2）福利待遇不同。《中华人民共和国劳动法》（简称《劳动法》）专门对劳动者和用人单位的待遇问题做出规定。劳动者已经成为用人单位一员，并且根据规定享受用人单位的各种福利待遇。雇用关系中，受雇人不享受雇用人提供的包括养老金、医疗保险等在内的各种福利待遇。

（3）合同形式不同。劳动关系是一种正规用工形式，雇用关系是非正规用工形式。国家对劳动关系有专门立法，对雇用关系却没有。法律对雇用合同的形式没有要求，根据《中华人民共和国合同法》（简称《合同法》）的规定，雇用合同既可以是书面合同，也可以是口头合同，不要正式合同。

（4）主体不同。劳动关系的主体只能是用人单位和劳动者，用人单位仅限于我国境内的企业、个体经济组织、国家机关、事业单位和社会团体；雇用关系没有这种限制，雇主可以是单位，也可以是个人。

（5）合同的排他性不同。劳动者在同一时间内不可能存在两个以上（含两个）劳动关系，即不允许在同一时间内与两个或以上的用人单位发生劳动关系；而雇用关系一般没有此限制，很多时候劳动力提供者可以同时和多个劳动力需求方发生雇用关系，雇工也可以是与其他单位有劳动关系的劳动者。

（6）解决争议的方式不同。雇用合同作为一种民事合同，发生争议当事人可以直接向人民法院起诉，如果雇用合同中订有仲裁条款，应向双方选定的仲裁委员会申请仲裁。

2. 劳动关系和劳务关系的区别

劳动关系是指依照国家劳动法律法规规范的劳动法律关系，即当事双方是被一定的劳动法律规范所规定和确认的责权、义务和利益联系在一起的，其责权、义务和利益的实现是由国家强制力来保障的。而劳务关系是劳动者与用工者根据口头或书面约定，由劳动者向用工者提供一次性的或者是特定的劳动服务，用工者依约向劳动者支付劳务报酬的一种有偿服务的法律关系。

（三）劳动关系的特征

1. 劳动关系是一种劳动力与生产资料的结合关系

劳动力不与生产资料相结合就不称其为劳动力。因为从劳动关系的主体来说，当事人一方固定为劳动力所有者和支出者，称为劳动者；另一方固定为生产资料所有者和劳动力使用者，称为用人单位（或雇主）。劳动关系的本质是强调劳动者将其所有的劳动力与用人单位的生产资料相结合。这种结合关系从用人单位的角度观察就是对劳动力的使用，将劳动者提供的劳动力作为一种生产要素纳入其生产过程。在劳动关系中，劳动力始终作为一种生产要素而存在，而非产品，这是劳动关系区别于劳务关系的本质特征。劳动者所有的劳动力往往是作为一种劳务产品而输出的，体现的是一种买卖关系或者加工承揽关系等。

2. 劳动者与用人单位具有显著的从属性关系

劳动关系主体之间既有法律上的平等性，又具有客观上的隶属性。劳动关系建立之前双方的关系是平等的，但到劳动关系建立以后，在职责上出现了从属关系或隶属性。用人单位作为劳动力的使用者，使得劳动者具有很强的隶属性质。一般来说，在劳动关系建立的当初，即劳动双方签订劳动合同之前，劳动者与用人单位可以就劳动关系中所涉的问题在平等自愿、协商一致的基础上进行，但劳动关系一旦形成，即劳动关系建立之后，劳动关系的一方（劳动者）要成为另一方（所在用人单位）的成员，双方在职责上则具有了显著的从属关系。用人单位作为劳动力使用者，要安排劳动者在组织内和生产资料结合；而劳动者则要通过运用自身的劳动能力，完成用人单位交给的各项生产任务，并遵守单位内部的规章制度。这种从属性的劳动组织关系具有很强的隶属性质，即成为一种隶属主体间的指挥和服从为特征的管理关系，这种劳动关系的当事双方便存在着非对等性。

3. 劳动关系即人身关系

由于劳动力的存在和支出与劳动者人身不可分割，劳动者向用人单位提供劳动力，实际上就是劳动者将其人身在一定限度内交给用人单位，因而劳动关系就其本质意义上说是一种人身关系。但是，由于劳动者是以让渡劳动力使用权来换取生活资料，用人单位要向劳动者支付工资等物质待遇，就此意义而言，劳动关系同时又是一种以劳动力交易为内容的财产关系。

4. 劳动关系的法律性

劳动关系一般是通过受法律约束的劳动合同来体现的。劳动者为用人单位提供劳动，不仅可以换取各种报酬，而且可以从工作中获得自尊、体面、满意感、成就感和归属感等。

5. 劳动关系的社会性与经济性

劳动关系所涉及的问题主要是经济社会利益的问题，在解决此类问题时，别人是无法替代的，只能由当事人自主处理。然而，市场经济追求效率、忽视公正等固有的弱点使得当事双方在自主处理劳动关系问题时有相当的难度。为了维护劳动关系的协调与稳定，市场经济的国家，特别是我国的劳动关系更强调国家干预，如国家的劳动立法干预，政府通过三方（政府、劳动者和用人单位）协商机制的调节合作和干预等来维护劳动关系。例如，促进集体谈判和员工参与制度建设与实施，为劳动争议提供调解和仲裁服务，积极调解重大劳动争议，等等。因此，劳动关系既有法律性的特征，又有社会性、经济性的特征。

6. 劳动关系的排他性

劳动者与用人单位间的劳动关系具有排他性，即劳动者一个人不能在同一时期与多个用人单位签订劳动合同。

二、劳动法律关系

（一）劳动法律关系的含义

根据劳动关系从狭义上的定义讲：现实经济生活中的劳动关系是指依照国家劳动法律法规规范的劳动法律关系，即当事双方是被一定的劳动法律规范所规定和确认的责权、义务和利益联系在一起的，其责权、义务和利益的实现是由国家强制力来保障的。故一般而论，在现实中的劳动关系即劳动法律关系。

（二）劳动法律关系的三要素

劳动法律关系和其他的法律关系一样，包括三要素：主体、客体、内容。

1. 主体

劳动法律关系的主体是指依据劳动法律的规定，享有权利、承担义务的劳动法律关系的参与者，包括企业、个体经济组织、国家机关、事业组织、社会团体等用人单位和与之建立劳动关系的劳动者，即雇主与雇员。依据我国劳动法的规定，工会是团体劳动法律关系的形式主体。

劳动者成为劳动法律关系主体的前提条件是必须具有劳动权利能力和行为能力。所谓劳动权利能力是劳动法律关系主体依法享有劳动权利和承担劳动义务的资格；行为能力是劳动法律关系主体能以自己的行为依法行使劳动权利和履行劳动义务，使劳动法律关系建立、变更和消灭的资格。依据人的年龄、健康、智力和行为自由等事实要素，法律通常将自然人分为完全劳动行为能力人、限制劳动行为能力人和无劳动行为能力人。完全劳动行为能力人是指身体健康，有完全行为自由，18周岁以上的男性劳动者。限制劳动行为能力人同样依据前述四个要素划分，其是为保护特定群体的特殊利益或社会公共利益而不是歧视，更不是违反劳动平等的原则。限制劳动行为能力人主要包括：16 ~ 18周岁的未成年人（禁止从事特别繁重的体力劳动的工种、岗位的工作等）；女性劳动者（在女职工禁忌劳动的工种或岗位被视为无劳动行为能力；在特定的生理时期，不得安排其从事某些特定的生产作业）；具有一定劳动能力的残疾人（只能从事与其劳动能力相适应的职业）；某些特定的疾病患者（不得从事特定的职业或岗位、工种的工作）；部分被依法限制行为自由的人（因违反某些特定规则，被依法限制执业资格的人等）。无劳动行为能力人主要是指16周岁以下的未成年人（经过有关部门批准，文娱、体育和特种工艺单位可以招用的未成年人除外），以及完全丧失劳动能力的残疾人等。

各类用人单位包括企业、个体经济组织、国家机关、事业组织和社会团体，用人单位成为劳动法律关系主体的前提条件是必须具备用工权利能力和用工行为能力。所谓用工权利能力是指用人单位依法享有用工权利和承担用工义务的资格；所谓用工行为能力是指用人单位依法能以自己的行为行使用工权利和承担用工义务的资格，包括能够提供给劳动者进行劳动的物质、技术和组织条件，其他符合国家法定最低标准以上的劳动安全卫生条件，支付劳动报酬，缴纳社会保险并能承担相应的民事责任。用人单位作为劳动法律关系的主体资格一般依存于它的民事主体资格，即必须有自己的名称、住所、财产和组织机构。用人单位的用工权利能力和行为能力通常依据一定的法律程序由其职能部门代理行使。

2. 客体

客体指主体的劳动权力和劳动义务共同指向的事物，例如，劳动时间、劳动报酬、劳动纪律、安全卫生、福利保险、教育培训、劳动环境等。目前我国保护劳动法律关系的法律有《劳动法》和《中华人民共和国劳动合同法》（简称《劳动合同法》），二者现行有效，并行实施，并且后者对劳动者权利的保护更细致；如果二者有冲突的，以《劳动合同法》为准。

3. 内容

劳动法律关系的内容是指劳动法律关系主体依法享有的权利和承担的义务。因为劳动法律关系为双务关系，当事人互为权利义务主体，即一方的义务为另一方的权利，保障与实现主体双方各自依法享有的权利和承担的义务。

劳动关系的内容是指劳动关系主体依法享有的权利和承担的义务。劳动关系的主要内容，按员工与企业结合的不同阶段分，具体包括以下三个方面：

（1）企业与员工结合的双向选择方面。这主要是指企业主与员工的互择权，企业主能在多大程度上自由选择经营管理人员和一般的员工，管理人员和普通员工能在多大程度上自由选择自己的就业机构。

（2）企业与员工结合后双方的责、权、利关系。在市场经济条件下，员工受业主及经营者支配，因此，如何保障员工的合法权益是这一关系中的主要方面。其包括员工的正当收益权、劳动保护权、社会保障权、民主权、参与权、个人尊严权等。

（3）员工与企业分离时及分离后的责、权、利关系。这是指员工被辞退或员工辞职时双方应有的权利和责任，包括事先得到通知权、申诉权、补偿权等。在社会保障体系尚不健全的情况下，特别要依法保护员工这方面的合法权益。

三、事实劳动关系

（一）事实劳动关系的含义

我国目前的法律法规虽对事实劳动关系尚无统一的明确规定，但在长期的劳动关系实务中，尤其是《劳动合同法》颁布以来，对事实劳动关系的界定，基本形成如下认同概念：事实劳动关系就是用人单位与劳动者虽然没有订立书面劳动合同，但双方实际履行了劳动法所规定的劳动权利义务而形成的劳动关系。事实上的劳动关系与其他劳动关系相比，仅仅欠缺了书面合同这一形式要件，但并不影响劳动关系的成立。

事实劳动关系的提出源于劳动关系的特殊性。从法理上讲，劳动者的劳动一经付出，就不能收回。即使劳动关系无效，也不能像一般合同无效那样以双方仍可相互返还、恢复到劳动合同订立前的状态来处理，而劳动者的劳动一旦付出就无法收回或返还，如果按一般合同处理显然有失公平。因此，只能按事实劳动关系的理论来处理现实中大量存在的这种不规范的劳动关系现象。

（二）事实劳动关系的主要表现形式

事实劳动关系主要表现形式为双方未签订（含未续签订）劳动合同，劳动合同无效以及双重劳动关系形成的事实劳动关系。

1. 关于双方未签订劳动合同而形成的事实劳动关系

在司法实践中有两种情形：一是自始未订立书面合同；二是原劳动合同期满未以书面形式续订劳动合同，劳动者仍在原用人单位工作。对于自始未订立书面合同而形成的事实劳动关系，国家相关法律法规并未否定其效力，而是作为受法律保护的劳动关系对待，如劳动部《关于贯彻执行〈中华人民共和国劳动法〉的若干意见》《违反〈劳动法〉有关劳动合同规定的赔偿办法》。未签订劳动合同而形成的事实劳动关系还涉及合同期限的认定问题，对此，国家法律尚无统一规定，但一些地方性法规却有明确规定，像北京、上海等地，均规定合同期限不得少于 1 年，劳动者可以随时解除劳动关系，但用人单位提出终止劳动关系须提前 30 日通知劳动者。对于原劳动合同期满未以书面形式续订劳动合同，劳动者仍在原用人单位工作的情形，最高人民法院《关于审理劳动争议案件适用法律若干问题的解释》第十六条已有明确规定：劳动合同期满后，劳动者仍在原用人单位工作，原用人单位未表示异议的，视为双方同意以原条件继续履行劳动合同。一方提出终止劳动关系的，人民法院应当支持。根据《劳动法》第二十条之规定，用人单位应当与劳动者签订无固定期限劳动合同而未签订的，人民法院可以视为双方之间存在无固定期限劳动合同关系，并以原劳动合同确定双方的权利义务关系。

2. 关于劳动合同无效而形成的事实劳动关系

无效劳动合同是指所订立的劳动合同不符合法定条件，不能发生当事人预期法律后果的合同。《劳动法》第十八条对劳动合同无效做出明确规定，主体不合格、内容违法、采取欺诈、威胁等手段订立合同均可以导致劳动合同无效。按《劳动法》的规定，无效的劳动合同自始无效，但是劳动合同无效不能适用《合同法》的原理，劳动力一经付出则无法恢复到合同订立前的状态。所以，对因劳动合同无效而发生的劳动关系，应当视为一种事实劳动关系。

3. 关于双重劳动关系所形成的事实劳动关系

简而言之，双重劳动关系是劳动者与两个或两个以上用人单位形成的劳动关系，如下岗、待工或停薪留职等保持虚化劳动关系的同时，又到另一单位工作等。对于劳动者被一个单位派往另一单位工作所形成的劳动派遣问题，也应当从双重特殊劳动关系角度来认识，将派遣和被派遣单位视为同一主体处理。在双重劳动关系中，一般都有一个正式挂靠单位，哪怕并不提供劳动，但可以领取最低工资、享受社会保险待遇。而对双重劳动关系来说，如果第二个劳动关系纠纷诉至法院，一般会被认定为劳务关系而不作为劳动关系来处理，也就是说，劳动者只能要求劳动报酬的给付而不能要求其他按照劳动法所能享有的权益。

通常来说，不承认双重劳动关系的理由主要基于以下几点：一是根据传统劳动法理论，一般认为每个职工只能与一个单位建立劳动法律关系，而不能同时建立多个劳动法律关系；二是根据《劳动法》第九十九条关于“用人单位招用尚未解除劳动合同的劳动者，对原用人单位造成经济损失的，该用人单位应当依法承担连带赔偿责任”的规定，推导出法律禁止劳动者与多个用人单位建立劳动关系；三是认为如果承认双重劳动关系，必然导致社会保险关系的混乱，从而引起不利的后果。

笔者认为，不能简单地将第二种劳动关系归为劳务关系。因为从性质上看，它是一种劳动关系：一方面，它具备了劳动关系的基本要素，即劳动者与用人单位之间的劳动力使用关系；另一方面，它符合劳动关系的基本特点，即一种从属性的劳动，用人单位与劳动者存在管理与被管理的关系，而且往往订立了书面的劳动合同。首先，上述传统劳动法的理论是在计划经济体制下建立的，是对劳动力有计划管理的需要。市场经济条件下，劳动力管理的市场化和劳动用工制度的多样化，必然要求劳动者以一种灵活方式就业，一个劳动者多种劳动关系的并存是不可避免的，只要法律没有禁止，或劳动关系的当事人没有特别约定，都应当是允许的。其次，《劳动法》第九十九条仅是对法律责任的一种规定，用人单位招用尚未解除劳动合同的劳动者需承担法律责任，除了劳动者未解除与上一个单位的劳动合同外，还需对原用人单位造成经济损失，而如果单位同意劳动者再到另一个单位工作或者兼职，或者劳动者并未对用人单位的利益造成影响，都应当认为是允许的。最后，双重劳动关系所引起的社会保险费的缴纳问题，可通过社会保险的技术手段来解决，如果是几个用人单位共同支付劳动者的社会保险费，既减轻了用人单位的负担，又有利于保护劳动者。简单地将第二种劳动关系归为劳务关系，不作为劳动关系对待，显然对劳动者的保护是不利的，尤其当出现工伤事故时，受伤害的劳动者就不能获得劳动法的保护。因此，在目前尚无法律规定之前，至少将其视为事实劳动关系更为妥当。

根据以上分析，司法实践对事实劳动关系的原则就是按照劳动关系对待，因此对事实劳动关系的规范主要从加强劳动者的自我保护意识，使劳动者能够最大限度维护自己权利来考虑。

四、劳动关系建立的原则

建立劳动关系的原则是指由劳动立法所确定的用人单位在招收、录用员工时应遵循的基本法律准则。根据我国的有关法律，用人单位在招聘录用员工时应坚持以下基本原则。

（一）平等原则

平等原则包括两个方面的内容：一是劳动者享有平等的就业权利；二是劳动者享有平等的就业机会，不因种族、民族、性别及宗教信仰不同而受到不同不公正的待遇。

（二）公开原则

公开原则就是指劳动者通过企业或组织公开招聘考核获得就业岗位的原则。我国 1992 年颁发的《全民所有制工业企业转换经营机制条例》第十七条、《国营企业实行劳动合同制暂行规定》第四条都明确规定了企业在招聘员工时必须遵守面向社会、公开招收、全面考核、择优录取的原则。

（三）互选原则

互选原则即劳动者自由选择用人单位，而用人单位自主选择优先录取劳动者。《劳动法》第三条规定劳动者享有选择职业的权利，《中华人民共和国企业法》第三十一条、《全民所有制工业企业转换经营机制条例》第十七条以及《私营企业劳动管理暂行规定》第六条等规定了企业对劳动者的用工自主权和择优录取权。

（四）照顾特殊群体的原则

《劳动法》第十四条、《中华人民共和国残疾人保障法》第四章、《女职工劳动保护特别规定》第三条、《中华人民共和国兵役法》第五十六条以及《中华人民共和国民族区域自治法》第二十三条等都分别对妇女、残疾人、少数民族人员、退出现役的军人等特殊群体的就业有具体的规定：对谋求职业有困难的或处境不利的上述人员给予特殊的照顾。

（五）禁止未成年人就业的原则

《劳动法》第十五条规定禁止用人单位招用未满十六周岁的未成年人。国务院颁布的《禁止使用童工规定》明确规定：禁止任何用人单位和个人（包括父母和监护人）使用未成年人。需要指明的是，文艺、体育和特种工艺单位确需招用未满十六周岁未成年人时，必须按照国家有关规定，履行审批手续，并保障其接受义务教育的权利。

（六）先培训后就业的原则

《中华人民共和国宪法》第四十二条规定，国家对就业前的公民进行必要的劳动就业培训。劳动部发布的《就业训练规定》也明确规定，未接受过培训的求职人员，以及需要转换职业的城乡劳动者，应在就业或上岗前接受必要的就业训练。《劳动法》第六十八条规定，用人单位应当建立职业培训制度，按照国家规定提取和使用职业培训经费，根据本单位的实际情况，有计划地对劳动者进行职业培训。从事技术工种的劳动者，上岗前必须经过培训。

五、劳动关系管理的意义

劳动关系管理是指通过规范化、制度化的管理，使劳动关系双方（企业与员工）的行为得到规范，权益得到保障，维护稳定和谐的劳动关系，促使企业经营稳定运行。劳动关系之所以重要，除了因为它具有明确的法律内涵、受国家法律调控以外，还因为其在企业管理中具有关键的作用，是人力资源管理的一项重要职能。所有管理者特别是人力资源管理者应该深刻认识到，有效管理好劳动者与用人单位的劳动关系，形成一种良好的劳动关系双方，具备深刻意义。

（一）确保有效实现企业的基本使命

现代社会中人与人、人与组织、组织与组织之间形成了非常密切的相互依赖的关系。企业存在的重要理由之一，就是要给所在社区提供就业机会，为其雇用的员工提供一个施展才华和能力、获得收入、实现自我价值的机会。如果企业连员工基本的安全和健康权利都无法兑现，恣意损伤员工的自尊和人格，企业的存在本身就失去了合法性和根本价值。

（二）提高企业的竞争能力

罢工、劳动生产率、核心员工离职、员工破坏或拿走企业的财务都是对企业赢利能力的明显破坏，而这些问题的避免有赖于良好地处理劳动关系。

（三）减少或避免劳动关系纠纷

建立并保持良好的劳动关系，可以使员工在一个心情愉快的环境中工作，即使出现一些问题也能够较好地解决，避免事态扩大。研究表明，产生劳动纠纷最重要的因素是员工在日常工作中感觉自己没有得到尊重。如果劳动关系处理得好，一旦出现问题，企业仍然可以与员工协商，可以在管理的范畴内解决，而不用诉至法庭，这样就可以找到对双方都有利的方式来解决。

（四）有助于加强与完善人力资源的日常管理

管理人员对劳动关系有恰当的理解，并具备解决相应问题的技能，面临很多现实管理问题时就能够处变不惊、得心应手。比如，有些公司通过强调健康积极的企业价值观，增强员工之间的沟通，打造和谐的上下级关系；通过对员工不经意的关心，营造开心愉快的工作环境，让员工在公司享受到家庭一般的温暖，使员工对公司滋生出一种不离不弃的感情。这样不仅促进了劳动关系的管理，也有助于用人、留人的人力资源工作。

（五）促进人力资源管理的专业化水平

管理者必须意识到，劳动者权利受到保护、发展健康的劳动关系，是劳动者生存、发展、提高劳动水平的必备条件，对用人单位与劳动者个人都是有利的，特别是在知识型员工越来越占据主导地位的今天，赢得员工的认同和合作，是所有企业获得成功的必由之路。早在 1911 年，泰勒就在美国众议院听证会上介绍了科学管理的精髓，表明它实际上是一场管理者与员工之间的“精神革命”。他说：“在科学管理下，双方思想态度发生巨大革命。它表现在双方都将眼睛从重于一切的盈余分配转移到增加盈余上，努力增加足够的盈余，使双方没有必要再为如何分配而争吵。他们开始看到，如果他们不再相互对立，而是齐心协力，那么由他们共同创造出来的盈余就会多得惊人。他们双方都会意识到，如果用友好合作和互相帮助代替敌对和冲突，他们就能够共同使这种盈余比过去有巨大的增长，从而有充足的余地来大大提高工人的工资，同时大大增加了工厂的利润。先生们，这就是伟大思想革命的开始。它是走向科学管理的第一步。这种革命就是完全改变双方的思想态度；用和平代替战争，用真诚的兄弟般的合作代替争论和冲突；用齐心协力代替相互对立，用相互信任代替猜疑戒备，双方变成朋友而不是敌人。我认为这就是科学管理的必由之路。”泰勒的这番言论和我国的古训“家和万事兴”有异曲同工之妙。

事实上，作为企业的人力资源管理人员，必须急员工之所急、想员工之所想，充分尊重、兑现劳动者的各项权利，才能从浅到深地在各个层次上激励员工，使员工感受到家庭般的温暖，愿意与工作单位结成利益共同体甚至情感共同体，这才是高境界和成功的人力资源管理。

第二节　劳动合同管理

一、劳动合同的基本含义

（一）劳动合同的定义

劳动合同又称劳动协议或劳动契约，是用人单位和劳动者之间确定劳动关系、明确相互权利关系和义务的协议。《劳动法》第十六、第十七条规定，“劳动合同是劳动者与用人单位确定劳动关系、明确双方权利和义务的协议。”“劳动合同依法订立即具有法律约束力，当事人必须履行劳动合同规定的义务。”劳动合同能够控制劳动者在劳动过程中的行为，规范劳动活动，调整劳动关系，从而达到组织社会劳动、合理使用劳动、稳定劳动关系的作用。

（二）劳动合同的形式和内容

1. 劳动合同的形式

劳动合同一般都是书面形式的。《劳动法》第十九条规定“劳动合同应当以书面形式订立”，《劳动合同法》第十条规定“建立劳动关系，应当订立书面劳动合同”。法律要求订立书面劳动合同，是为了更好地保障劳动者的权利，在发生劳动争议的时候有依据。

2. 劳动合同的内容

它是当事人双方经过平等协商所达成的关于权利义务的条款。《劳动法》第十九条规定劳动合同中应该包括法定条款与约定条款。法定条款是缺一不可的，根据《劳动合同法》第十七条，劳动合同应当具备以下条款：用人单位的名称、住所和法定代表人或者主要负责人；劳动者的姓名、住址和居民身份证或者其他有效身份证件号码；劳动合同期限；工作内容和工作地点；工作时间和休息休假；劳动报酬；社会保险；劳动保护、劳动条件和职业危害防护；法律、法规规定应当纳入劳动合同的其他事项。同时，《劳动合同法》还规定了约定条款，即“劳动合同除前款规定的必备条款外，用人单位与劳动者可以约定试用期、培训、保守秘密、补充保险和福利待遇等其他事项”。约定条款是双方自愿协商在劳动合同中规定的权利和义务条款，即使没有约定条款，也不会影响合同的成立。

二、劳动合同的签订、履行、变更与解除

（一）劳动合同的签订

1. 劳动合同订立原则

《劳动法》第十七条规定：“订立和变更劳动合同，应遵循平等自愿、协商一致的原则，不得违反法律、

行政法规的规定。”明确规定劳动者与企业签订和变更劳动合同必须遵循三项根本原则：①平等自愿原则，指签订和变更劳动合同的双方在法律地位上是平等的，并完全出于双方当事人自己的真实意愿；②协商一致原则，指双方就合同的所有条款进行充分协商，达成双方意思一致；③不得违反法律、行政法规的原则，即劳动合同的合法原则。

2. 劳动合同的订立程序

劳动合同的订立程序是指劳动合同在订立过程中必须履行的手续和必须遵循的步骤，一般分为“要约”和“承诺”两个阶段，共有9个步骤。

第一，企业或组织提出要约，并寻找和确定被要约方。①企业或组织公布招聘简章；②劳动者自愿报名；③全面考核；④择优录用。

第二，签订劳动合同，完成要约和承诺的全过程。①企业或组织提出劳动合同草案；②向劳动者介绍企业内部劳动规章制度；③双方协商劳动合同内容；④双方签约；⑤合同鉴证机构或劳动主管部门鉴证合同。

3. 劳动合同的期限

《劳动法》第二十条规定：“劳动合同的期限分为有固定期限、无固定期限和以完成一定的工作为期限。劳动者在同一单位连续工作满十年以上，当事人双方同意延续劳动合同的，如果劳动者提出订立无固定期限的劳动合同，应当订立无固定期限的劳动合同。”第二十一条规定：“劳动合同可以约定试用期。试用期最长不得超过六个月。”

（二）劳动合同的履行

劳动合同的履行是指合同当事人双方履行劳动合同所规定的义务的法律行为。这一过程实质上也是劳动关系双方实现劳动过程和各自合法权益、履行各自权利和义务的过程。劳动合同的效力及法律对劳动合同有效性的确立就体现为劳动合同必须依法履行。双方履行劳动合同，必须遵循全面履行原则、亲自履行原则和合作履行原则。

1. 全面履行原则

《劳动合同法》第二十九条规定：“用人单位与劳动者应当按照劳动合同的约定，全面履行各自的义务。”全面履行原则，既要求用人单位为劳动者提供约定的劳动条件，也要求劳动者支付劳动报酬及提供福利、保障劳动者的生命安全和健康等，还要求劳动者按照合同及相关岗位职责要求按时保质地完成各项任务、不泄露企业秘密、有敬业尽职义务等。

2. 亲自履行原则

该原则是指劳动合同履行要求用人单位及劳动者均应当亲自完成合同约定或法律规定的各项义务，而不能由第三方代为履行。这也是劳动合同与一般民事合同的重要区别。一般民事合同除合同明确约定外，代为履行并不损害合同另一方的利益，但是劳动合同具有人身专属性，不可由他人代劳。

3. 合作履行原则

该原则要求劳动合同双方当事人在履行劳动合同时应当相互配合、友好协作。作为劳动者在履行合同时，还要求与用人单位其他劳动者进行配合协作。在用工实践中，要求劳动者遵守劳动用工纪律，服从用人单位管理和指挥，按时完成用人单位的工作任务，并与其他劳动者紧密协作，共同实现用人单位及个人的利益。用人单位则应当尽量听取劳动者意见，采纳合理建议，完善内部管理，并在工作中关心爱护员工，以实现劳动者与用人单位的共同发展。

劳动合同是一个整体，合同中的各个条款相互之间有内在的联系，必须全面履行，从而使双方的合法权益得到全面实现。劳动合同双方均不得由他人代替，必须亲自享受其权利，亲自履行其义务，不得转移和代行。

（三）劳动合同的变更

劳动合同双方已订立的合同条款达成修改补充协议的法律行为，称为劳动合同的变更。劳动合同双方当事人的任何一方对劳动合同的内容都可以提出修改补充意见，但必须有正当理由，并按照规定时间提前向对方提出，经协商双方同意才可变更合同内容，给对方造成经济损失的，应负赔偿责任。一个有效合同的变更应当符合以下条件：①双方当事人之间已经定有合同且合法有效；②双方当事人必须就变更合同的内容达成一致，并且对合同变更内容的约定必须明确；③变更合同的协议必须符合民事法律行为的生效条件；④变更合同必须遵循法律规定的程序，一般来说，合同变更的程序与合同订立程序相同，但法律、行政法规规定还应当办理批准、登记等手续的，必须遵循其规定。

（四）劳动合同的解除

劳动合同的解除是指当事人双方提前终止劳动合同的法律效力，解除双方的权利和义务关系。劳动合同一经订立，双方应认真履约，不得擅自解除。但是，如果发生特殊情况，劳动合同当事人经协商一致后可以解除劳动合同。对劳动合同的解除，《劳动法》有以下明确规定。

1. 劳动者有下列情形之一的，用人单位可以解除劳动合同

（1）在试用期间被证明不符合录用条件的。

（2）严重违反劳动纪律或者用人单位规章制度的。

（3）严重失职，营私舞弊，给企业或组织利益造成重大损害，依法被追究刑事责任。

（4）被依法追究刑事责任的。

2. 有下列情形之一的，用人单位可解除劳动合同，但应当提前三十日以书面形式通知劳动者本人

（1）劳动者患病或者非因工负伤，医疗期满后，不能从事原工作也不能从事由用人单位另行安排的工作的。

（2）劳动者不能胜任工作，经过培训或者调整工作岗位，仍不能胜任工作的。

（3）劳动者劳动合同订立时所依据的客观情况发生重大变化，致使原劳动合同无法履行，经当事人协商不能就变更劳动合同达成协议的。

3. 劳动者有下列情形之一的，用人单位不得解除劳动合同

（1）患职业病或者因工负伤并被确认丧失或者部分丧失劳动能力的。

（2）患病或者负伤，在规定的医疗期内的。

（3）女职工在孕期、产期、哺乳期内的。

（4）法律、行政法规规定的其他情形。

4. 有下列情形之一的，劳动者可以随时通知用人单位解除劳动合同

（1）在试用期内的。

（2）用人单位以暴力、威胁或者非法限制人身自由的手段强迫劳动的。

（3）用人单位未按照劳动合同约定支付劳动报酬或者提供劳动条件的。

（五）违反劳动合同的责任

违反劳动合同的责任是指用人单位或劳动者本身的过错造成不履行或不适当履行合同的责任。《劳动法》和《违反和解除劳动合同的经济补偿办法》有以下明确规定。

1. 用人单位侵犯劳动者合法权益的情形及责任。

（1）克扣或者无故拖欠劳动者工资的。

（2）拒不支付劳动者延长工作时间工资报酬的。

（3）低于当地最低工资标准支付劳动者的工资的。

（4）解除劳动合同后，未依照法律、法规规定给予劳动者经济补偿的。

《违反〈中华人民共和国劳动法〉行政处罚办法》第六条规定，用人单位有上述四种行为之一者，应责令支付劳动者工资报酬、经济补偿，并可责令按相当于支付劳动者工资报酬、经济补偿总和的一至五倍支付劳动者赔偿金。《违反和解除劳动合同的经济补偿办法》第三条规定，用人单位克扣或者无故拖欠劳动者工资的，以及拒不支付延长工作时间工资报酬的，除在规定时间内全额支付劳动者工资报酬外，还需加发相当于工资报酬百分之二十五的经济补偿金。第四条规定，用人单位支付劳动者的工资报酬低于当地最低工资标准的，要在补足低于标准部分的同时，另外支付相当于低于部分百分之二十五的经济补偿金。第十条规定，用人单位解除劳动合同后，未按规定给予劳动者经济补偿的，除全额发给经济补偿金外，还须按经济补偿金数额的百分之五十支付额外经济补偿金。

2. 由于用人单位的原因订立的无效合同应承担赔偿责任。

《劳动法》第九十七条、九十九条有规定：

（1）由于用人单位的原因订立无效合同，对劳动者造成损害的，应承担赔偿责任。

（2）用人单位招用尚未解除劳动合同的劳动者，对原用人单位造成经济损失的，该用人单位应当依法承担连带赔偿责任。

3. 用人单位解除合同或故意拖延不订立合同应当承担经济责任

《劳动法》第九十八条规定，用人单位违反本法规定的条件解除劳动合同或者故意拖延不订立劳动合同，由劳动行政部门责令改正；对劳动者造成损害的，应当承担赔偿责任。

4. 用人单位由于客观原因解除劳动合同的补偿责任

在《违反和解除劳动合同的经济补偿办法》第七条至第九条中都有具体规定：

（1）劳动者不能胜任工作，经过培训或者调整工作单位仍不能胜任工作，由用人单位解除劳动合同的，用人单位按其在本单位工作年限，工作时间每满一年，发给相当于一个月工资的经济补偿金，最多不超过十二个月。

（2）劳动合同订立时所依据的客观情况发生重大变化，致使原劳动合同无法履行，经当事人协商不能就变更劳动合同达成协议，由用人单位解除劳动合同的，用人单位按劳动者在本单位工作的年限，工作时间每满一年发给相当于一个月工资的经济补偿金。

（3）用人单位濒临破产进行法定整顿期间或者生产经营状况发生严重困难，必须裁减人员的，用人单位按被裁减人员在本单位工作的年限支付经济补偿金。在本单位工作时间每满一年，发给相当于一个月工资的经济补偿金。

5. 经当事人协商由用人单位解除合同的经济补偿责任

《违反和解除劳动合同的经济补偿办法》第五条规定，经劳动合同当事人协商一致，由用人单位解除劳动合同的，用人单位应根据劳动者在本单位工作年限，每满一年发给相当于一个月工资的经济补偿金，最多不超过十二个月。工作时间不满一年的按一年的标准发给经济补偿金。

6. 劳动者违反劳动合同的赔偿责任

《劳动法》第一百零二条规定，劳动者违反本法规定的条件解除劳动合同或者违反劳动合同中约定的保密事项，对用人单位造成经济损失的，应当依法承担赔偿责任。

三、集体合同

（一）集体合同的含义

1. 集体合同的含义

《集体合同规定》第三条规定，“集体合同是指用人单位与本单位职工根据法律、法规、规章的规定，就劳动报酬、工作时间、休息休假、劳动安全卫生、职业培训、保险福利等事项，通过集体协商签订的书面协议。”《劳动法》第三十三条规定，“集体合同由工会代表职工与企业签订；没有建立工会的企业，由职工推举的代表与企业签订。”集体合同是企业和工会组织（或职工代表）之间就各项具体劳动标准及职工的权利与义务经协商一致而缔结的协议。

2. 集体合同与个人合同的区别

（1）当事人不同。集体合同当事人一方是职工自愿结合而成的具有法人资格的工会，另一方是用人单位；劳动合同当事人双方则是劳动者和用人单位。

（2）个人合同是劳动者与其使用者双方建立劳动关系的形式与依据，而集体合同则是在劳动者与使用者建立劳动关系后，劳动者群体通过工会与企事业单位达成的协议。个人合同产生于劳动关系建立前，而集体合同则产生于劳动关系确定后。

（3）个人合同调整的是个人劳动关系的各个方面，其中的标准条件由国家法律规定，而集体合同调节的则是集体劳动关系，其内容可涉及劳动报酬、工作时间、安全与卫生及保险福利等方面，或其中的某一方面内容。

（二）集体合同的内容与种类

1. 集体合同的内容

《集体合同规定》第八条规定，集体协商双方可以就下列多项或某项内容进行集体协商，签订集体合同或专项集体合同：劳动报酬；工作时间；休息休假；劳动安全与卫生；补充保险和福利；女职工和未成年工特殊保护；职业技能培训；劳动合同管理；奖惩；裁员；集体合同的期限；变更、解除集体合同的程序；履行集体合同发生争议时的协商处理办法；违反集体合同的责任；双方认为应当协商的其他内容。

2. 集体合同的种类

我国主要实行单一企业集体合同形式。根据其不同内容，可分为若干种。主要包括：工资集体合同；专门集体合同，如职工社会保险集体合同等；一揽子集体合同，包括的内容比较全面，是综合性的集体合同，可包括劳动报酬、工作时间、休息休假、劳动安全卫生、保险福利等。

（三）集体合同的签订、变更、解除与终止

1. 集体合同的签订

《劳动法》第三十三条至第三十五条规定，“集体合同草案应当交职工代表大会或者全体职工讨论通过。”“集体合同签订后应当报送劳动行政部门；劳动行政部门自收到集体合同文本之日起十五日内未提出异议的，集体合同即行生效。”“依法签订的集体合同对企业和企业全体职工具有约束力。”《集体合同规定》第五条规定，“签订集体合同或专项集体合同，应当遵循下列原则：遵守法律、法规、规章及国家有关规定；相互尊重，平等协商；诚实守信，公平合作；兼顾双方合法权益；不得采取过激行为。”

2. 集体合同的变更、解除

如果由于环境和条件发生变化，致使集体合同难以履行时，双方均有权要求就变更或解除集体合同进行协商；当双方就集体合同的变更或解除提出协商要求时，双方应当在 7 日以内进行协商。当一方提出建议要求变更或解除集体合同时，必须向对方说明需要变更或解除集体合同的条款和理由，然后双方就此进行协商，以期达成书面协议。协议书应当提交职工代表大会或全体职工审议通过，并报送集体合同管理机关备案，如审议未获通过，应由双方重新协商。

3. 集体合同的终止

集体合同的期限届满或双方约定的终止条件出现，集体合同即行终止。集体合同期满以前，企业工会应同企业商定续订下期集体合同的事项。

（四）违反集体合同的责任

企业违反集体合同，其主管人员应对上级机关负纪律责任；企业行政管理人员违反集体合同属于恶意，应当从重处罚，其行为触及刑律已构成犯罪时，司法机关应追究其刑事责任；工会的基层组织不履行集体合同的义务，应对上级工会和工会会员负道义上和政治上的责任；个别职工不履行集体合同规定的义务，其行为违反了企业规定时，也应承担纪律责任。

第三节　劳动争议管理

一、劳动争议的含义和种类

（一）劳动争议含义

劳动争议又称劳动纠纷，是指企业与员工之间因劳动权利和劳动义务所发生的纠纷。它是企业与员工因贯彻劳动立法、履行劳动合同、执行劳动规章而发生的纠纷。主要法律法规有《中华人民共和国劳动争议调解仲裁法》《中华人民共和国企业劳动争议处理条例》《中华人民共和国企业劳动争议处理条例若干问题解释》《企业劳动争议调解委员会组织及工作规则》《劳动人事争议仲裁委员会组织规则》《劳动人事争议仲裁委员会办案规则》等。

（二）劳动争议的种类

根据不同的分类标准，劳动争议有以下几种。

1.依据劳动争议的性质分为既定权利争议与特定权利争议

既定权利争议是指劳动关系双方主体及其代表对既定权利与义务的实现和履行产生的争议。也就是说，企业既定权利争议是就有关劳动法规和企业集体合同或劳动合同的执行与否而产生的争议。既定权利争议一般适用于调解、利益仲裁和法律诉讼等手段。特定权利争议是指劳动关系双方主体及其代表在确定彼此的权利与义务关系时产生的分歧和争议。它一般发生在企业集体合同或劳动合同的订立或变更阶段。当企业劳动关系双方主体及其代表在订立或变更企业集体合同或劳动合同时，对彼此权利和义务关系的确定存在不同意见，企业特定权利争议就会产生。在实践中，企业特定权利争议较多地出现在集体谈判陷于僵局或失败之时。特定权利争议适用于双方的协商解决或政府干预的双方协商解决。

2.依据劳动争议的主体分为职工个人劳动争议与集体劳动争议

企业职工个人劳动争议是指企业个别劳动者与企业管理者之间发生的具有独特内容的劳动争议，其具有以下特点：第一，劳动者一方的争议当事人人数未达到集体争议当事人人数的法定要求。比如在我国，劳动者一方的争议当事人人数只限于 1 人或 2 人。第二，争议内容只是关于个别劳动关系、劳动问题的，而不是关于一类劳动关系、劳动问题的，后者主要出现在集体争议当中。第三，对于争议的处理，劳动者一方的争议当事人只能自己参加，而不能由别人代表。劳动者一方的争议当事人为 2 人时，其中一人不能作为另一人的代表。集体劳动争议是指争议的主体一方职工达到法定人数并具有共同理由的劳动争议。

3. 依据劳动争议是否具有涉外因素分为国内劳动争议和涉外劳动争议

国内劳动争议是指有本国国籍的企业的劳动者与本国企业的管理者之间的劳动争议。在我国，外商投资企业的中外合资经营企业和中外合作经营企业属中国企业。因此，它的管理者与我国员工之间发生的劳动争议属于国内劳动争议。涉外劳动争议是指当事人一方或双方具有外国国籍或无国籍的企业劳动争议。它包括本国企业管理者与外籍员工之间、外籍雇主与本国员工之间以及外籍雇主与外籍雇员之间的劳动争议。在我国，外商投资企业中的外商独资企业是由外籍雇主独资兴办的，它与我国员工或外籍员工之间发生的劳动争议属于涉外劳动争议。

（三）劳动争议的原因

劳动争议的发生，在各个国家都是客观现象。在我国社会主义市场经济条件下，各类用人单位与劳动者主体发生劳动争议已是一种普遍现象，也表明劳动关系中存在的不稳定因素具有显性化和复杂化的特点。其主要原因如下：

第一，劳动关系模式的转化还未完成，从国家计划性与行政性指令性质劳动关系模式转变为企业自主性质的劳动关系模式，要有一个过程。从外部条件看，新的劳动关系运行的市场环境还未形成，整体运行还未进入有序状态。

第二，劳动关系主体还未完全进入角色。由于市场经济和社会化大生产，市场经济要求资源流动形成最佳配置，但用人单位与劳动力市场双方还未完全成熟，劳动者对如何保护自身权益缺乏足够的法律知识，企业经营管理者又往往缺乏依法用工、付酬、奖惩方面的经验，这就决定了企业与员工之间不可避免地会因劳动关系的产生、变更、终止而发生冲突，加之二者利益、看问题的角度也不同，增加了纠纷的可能性。

第三，工会组织应有的地位和作用还没充分发挥出来，集体谈判与合同正在逐步形成，但缺乏经验。由于工会组织作用发挥不充分，大量劳动争议在潜在形成中，不仅没有消除，而且一旦矛盾激化便暴露出来。

第四，我国政府职能转化正在逐步完成过程中，劳动立法还存在不够完善的地方。

第五，有利于劳动关系良性运行的各种有效机制仍须完善。

第六，人们的法制观念较弱。

二、劳动争议处理方式

根据劳动法规定，用人单位与劳动者发生劳动争议，当事人可以依法申请调解、仲裁、提起诉讼，也可以协商解决。劳动争议的一般处理可包括调解、仲裁和诉讼。

（一）劳动争议调解

这是指调解机构在查明事实、分清责任、促使争议当事人在法律法规的基础上和在相互谅解的基础上达成协议的处理方法。根据《中华人民共和国劳动争议调解仲裁法》第十条规定，发生劳动争议，当事人可以到下列调解组织申请调解：一是企业劳动争议调解委员会；二是依法设立的基层人民调解组织；三是在乡镇、街道设立的具有劳动争议调解职能的组织。企业劳动争议调解委员会由职工代表和企业代表组成，职工代表由工会成员担任或者全体职工推举产生，企业代表由企业负责人指定。企业劳动争议调解委员会主任由工会成员或者双方推举的人员担任。

（二）仲裁

劳动争议仲裁是指由劳动争议仲裁机构在查明事实、分清责任的基础上依法对争议事实和当事人应承担的责任进行认定和裁决的活动。主要法律法规有《中华人民共和国企业劳动争议处理条例》《劳动人事争议仲裁委员会组织规则》《劳动人事争议仲裁委员会办案规则》《中华人民共和国劳动争议调解仲裁法》等。

（三）诉讼

劳动争议诉讼是指劳动争议当事人不服劳动争议仲裁委员会的裁决，在法定期限内，持劳动争议仲裁决定书向人民法院请求保护其劳动权益，人民法院依据法律规定的诉讼原则和程序，处理该争议的活动。

三、劳动争议调解

（一）劳动争议调解的特点

劳动争议的调解是劳动争议解决的方式之一，它具有以下特点。

1. 自愿性

对劳动争议的调解必须以双方当事人自愿为前提，不得强行调解。调解机构是企业或组织内部的群众性组织，既非司法部门，也非行政机关。

2. 内部性

劳动争议调解的参与者都是本企业的成员，而不求助于企业外部的单位或个人。因此，以调解方式解决争议，实际是在本企业内部处理问题。

（二）劳动争议调解的原则

1. 自愿原则

自愿原则主要体现在三个方面：是否向劳动争议调解组织申请调解由当事人自行决定，任何一方不得胁迫；在调解过程中，始终贯彻自愿协商的原则；调解协议的执行是自愿的。

2. 民主说服原则

劳动争议调解组织对劳动争议没有强制处理权，对调解达成的协议也没有法律强制力的保障。因此，在调解劳动纠纷时，主要依据法律、法规，运用民主讨论、说服教育的办法，摆事实，讲道理，做深入细致的思想工作，在双方认识一致的前提下，动员其自愿协商后达成协议。

3. 以事实为依据，以法律为准绳原则

处理劳动争议时，调解组织必须对争议的事实进行深入、细致、客观的调查、分析，在查明事实真相的基础上，依法进行调解。

（三）劳动争议调解的程序

1．申请和受理

劳动争议发生后，当事人双方在其权利受到侵害之日起30日内，以口头或书面形式向调解委员会提出申请，并填写《劳动争议调解申请书》，发生争议的员工一方在3人以上，并有共同申诉理由的，可视为集体劳动争议。调解委员会接到调解申请后，应征询对方当事人的意见，对方当事人不愿调解的，应做好记录，在3日内以书面形式通知申请人。调解委员会应在4日内做出受理或不受理申请的决定，对不受理的，应向申请人说明理由。

2．调查和调解

一般争议都需调解委员会对争议事项进行调查核实。调查的内容主要包括争议双方当事人争议的事实以及对调解申请提出的意见和依据，调查争议所涉及的其他有关人员、单位和部门及他们对争议的态度和看法，查阅有关劳动法规以及争议双方订立的劳动合同或集体合同，等等。在第一手资料基础上，由调解委员会主任主持召开由双方当事人参加的调解会议，调解委员应当充分听取双方当事人对事实和理由的陈述，耐心疏导，并依法进行调解。

3．制作调解协议书或调解意见书

实施调解有两种结果：一是经调解达成协议的，这时需要制作调解协议书，双方当事人应自觉履行。调解协议书由双方当事人签名或盖章，经调解员签名并加盖调解组织印章后生效，对双方当事人具有约束力，当事人应当履行。二是调解不成或调解达不成协议，这时应做好记录，并制作调解意见书，并在调解意见书上说明情况，提出对争议的有关处理意见。

复习思考

1．劳动关系管理的内涵、内容与措施有哪些？

2．如何处理劳动合同的建立、履行、变更与解除？

3．如何处理劳动争议仲裁和保护劳动者合法权益？

4．怎样实施劳动保护以及组织与管理？

参考文献

[1] 潘颖，周洁，付红梅 . 人力资源管理 [M]. 成都：电子科技大学出版社，2020.
[2] 李燕萍，李锡元 . 人力资源管理 [M].3 版 . 武汉：武汉大学出版社，2020.
[3] 朱舟 . 人力资源管理 [M].3 版 . 上海：上海财经大学出版社，2020.
[4] 金艳青 . 人力资源管理与服务研究 [M]. 长春：吉林人民出版社，2021.
[5] 曹科岩 . 人力资源管理 [M]. 北京：商务印书馆，2019.
[6] 刘俊宏，刘慧玲，叶梁军，等 . 人力资源管理 [M]. 成都：西南财经大学出版社，2022.
[7] 诸葛剑平 . 人力资源管理 [M]. 杭州：浙江工商大学出版社，2020.
[8] 杨娟，郭梅 . 人力资源管理：招聘、面试、入职、离职 [M]. 北京：化学工业出版社，2022.
[9] 彭良平 . 人力资源管理 [M]. 武汉：湖北科学技术出版社，2021.
[10] 宋岩，彭春凤，臧义升 . 人力资源管理 [M]. 武汉：华中师范大学出版社，2020.
[11] 孙鹏红，王晖 . 现代人力资源管理优化研究 [M]. 长春：吉林人民出版社，2021.
[12] 杜跃平，王林雪，方雯 . 员工培训与开发管理 [M]. 西安：西安电子科技大学出版社，2020.
[13] 尹秀美 . 人力资源管理新模式：超全流程及内控管理 [M]. 北京：中国铁道出版社有限公司，2020.
[14] 蔡黛沙，袁东兵，高胜寒 . 人力资源管理 [M]. 北京：国家行政学院出版社有限公司，2019.
[15] 黄建春 . 人力资源管理概论 [M]. 重庆：重庆大学出版社，2020.
[16] 陈闽红 . 人力资源管理实验教程：基于金蝶 S-HR Cloud 系统 [M]. 北京：中国人民大学出版社，2020.
[17] 宋典，华冬萍 . 人力资源管理 [M].2 版 . 苏州：苏州大学出版社，2021.
[18] 夏天 . 人力资源管理案例分析 [M]. 北京：冶金工业出版社，2022.
[19] 徐大丰，范文锋，牛海燕 . 人力资源管理信息系统 [M]. 北京：首都经济贸易大学出版社，2022.
[20] 李蕾，全超，江朝虎 . 企业管理与人力资源建设发展 [M]. 长春：吉林人民出版社，2021.
[21] 彭剑锋 . 人力资源管理概论 [M].3 版 . 上海：复旦大学出版社，2021.
[22] 温晶媛，李娟，周苑 . 人力资源管理及企业创新研究 [M]. 长春：吉林人民出版社，2020.
[23] 范围，白永亮 . 人力资源管理理论与实务 [M]. 北京：首都经济贸易大学出版社，2022.
[24] 姚正大 . 人力资源管理概论 [M]. 北京：中国轻工业出版社，2020.
[25] 马燕 . 人力资源管理与区域经济发展分析 [M]. 长春：吉林人民出版社，2021.
[26] 葛玉辉 . 人力资源管理 [M]. 北京：电子工业出版社，2020.